2018 山西省教育科学“十三五”规划 2018 年度课题“地方高校转型发展背景下新建本科高校应用型转型路径研究”项目编号：(GH-18172)

晋商和日本商帮文化比较

梁艳琴　著

九 州 出 版 社
JIUZHOUPRESS

图书在版编目（CIP）数据

晋商和日本商帮文化比较 / 梁艳琴著 . -- 北京 : 九州出版社 , 2020.8

ISBN 978-7-5108-9485-5

Ⅰ . ①晋… Ⅱ . ①梁… Ⅲ . ①晋商—商业文化—研究 ②商业史—研究—日本 Ⅳ . ① F729 ② F733.139

中国版本图书馆 CIP 数据核字 (2020) 第 168254 号

晋商和日本商帮文化比较

作　　者	梁艳琴　著
出版发行	九州出版社
地　　址	北京市西城区阜外大街甲 35 号 (100037)
发行电话	(010)68992190/3/5/6
网　　址	www.jiuzhoupress.com
电子信箱	jiuzhou@jiuzhoupress.com
印　　刷	涿州军迪印刷有限公司
开　　本	710 毫米 ×1000 毫米　16 开
印　　张	14
字　　数	213 千字
版　　次	2021 年 4 月第 1 版
印　　次	2021 年 4 月第 1 次印刷
书　　号	ISBN 978-7-5108-9485-5
定　　价	68.00 元

前　言

晋商崛起于明清时期，是中国十大商帮之首，曾经创造了货通天下、汇通天下的历史奇迹。晋商传承五百年，在晋商兴盛和衰落的历史中，蕴含着丰富的商业知识和经营理念。而晋商精神更是应该被我们不断继承和发扬的文化。

日本历史上有三大商帮：伊势商人、大阪商人和近江商人。三大商帮崛起于江户时代，曾经创下“豪商一怒，天下诸侯震惊”的经济局面。日本现在仍然有很多有名的，源自三大商帮的百年企业，比如住友集团、三井集团、TANEYA 集团等。日本的商帮文化、经营理念和经营方式非常值得现代企业参考借鉴。

由于时空的交错，晋商与日本商帮在业务上鲜有交集，经营方式、经营理念、家庭教育、价值观等方面也有所差异，因而缺乏直接的对比研究平台。然而从文化背景因素的视角出发，却发现其中别有洞天。首先，晋商和日本商帮都在儒家文化的共同背景下产生并壮大，都有几百年的历史，因而二者之间存在比较的可能性和相互借鉴的意义。而另一方面，晋商是典型的内陆商帮，深受传统的农耕社会的影响，日本商帮依靠水稻和海洋繁衍生息，是水稻文化和海洋文化的结合体。历史比较制度分析（HCIA）理论认为，经济体的制度会因为其内部要素（如风俗、文化等）的相似性和差异性而表现出多样性，进而会形成不同的经济体和经济效率。众所周知，文化给人们建立起共有的认知系统和普遍接受的行为准则，并通过共同的文化信念对人们的行为产生激励，所以不同的文化背景会激发出不同的经济效率和行为策略。

本研究依据 HCIA 理论，结合历史与演绎的研究方法，通过对比晋商和日本商帮的历史，以及在此基础上形成的商业发展模式、经营理念、家业传承价值观等内容，了解文化理念在二者的商业兴衰史中的作用。

作　者

2020 年 6 月

目　录

第一章 中日古代商品经济的发展及商人阶层的形成

人类社会的经济形态，从对交换的依赖程度来讲，有两种，自然经济和商品经济。商品经济是以直接交换为目的的经济形式。它以社会分工为基础，以商品生产和交换为内容，以货币关系为典型特征。按照马克思主义的观点，在整个人类社会发展的过程中，原始社会、奴隶社会、封建社会都属于自给自足的自然经济，资本主义社会是商品经济大发展的时代。但是，一个事物的产生，不是一触即发的。商品经济的产生也是如此。商品经济早在原始社会的时候就已经萌生，在随后的历史中，商品生产和商品流通日渐成为社会经济的重要组成部分，并对社会的政治、思想、文化、制度等各方面产生影响。

第一节　中国古代商品经济的发展

中国位于亚洲，属四大文明古国之一，境内有长江、黄河。得天独厚的自然条件和地理环境，孕育了中华民族以农耕为主的经济形态。随着原始社会生产力的发展，农具的改进，农耕经验的丰富，到原始社会末期的时候，产品出现剩余，社会开始分工，在氏族部落之间和氏族内部偶尔出现了以物易物的交换行为，产生了原始商业。之后，随着私有化和国家的产生，商品经济作为自给自足的自然经济的补充形式，伴随了我国阶级社会的各个发展阶段。中国古代商品经济的发展经历了以下五个阶段。

第一阶段：先秦时期商品经济的发展

据《盐铁论》等文献资料以及考古证明，夏朝的时候，已经有了用于交易商品的市场和交易的货币——“龟贝”“玄贝”。商朝的时候，产生了职业商人。商、周的时候，实行“工商食官”政策。“工商食官”是商、周时期工商业的一种发展模式，同时也是国家对工商业的一种管理制度。当时的商人按照村社组织的形式存在，以家庭或家族为单位，按照官府的规定和要求从事生产和贸易。据史书记载，交易市场一般设在都城的北面。市面上主要贩卖贵族需要的生活用品，仅有少部分商品是卖给百姓的，比如盐铁之类。这与后代的官营商业有所不同：此时商人家族对其控制下的商业资源也有相当程度的支配权，国家只是名义上的最高所有者；商人通过买卖的方式，为国家提供商品，顾客主要限定于贵族统治阶级范围。“工商食官”制度盛行于西周时期，春秋战国时期，随着私营手工业的出现，以及官营手工业效率低下，周王室的衰微，工商食官制开始衰落，至战国后期，彻底终结，但是演化出的官营手工业一直存在。所以，这个时期的商人多为官商，主要的交易形式多为以物易物，货币还没有成为商品流通的主要形式。

春秋战国的时候，人们掌握了冶铁技术，铁制的农具逐渐取代原先的石制、骨制等等笨重易损的农具，由此出现了借助铁农具和牛力的农业耕种方式，加上都江堰、郑国渠等水利工程的建设，大大提高了当时的农业生产水平。随着生产的提高，社会出现拥有私人土地的自耕农，个体小农经济应运而生。以家庭为单位，“男耕女织”的模式成为此后我国农业经济的主要特点。小农的家庭手工业生产十分普遍，其产品多供自己使用和缴纳赋税，很少进入市场。

第二阶段：秦汉时期

公元前 221 年，秦始皇统一六国，直到汉朝灭亡，前后四百年的时间，中国大体处于统一的中央集权的状态。为商品经济的发展提供有利的外部条件。如，秦统一后，进行改革，统一文字、钱币、度量衡，为经济的跨区域发展扫清了障碍。汉武帝时，开辟陆上丝绸之路，打开中原和西域的商贸往来。西域的商人带来马匹、葡萄、乐器等商品，中原也把茶叶、铁器、丝织品等远销到中亚、西亚、欧洲各国。此后，西汉的商人还开辟了三条海上丝绸之路。海上丝绸之路联通了中原和斯里兰卡、罗马、日本、朝鲜等国家的海上贸易。

西汉的都城长安和东汉的都城洛阳，规模宏大，人称“二京”。长安当时的人口有五十万左右，洛阳的人口有百万以上。城内街道宽阔笔直，设有专门的商业区，叫作“市”。市场上商品种类繁多。从秦朝开始，凡县治以上的城市，都有官设的市作为交易场所，设市令或市长管理。市处于城中特定的位置，以墙垣围住，并与民居隔开。县城以下，一般禁止设市。这个时候的城市，还主要是从政治和军事的角度考虑而设置的。

第三阶段：隋唐时期

隋唐时期，南北重归统一，国家出现三百余年的安定局面。唐时，在长江下游一代出现江东犁，是自汉代农具改革之后的又一次突破，极大地提高了农业生产力。隋炀帝开辟北起涿郡（今北京），经洛阳，至余杭（今杭州）的大运河，促进了南北经济的交流。在此背景下，中国商品经济迎来第二个黄金期。

隋唐时商业繁荣，大都市有长安、洛阳、扬州、成都等。城内分为“坊”和“市”，政府在市设置官员，管理物价、税收等。唐时的“市”，必须设在都、府、州、县，不能随意设置。“市”内的店铺不能任意更改位置，扩大铺面。如《唐会要》卷八十六记载：“景龙元年（公元707年）十一月敕：诸非州县之所，不得置市。……两京市诸行，自有正铺者，不得铺前更造偏铺。”另外，“市”的买卖时间也有限定，《唐六典·太府寺》中写道：“凡市，以日午击鼓三百声，而众以会；日入前七刻，击钲（同钟）三百声，而众以散。”唐朝后期，一些繁华的大城市里有了夜市。在广大的农村，包括偏远的地区，都有定期举行的草市。

大城市里聚集了许多的富户商贾。商人之间大宗的货物交易，巨额的经济往来，屡见不鲜。于是，出现了专供商业交易的邸店、柜坊、飞钱。邸店是供客商存货的货栈，也是交易场所，同时兼营旅店业务。柜坊是供客商暂存和借贷货币的店铺，是我国最早的银行雏形，柜坊也向商人、百姓发放高利贷。飞钱是一种早期的汇兑业务。各地商人运货到京城出售，售货得的大量钱币要带去既不安全又不方便，因此商人们就将钱币交给各地驻京的进奏院（相似于驻京办事处）和有关机构，或交给各地设的分支机构的富商，由这些单位发给半联凭证，另半联凭证寄回各地的相应单位。商人回本地区后，经验证相符，便可取款。

对外贸易方面，政府加强对海外贸易的管理。如在广州设市舶使，其主要职责是检查出入港的外商船舶，征收税，收购政府专卖品等。市舶使是我国历史上第一次设置的管理对外贸易的官署。那时，唐朝和周边少数民族国家，以及日本、朝鲜、波斯、印度，甚至非洲、欧洲都有贸易往来。

第四阶段：宋元时期

五代辽宋夏金元将近五百年的时间，其中宋占三百年左右时间。宋时，南方战乱较少，中原人口南移，带去先进的农耕技术，加上南方适宜的气候，粮食产量逐年增加。茶叶、丝织业、陶瓷业、造船业，享誉海外。

宋代商业的繁荣超过前代，南方的商业尤为发达。到北宋末年有52座十万人口以上的城市。其中，最大的是开封和杭州。杭州人口多达百万，城内坊和市的界限已经消失，大街小巷店铺林立，早市夜市“买卖昼夜不绝”。街巷内还有各种小商小贩叫卖货物。原先禁止设市的城镇和农村，也可以置市贸易。另外，政府还在边境设榷场贸易，由官方支持，用丝织品、稻米、茶叶等，换取辽、金、西夏等国的羊、马、骆驼等牲畜。这种边境贸易，是当时各民族间经济文化交流的新形式。

随着城市的繁荣，市民阶层不断扩大，市民的文化生活也丰富起来。开封城内酒楼、店铺、茶馆鳞次栉比，还出现很多娱乐兼营商业的场所，叫作“瓦子”。瓦子里有很多摊位，卖饮食、药材、字画，也有杂耍表演等。

两宋时，海外的贸易也超过了前代，与阿拉伯帝国构成当时世界上从事海外贸易的两大轴心。广州、泉州是文明世界的大港口。据《诸蕃志》记载，南海有 53 个国家和地区与南宋通商贸易，南宋商人出海去贸易的国家有 20 多个。中国的商船行迹 ，近至朝鲜、日本，远至阿拉伯半岛、非洲海岸。宋代被美国学者称作“世界伟大海洋贸易的第一个时期”。

北宋前期，四川地区出现交子，是世界上最早的纸币。南宋时，纸币发展成与铜钱并行的货币。纸币的出现，是宋时商品经济繁荣的证明。

元朝商品经济的发展主要表现在两方面 : 第一，元朝首都大都是闻名世界的商业大都市。不仅国内从海道、运河和陆路有大量商品进入大都，而且来自亚洲其他地区和东欧、非洲海岸的商队和使节也络绎不绝。第二，海外贸易发达。元代海外经济联系之广，进出口货物品种及数量之多，都是空前的。史书所载，宋代与中国通商的国家和地区有五六十个，到了元代增至近百个。在中国各港口城市，“蕃客”云集，船舶数不胜数，货物堆积如山。

第五阶段：明清时期

14 到 18 世纪，在明清两朝，出现社会经济全年高涨的局面。在 18 世纪，中国国内生产总值在世界总值中所占的比例的年增长率远远高于整个欧洲地区。明中后期到清前期的 200 余年间，世界白银产量的一半流入中国。中国是当时世界经济贸易的中心之一。法国谢和耐在《中国社会史》一书中说：“（清前期因）农业、手工业、贸易史无前例的发展高潮，以其生产以及内部交易的数额之巨而身居世界民族的首位。”

粮食产量大幅增加，不仅满足了日益增长的人口之需，而且有利于发展经济作物，为农业人口流向手工业部门创造了条件。再加上政府实行“一条鞭法”“摊丁入亩”等新的赋役制度，放松了官府对农民、手工业者、商人的人身控制。商品货币经济空前活跃。手工业方面，明朝中期以后，私营手工业取代官办的工厂和手工业作坊，占据社会主导地位。在一些经济发达的地区，出现新的工厂手工业经营形式。在这些工厂中，拥有资金、原料、机器的工厂主，雇佣拥有一技之长和自由身份的工人，为市场的需求进行生产。把分散的织工、纱工、机工、染工等手工业者集中起来，让他们分工协作，这样的手工工场与传统的官办手工工场和民间的小作坊相比，已经有了质的变化。据史书记载，明万历年间，苏州“东北半城皆居机户，郡城之东皆习机业”；城市建设方面，在运河沿线、江南等地区出现一些专门的手工业产品和原料集散地，聚集了众多的商户和居民，发展为工商业市镇。明中后期兴起 30 多家，清代前期增加到 204 家。在王世懋的《西酉委谭摘录》中，形容明中后期江西景德镇是“万杵之声殷地，火光烛天，夜令人不能寝，戏目之曰：四时雷电镇”。对外贸易方面，1405 年到 1433 年，郑和率两百多艘船的船队，七下西洋，和亚非 30 多个国家和地区直接贸易，最远到达非洲东海岸和红海沿岸地区，促进了我国同亚非许多国家的经济文化交流。

第二节　日本古代商品经济的发展

日本位于亚洲东部，太平洋的西北角，是一个岛国。随着日本国家的统一和不断输入中国的先进生产技术，日本的生产力有了很大发展。日本古代商品经济的发展大致经历了以下六个阶段。

第一阶段：奈良时代以前（710 年以前）

4 世纪，大和国统一日本，建立部民制。部民制是日本历史上首次从国家制度的角度进行的社会分工。部民大多来源于被征服者或者是从中国和朝鲜移民到日本的渡来人，少数来源于罪犯或者是征战中的俘虏。部民是皇室和贵族的私有民集团，冠以主人名、职业名、地名，种类有田部、部曲(民部)、品部等。田部民是属于皇室的从事农业生产的私有民，被奴役于皇室的直辖领地——屯仓(包括土地、粮仓、管理所)。部曲(民部)民是属于贵族的，在贵族土地上，或被贵族外派到皇室土地上或者别的贵族土地上从事农业生产的私有民。田部民和部曲民从社会分工角度上来说，属于农民。品部民是从事某种专业的皇室私有民，种类较多。如山部是贡纳山珍的；海部是贡纳海产物的；土师部是生产和贡纳陶器、埴轮及天皇的食器的；忌部是生产和贡纳用于神事的棉布、麻布、木材等的私有民。品部民从社会分工角度上来说，属于手工业者。部民制从某种意义上来说，实现了日本社会第一次社会分工。

第二阶段：飞鸟时代（538–710）

6世纪，日本看到本国与中国和朝鲜的经济、文化差距，不断地进行改革。比如推古朝改革、大化改新等。这个阶段，日本全方位地学习中国，力求建立一个以天皇为中心的中央集权的国家。首先，废除了部民制，实行公地公民制和租庸调制。仿照中国长安城，修建了平城京（奈良）。奈良时代社会经济有了显著发展。手工业者根据所属的不同，分为中央手工业者、地方手工业者和家庭手工业者三种。中央和地方的手工业者由原先的品部民构成，他们为了满足皇室和贵族的需求，生产各种高级的手工产品。家庭手工业者是百姓，他们在农忙之后，为了缴纳庸调和满足自己家庭生活需要，生产一些手工产品。

平城京按照中国长安设计，设有东西两市。畿内等地也出现了市，如大和的轻市、海石榴市，三轮、河内的饵香市，摄津、伊势、近江、播磨、备后、纪伊、骏河、越后也各设一市。市的产生标志着商人的出现。当时，日本国家也仿照中国铸造了各种钱币，但是由于日本的商品经济尚不发达，除了在京城附近少量使用钱币外，交易仍以物物交换为主。

第三阶段：奈良和平安时代（710–1192）

8世纪，日本政府为了增加收入，扩大耕地面积，鼓励农民开垦私田。723年颁布“三世一身法”，743年颁布“垦田永年私财法”，这两项法令的颁布促使封建国家土地所有制迅速向封建私人土地所有制转变。贵族、寺院等权力阶层，以种种口实扩张领地，建立庄园。至12世纪的时候，这种庄园几乎占全国土地的一半。庄园内的自给自足的经济就是当时日本社会的主要经济形式。

这个阶段，由于农业上广泛使用铁制农具和牛马耕作，提高了水稻产量，使得手工业和商业有了进一步的发展。在奈良、京都和一些庄园附近，出现拥有特殊技能的工匠：织匠、木匠、泥瓦匠、刀匠、炉匠、漆器匠、金银器匠、佛像铸造匠等等。这些工匠开始摆脱对贵族和庄园主的依附关系，按照寺院、官衙、客人订货要求生产产品。商业方面，在一些主要的城市，如奈良和京都，出现“市人”“市女”等独立商人经营的店铺商业。在地方上，各寺院、神社门前和庄园要地都开辟了定期的集市，出现叫作“贩夫”的独立商人。在水路要地出现了称为“津屋”“问”一类的货栈，经营货栈的“问丸”为庄园报关，运送年贡，或者代理贩卖，收取手续费。

第四阶段：镰仓时代（1192–1333）

镰仓时代中期，农业实现一年两作。这对于农业生产绝对是里程碑的大事。农业的发展带动了手工业和商业的进步。在京都、奈良等已有的手工业中心地之外，在交通便利和靠近原料产地的镰仓、博多等地兴起了各种手工业作坊，而且这些手工业者开始脱离土地，专门从事手工制作。商业方面，市集范围已经扩大到全国各地，举办次数从不定期发展到每月三次。原先，在人身上依附于领主，为领主保管、代理贩卖年贡的“问丸”，开始脱离领主管辖，成为专门从事运输业和转买转卖商品，供应城市店铺的职业商人。13世纪，出现了“座”的同业公会。参加“座”的手工业者和商人可以获得免税通过各地关卡以及在一定地区采购、制造、贩卖商品的权力。商品经济的发展，带动了对货币的需求，市场上出现了专门兑换钱币的“替钱屋”，还出现了把钱借给百姓和武士的当铺和高利贷商人。

第五阶段：室町和战国时代（1333–1603）

室町前期，水稻实现一年三作，农民生活水平提高。为了满足农民生活的需要，一部分农村人口成了专门的手工业者。他们起初只是根据领主的订货制造物品，后来也制造一般农民需要的耕作用具、生活用品。过去隶属于公家（贵族）和神社、寺院的手工业者也摆脱了主家的人身束缚，按工作领报酬，取得了独立的地位。他们起初没有原料，只是按需求的要求做来料加工，但不久就自己拥有原料，按一定价格出卖制成品，由揽活变成自主经营，最后发展到不等订货，就事先生产上市了。上面的各种形态，实际上是混合进行的，生产与销售，并没有明显的分工。这些手工业者按各自的行业组成同业工会性质的“座”，以图垄断市场，维护特权，尤其是在商业方面特别明显。

手工业制品大量上市，与农产品交易频繁，农村的集市由临时变为定期。

前代已有每月三次，每次由二天到十天的集市，到这一时代，各地都出现了每月六次。应永十四年 (1407) 奈良的南市有鱼、绢、草席、大豆等不下 30 种商品的市座。市场监督权属于当地的大名，市场商人向他们缴税，得到他们保护商业的垄断。但是，垄断阻碍商业的发展，不能使地方得到真正的发展。有些战国诸侯注意到这一点，便开设免除市场税和市座，允许其他商人自由出人的所谓"乐市""乐座"，这实际上表现了近代精神，应该看作是明显的近代标志。室町幕府时的市场，原则上经营各种商品，随生产力的发展和流通范围的扩大，由生产者间的交易变成专门商人间的交易。

定期市场次数增加，到达极限的就是常设的小卖店。京都在古代末期已有小卖店，到这一时代，京都、镰仓、奈良等城市店铺营业都很兴隆。批发商也随着发展起来。批发商原本是隶属于庄园领主的庄官，负责年贡米的运输、保管和销售，随着运输物品的增加和货币经济的发展，其活动范围逐渐扩大，不仅隶属于一个庄园，也应其他庄园的要求接受运输和保管业务，最后发展为专门的运输业者和经纪人。在室町时代，在京都、奈良等大城市，都开设有批发商。于是形成地方生产者——地方商人——城市批发商——零售小卖店铺的商品供应网。

工商业者同业组织的"座"，是促进经济活动的组织，是中世纪特有的一种经济现象。其实，"座"的产生可以追溯到中世纪以前，只是到镰仓时代有了很大发展，到室町时代已十分普遍。"座"是在封建庄园制度下，克服交通、买卖不自由的必要手段，而它自身的封闭性，正是中世纪本身的象征。商品生产流通发展到一定程度，"座"就会阻碍自由通商，成为经济发展的桎梏。战国以后，虽有一些"座商"保留了下来，但其性质已发生了变化，大部分的"座"在近代初期已面临解散的命运。

商业的发展和货币流通量的增加，不用说是有重要关系的。到了室町时期，用货币缴纳租税已有了显著发展。在买卖土地的契约中所载付款的方式，镰仓时代是米多于钱，这个时代，90% 用钱支付。市场上出现了专门兑换钱币的"替钱屋"，还出现了把钱借给百姓和武士的当铺和高利贷商人。

城市在中世纪以前，主要是京都、奈良等政治性城市，到中世纪结束时，由于城下町的发展，出现了很多的商业性城市以及港口城市、原材料城市。如大阪的堺市、濑户内海的兵库、琵琶湖沿岸的坂本城，也就是后来的近江，现在的滋贺。大名们出于经济和军事目的，整顿了以城下町为中心的道路，恢复了驿站、驿马制度，便利了国内陆路交通，促进了商品流通和经济的发达。

15 世纪末，在堺市，一度实现了商人自治，标志着商人实力的强大和社会地位的提高。

第六阶段：德川时代（1603–1868）

17 世纪，日本进入德川时代，德川幕府延续了织丰时代（1573–1603）的经济政策。进一步明确“兵农分离”政策，实行士农工商的封建等级身份制度。四民制度规定商人在社会中的被统治地位，同时命令武士、农民、手工业者、商人之间不可随意变更身份。

德川时代，商品经济的发展，首先表现在藩内年贡的货币化和商品化。德川时代，幕府实行“参勤交代”制度，既将军要求各地的大名每年必须有一半的时间住在江户；另外，由于四民身份制度的确立，武士完全脱离土地，成为职业武士。各地的藩主为了增加财政收入和维持他们在江户和领地内的生活，不得不允许藩内农民种植粮食作物以外的经济作物，比如果树、棉花、蔬菜、蚕、烟草等；同时，在收取年贡的时候，大多要求把需要缴纳的三分之一以上的实物年贡转化为货币。武士也需要把俸禄(稻米)换成货币，购买自己的各项生活用品。经营领地贡租和武士俸禄的商业机构，江户的叫作“札差”、大阪的叫作“藏元”。这些商人因为和诸侯(藩主)保持特权关系，积累了大量的财富。

经济作物的种植，使原本以城市为中心的手工业生产，扩展到以经济作物种植地为中心的农村手工业品的加工制作。比如野田、铫子(千叶县的市)的酱油，尾张(今爱知县)、肥前(今佐贺、长崎县)的陶瓷，摄津、和泉的棉花，近江、八王子的丝织品，等等。

全国性交通的发达，对商品经济的发展和民族市场的形成有重大作用。早在德川初期，为实行“参勤交代”，修建了以江户为中心，通向各地的五条大道。其中以太平洋沿岸的江户到京都的东海道最为重要。此外，有江户到滋贺的草津的中山道、江户到日光的日光大道、江户到福岛的奥州大道和江户到长野的下诹访的甲州大道，通称“五街道”。江户幕府沿五条大道设置驿站，各驿站由政府特许开设的“本阵”(官方旅馆)、客栈(民间旅馆)、“木货屋”(旅客带米自炊的小旅馆)。五条大道虽主要为“参勤交代”和幕府对全国的政治、军事统治服务，对民用多加以限制，但它的修筑，尤其是与之相连结的支路(幕藩为通向五条大道修筑的大道，日本称“胁往还”，如水户路、北陆路、中国路等)的整顿，都有利于打破自然经济造成的隔绝状态，促进全国性的经济往来。此外，由于政治中心江户和生产较后进的关东地区日用品都依靠关西经济中心大阪供应，所以，形成了以江户、大阪为中心的内陆沿海交通运输线。比如，有大阪至江户的南海路、大阪到北海道及东北地方和长崎的西海路、下关到松前的北海路、奥州到江户的东海路等。还有从日本海沿岸出发，经过津轻海峡出太平洋到江户的东环航路，和从日本海沿岸出发，绕过下关海峡，经过濑户内海到达大阪的西环航路。

农业的商品化，手工业的发展，交通线路的发达，加上1615年“一国一城令”的实施，还有藩国间关卡的取消，繁荣了市场经济，扩大了商品流通的范围和种类。比如被誉为全国性交易枢纽的大阪，当时从全国各地运入的商品种类由过去的20多种，增至100种以上。商品经济发达促进城市繁荣，17世纪末的时候，日本有300多座城市，其中江户城市人口超过伦敦，成为百万级的世界第一人口城市。大阪和京都成为全国的商业中心。原有的“门前町”(寺社门前形成的市镇)、“港町”、“宿驿町”等也发展为新型商业城市。

总之，德川时期，市镇商业发展突飞猛进，商品交换已经不仅仅局限于地方性小市场的范围之内，许多大宗的商品要靠前来镇上的商人拓展市场，推销到远方去。能反映市场需求，扩大市场联系的商业，已经成为沟通城乡之间、手工业者和农民之间产需的桥梁。商业的作用日益显著。

第三节　中国商人阶层和晋商的形成

一、中国商人阶层的产生

中国最初的商人是从统治者阶层中产生出来的。

在《尚书•大传》中有这样一句话:“舜于顿丘。”史籍上还有过这样的记载:我国奴隶社会有一个叫殷商的王朝，其祖先叫王亥，在商朝还未建立之前，也就是在夏朝的时候，他就曾系着马车，载帛，带牛，到远方的郡去进行贸易，最远曾到达过黄河的北岸。从上面的记载中可以出，最早从事物资交换的人不是普通人，而是掌握着部落大权的统治者。

（一）商人的产生

在我国原始社会的末期，随着生产力的提高，有了剩余的生产物，氏族部落之间、氏族内部开始了剩余生产物的交换行为。这时期的交换还处于非经常性的、以物易物的初级阶段，其交换行为还没有形成一种脱离生产、专门从事此项活动的职业。

到了夏代，私有制的确立，使人们对财产占有的欲望进一步强化，私人占有大量社会财富的情况也逐渐多了起来。

以奴隶劳动为社会主要生产支柱的奴隶社会，是建立在残酷剥削奴隶劳动基础之上的。有身份的奴隶主迫使奴隶从事农业、畜牧业和手工业，社会的分工进一步明确。例如，在农业方面，大家知道夏代人发明了节气和干支记日法，制定出了历法——《夏时》《夏小正》，他们开始利用已掌握的季节、气候知识指导农业生产。还有更为大家所熟知的大禹治水的故事。他治理水害、建沟渠，为农业生产提供了便利条件。因此，夏代，不仅农产品的产量增加了，种类也多了，粮食开始有了结余。在手工业方面，已开始制造铜器。在《左传》宣公三年的记载中，记载了夏禹铸九鼎的事情。考古发掘和出土文物证明，铜器的铸造，已发展成为一个独立的手工业部门。夏代的奴隶主、贵族普遍爱饮酒，相传禹臣仪狄开始造酒，少康又发明了秫酒，制酒工艺相当发达。传说任姓的奚仲，由于善造车，做了夏朝的“车正”。铸鼎、酿酒及造车等，都需要比较复杂的工艺和经验，可以想见，当时手工业的社会分工比以前发达多了。

从公元前16世纪开始的商朝，是有可靠物证和文字记载的奴隶制国家，其农业、畜牧业、手工业比夏代更为发达。农业工具基本为木、石制作，用蚌磨利的镰刀、石铲等在商代遗址中为常见之物。商代的手工业种类很多，分工细致。郑州和安阳的商代遗址中就发现了石工、玉工、骨工、铜工的手工场所。另外，作为交通工具的马车已有实物出土；作为流通媒介物的货币（以贝为主）也普遍使用起来。到了商代的后期，固定的都城已经出现。由于社会分工越来越细，生产能力大大提高了，产品出现剩余，再加上货币的出现，交通工具的改进，城邑的兴建，为商品的生产和流通，以及职业化的商人的出现，提供了前提条件。从大量的史料和出土的文物记载中，我们可以看出，商代在社会生产力发展的基础上，商品生产已经发展起来，随之而来的便是社会上的交换活动逐渐频繁活跃。如在现河南省的安阳、汲县等地周围，当时是手工业发达之地，也是商品集中交换之处，形成了“日中为市，交易而退”的情景。商业开始从农、牧、手工业中分化出来，逐渐成为独立的行业。商代的商业活动主要是为大大小小的奴隶主服务的，较频繁和热闹的交换活动是奴隶主、贵族之间以及商朝与周边小国之间进行的奇珍异宝、牛马及奴隶的交换。这些交换活动绝大多数是奴隶主、贵族进行的，所以最初从事商品买卖的是奴隶主、贵族这个特权阶层。

公元前1046年，周武王建立了一个新的国家，这就是我们称之为西周的王朝。商朝被推翻了，它的遗民后来被周王朝的统治者从其故地迁居到距离周朝国都较近的洛阳东郊一带，并被派兵严密地监视。为了解决这些人的生活问题，鉴于他们曾经有过商贾的习惯，于是，周王朝的统治者就利用他们的专长，让他们牵牛驾车到各地贩运物产，一来解决他们本身的生计，二来满足周朝统治者对各地物产的需求。于是，商朝遗民大胆做起买卖来了。久而久之，人们便习惯地称做买卖的人为“商人”，称其出售的货物为“商品”，而专门从事物资交换的这一行业为“商业”了。

（二）官营商业的出现

西周的统治者从建立王朝一开始就对农业就给予了足够的重视，但也没有轻视工商业。周朝的统治者认为农业生产粮食，手工业制造各种器具，商业则促进各地物品的流通，三者各司其职，各有各的作用："农不出则乏其食，工不出则乏其事，商不出则三宝绝。"农、工、商都是立国不可缺少的条件。有了这样一个认识，西周的统治者对工商业便采取了容纳、扶持的态度。有时他们还有意发展工商业来弥补农业上的不足和丰富人们的物质生活。在《逸周书·大匡》中，就有周文王的关于商业的诏告，即《告四方游旅》，告诉四方的商旅们，渡口有船，途中有店，所到之处如同到家一样。如果货币面值小，买卖不方便，就铸币值重的"母"币用来与原有的轻币——"子"币共同流通，以方便商旅，使其交易得以顺利进行。……不要使市场上的货物匮乏，要使物价合理稳定，这些都是为了百姓生活安定。从中可以看出当时的统治者没有限制工商业，而是提供方便条件，以利于商业经营，以此作为惠养民众的经济措施。

既然周朝的统治者认为工商业是国民经济不可缺少的经济部门，那么要扶持和发展它，要使其为稳定和巩固周朝的统治服务，把持和操纵工商业便成了周朝统治者所要进行的一项重要的经济活动。

早在商朝的末期，由于商品交换规模的扩大，奴隶主贵族已开始把经营活动交给手下的奴隶或家臣来进行，慢慢地从交易活动中退了出来。到了周朝建立之后，情况更是如此。大部分的商品交换活动都是由奴隶进行的，奴隶主贵族操纵工商大权，坐享其利。

周朝统治者为使工商业成为维持其统治的支柱，便着手对工商业及从事这些行业的奴隶们加以控制，于是把工商业者们组织起来，由官府设立"工正""工师""工匠"等官吏管理手工业，设立"贾正"管理商业和从事商业的奴隶。

对工商业及工商业者，周朝统治者又做了明确而又严格的法令规定，这样便把工商业及工商业者控制在政府的手中，由政府加以管理，这就形成了我们所说的"工商食官"，即从事工商业的劳动者皆由官府供养，皆依附于官府，他们要为官府从事生产和交换活动，其衣食住行都由官府供给，形成了官办性质的工商业。

这便构成了西周时期商业及其从业者的特点，也构成了中国历史上由政府全面掌握和管理工商业的一个特殊历史阶段。

（三）自由商人的形成

春秋之际，奴隶制度开始崩溃，历史开始了新的转折。旧的生产关系中开始孕育着新生产关系的萌芽。首先在社会经济的主要部门农业经济中，逐渐有了新的封建关系的因素，特别是铁制农具和牛耕的普遍使用，更促进了这一新因素的迅速增长。西周时期实行的“工商食官”制度，随着社会经济的发展而被冲破，加在工商业者身上的限制与束缚逐渐解除。许多庶人从经营工商业中暴发出来，成为新的有产者，其特征就是在他们手中拥有着巨量的财富，形成了具有强大经济实力的商人群体，特别是到了春秋后期，私营商业人数大量增加，以至取代了官商而成为一个庞大的商人阶层。中国历史上具有典型意义的真正的商人就是从这一代商人中开始形成的。这一代商人最基本的特征就是他们有权自由贸易，即有权自由议价、自由收购、自由运销，摆脱了官府的控制。

由于商业的进一步发展和自由商人的出现，人们对商业和商人开始有了较为明确的认识。在春秋时期的文献中，对商贾已经有了全面而确切的定义，对从事商业的人员大致分为两大类，称谓上一叫“商”，一叫“贾”。“商”系指专门从事远路途贩运、趸买趸卖者。这些人的特点是长年在外、服牛辂马、负任担荷、周流四方。“贾”系指专门从事直接向消费者售卖货物者，这些人的特点是有固定的销售地点，即“居肆列货，以待民来”。这就是“行商坐贾”的由来。

经过春秋时期各诸侯国长期征战和兼并，到战国时便形成了齐、楚、燕、韩、赵、魏、秦七雄对峙的局面。各地新生产关系的代表者——地主阶级先后取代奴隶主阶级掌握政权，生产关系的变化为生产力的发展开辟了新的道路，农业、手工业得到进一步发展，各地、各诸侯国之间开辟了广阔的商路，开展了广泛的商品交流活动。借此大好时机，不仅各地商人，甚至“千乘之王，万家之侯，百宝之君”也都投入商业的经营活动中，出现了“天下熙熙，皆为利来，天下攘攘，皆为利往”的盛况。商业的发展达到了一个鼎盛时期，一些大的商人应运而生。由经营致富的，上自贵族，下至平民，其中有几位赫赫有名的大商人，成为炙手可热的时代骄子。范蠡，原是越王勾践的大夫，帮越王治理国政。后来他弃官经商，来到居“天下之中，诸侯四通，货物所交易”的商业中心陶（定陶，在今山东定陶西北)。在这里，他候时转物，逐什一之利，结果 19 年之中三致千金，成为巨富，当时人称他为“陶朱公”。白圭，又是一位与范蠡齐名的大商人,在商业经营中有一套自己的经营思想,归纳起来,用八个字来概括就是“人弃我取，人取我与”。他在经营商业中讲究用计谋，行动还要果断，在总结前人经商经验的基础上，形成了自己的经商原则，很快成为商人中极具代表性的人物。他的商业思想和原则也被后世人所认可，故《史记》称“盖天下言治生祖白圭”。子贡，是出生在卫国的一位大商人，他先在鲁国、卫国做官，后来就学于孔子。他经商主要是搞长途贩运，驾驭成队的马车，转贩于各国，最后“家累千金”。子贡经商最大的特点是“不受命于官”，完全以个人的财力“市贱鬻贵”，成为自由商人的代表。他在当时很受人尊重，就连各国的国君都以上客之礼来款待他。以上谈到的是几位大商人的代表，另外，还有大量的中小商人，这些人或肩挑背负，或自产自销，或坐市守列，或零贩零售。总之，在这一时期里，人们把经商作为一种发财之道，社会上出现了经商的热潮，在人们的头脑中也认为“用贫求富，农不如工，工不如商”。因此，弃官、弃学经商，基至弃农经商的社会现象非常普通。在这种情况下，大量的自由商人出现了，这些商人靠着贱买贵卖和囤积居奇牟取暴利，同时他们又受到官府的保护，所以大量的商业资本在他们手中积聚起来，有了财富，他们可以左右和控制当时的经济,甚至通过经济手段又控制着统治者的政治决策。因此,在春秋战国时代,商人们经济上有实力，社会上有地位，政治上亦不受歧视，度过了他们最美好、最辉煌的时代。

二、商人的身份以及地位

（一）低贱的社会地位

随着商业的发展，商人社会地位的提高，商业与农业间、商人与新兴的地主阶级间的矛盾日益突出。春秋战国时期庞大的商人资本和社会势力，经济上可以“与王者埒富”，政治上“国君无不分庭与之抗礼”，生活上有“田池射猎之乐，拟之人君”。这些都对新兴的地主阶级的利益造成侵害，对其正在形成和巩固中的统治地位形成威胁，引起了地主阶级强烈的不满，因此，从战国后期开始，情况出现了新的变化。在魏国，李悝为相时，首先提出了要“尽地力之教”，即大力开垦荒地，充分利用地力，发展农业。在他提出的主张和国家的政策的实施中，带有极为明显的重农倾向。后来商鞅在秦国辅政，继承了李悝的重农思想，提出了“耕战”政策，同时又开始采取了抑制商业发展的措施，因为在他看来，农与商是一对矛盾，农民们在向国家承担赋税、徭役之外，还要受商人极大的剥削，商人们以不等价交换、高利贷盘剥和囤积居奇、买贱鬻贵等各种手段，来“牟农夫之利”，加速了农民的贫困化。因此，要发展农业，须抑制商业。为此，他在秦国实行变法，采取了一系列的重农抑商政策，最为突出的表现在三个方面：一是从身份上限制从事商业的人数，对商人及其家庭成员增加劳役负担；二是从经营上限制商人经营商品的范围，由国家独占山泽之利，实行盐铁专卖，粮食的买卖也由国家来管制；三是重征商税，即“重关市之赋”。这样便使国家控制住了商业大权，遏制了商人势力的膨胀。秦统一六国之后，继续奉行重农抑商政策，秦始皇在建立秦王朝之后不久便在琅琊石刻碑文中明确书写了八个大字：“上农除末”“黔首是富”。就是要举农业、抑商业，使从事农业者富裕起来。在统一中国的战争过程中，每征服一国，便迫使当地商人离开本乡，迁往外地。统一全国后，又“徙天下豪富于咸阳十二万户”，其财产的大部分被公家没收。汉承秦制，在抑商方面，汉王朝在制定的措施、办法方面更加完备，推行的手段更加强硬，态度更加坚决。汉高祖的时候，曾下令“贾人毋得衣锦绣”，“毋得操兵，乘骑马”，“不得衣丝乘车”，并“重租税以困辱之”。到汉武帝时，对商人的限制更为严厉，在盐铁经营上，继续实行官营政策，从生产到销售都由国家垄断；颁布“算缗令”，即向商人和高利贷者征收财产税。在这项政策的推行过程中，曾一度遭到豪富商贾的抵制，汉武帝又采用强硬手段，实行“告缗”，由杨可主持此事，在全国展开。所谓“告缗”就是对隐匿财产不报，或报而不实的，没收其财产，并奖励告发者，查实后给予所没收财产的一半。在杨可的主持下，使者到各地稽查，于是更出现了“杨可告缗遍天下，中家以上大抵遇告”的情况，所没收的财产以亿计，奴婢以千万数，田地大县有数百顷，小县也有百余顷，中等以上的商贾大批破产。

秦汉两朝实行“重农抑商”政策，使商人一改春秋战国时期的状况，由巅峰一下子跌入低谷，商人处境十分窘迫。以后历代封建王朝无不奉行由秦汉所开创的抑商之举，把这种具有中国封建社会特色的经济行为和具有极大社会影响的大政方针贯彻封建社会的始终。

（二）强大的经济实力

秦汉之后，商人没有了政治地位。但是，商业是国民经济中一个不可缺少的行业，不管政府重视与否，它都要存在并发展，这是不以人们的意志为转移的。事实上，中国两千多年的封建社会，历代政府虽都采取对商业的抑制甚至是打击的政策，但商业仍没有停滞发展，商人作为这一行业的操持者，一直顽强地生存下来，这是因为社会的需要。有这样一个行业存在于社会，它必然要参与社会活动，成为社会不可分割的一部分。因此从秦汉、隋唐、宋元到明清，商业在经济领域发挥的作用，商人在社会范围内异常的活跃程度都是不可低估的。

历代王朝都曾制定出了多多少少、不同程度的“重农抑商”政策并予以实施，历来的方针，使人们对商业和商人的态度发生变化，开始轻视商业，在政治领域，商人完全是被排挤在外的，不仅如此，其地位还很低下，常常被当作“贼民”来待。但是，经过长期的积累和发展，随着封建社会内部新经济成分的不断出现，商人们用各种手段，通过各种途径，积累了大量的财富，他们的富有程度，常常用“富可敌国”来形容。特别是到了封建社会的后期，商人们以其强大的经济实力参与政治，涉足各种社会活动，组织起代表本阶层利益的社团，成为左右社会发展的一股强大的势力。这股势力，在政治上、社会上，在经济领域甚至文化领域都发挥了极大的作用。

在整个封建社会，除皇室以外，最富有的人就是商人，有时甚至连皇帝也自叹在财富的占有上不如商人。唐朝的时候，京城有一位巨商叫王元宝，他非常的富有，富到什么程度呢？据说他以金银为壁，用钱铺地。唐朝的玄宗皇帝深有感触地说：“至富可敌贵。朕天下之贵，元宝天下之富，故见耳。”清朝的时候，盐商的势力非常大，清高宗乾隆皇帝感叹地说：“富哉商乎，朕不及也！”

（三）向地主阶级转化

秦汉时期，政府对商人的活动严格限制，其目的就是限定商人的身份，不让其任意转化，特别是对商人向地主的转化，曾有过明确规定。西汉政府规定商人有市籍者及其家属，不得买地做地主；东汉时政府也明文禁止商贾兼做地主，叫商者不农，农者不商，禁民二业。但是商人随着资本的积累，不断地从事购置土地的活动。因为土地是根本，是保存财富的一种极为可靠的方式。那种“以末致富，以本守之”的观念已深深地扎根在人们的头脑里。再有，地主的身份要比商人的身份优越得多。所以，政府虽明令禁止，但商人置地，向地主转化的趋势是无法扼制的。

隋唐之后，商人的实力更加壮大，商业资本向土地的转移，其势头更为强烈，有人形容唐朝的情形说：“王公百官及富豪之家，比置庄田，恣行吞并，莫惧章程。”这种情况到处都是，而且成了“因循亦久”的事情了。特别是到了中唐以后，均田制被破坏，政府已不再干涉土地的兼并，大量土地被商人买下。唐文宗的时候，江淮诸道的富商大贾们，“并诸寺观，广占良田，多滞积贮”。有一位地方官在河阴这个地方要修筑城郭，经过勘测，其所用之地“皆富家大贾所占”，可见富商占地数量之多。

宋朝是被人们视为“不抑兼并的朝代”，赚得大量钱财的商人，当资本无处投放的时候，遇上这样一个宽松的环境，便大肆购置土地，向地主身份的转化速度，大大地加快了。

宋朝之前，地主阶级中是以士族地主占主导地位的，到了明代，缙绅地主占了优势，可是了清代，庶族地主的势力很快崛起，在地主阶级中成为一股不可忽视的力量。这所谓的庶族地主，实际上有相当一部分就是由商人转化而来的，也就是所谓的新兴商人地主。清朝中叶有人这样说过：“约计州县田亩，百姓所有者不过十之二三，余皆绅衿商贾之产。”这样一种说法证实了商贾占田为数不少。有了田地，成了地主，其势力在整个地主阶级中当然会成长和壮大起来，最终成为地主阶级中的一股强大的新兴力量。

（四）向官僚阶层的渗透

向官僚阶层中渗透，成为官僚队伍中的一员，是商人梦寐以求的事情。所以，长期以来商人们通过不同的途径一步一步地迈进官僚队伍中去。为达到这样一个目的，商人使用了各种手段。

其一是与各级官吏进行结交。商人千方百计结交政府官员，主要通过两个途径。一是业务关系。在各级官员中从事商业活动的大有人在，利用这种业务关系，官和商便结合起来；二是经济拉拢。商人为求政治靠山，以贿赂等手段，给各级官员以好处，这样官与商也就结合到一起了。双方为了各自的利益，结交愈来愈深，他们之间的关系也愈来愈密切。特别是到了封建社会中后期，随着商人地位的提高，其名声也大有好转，因此，同商人结交对于政府官员来说已没有什么可顾忌的了。

在汉代，商人与官员们已开始有了接触，不过还不很明显。隋唐以后情况就大不一样了，双方的接触趋于明朗化、经常化。《隋书·刘昉传》中记载身为大将军的刘昉常常接待富商大贾，达到了朝夕盈门的程度；爵位至许国公的宇文述同富商大贾常常聚会。进入唐朝之后，商人结交官僚之风更为炽烈。如唐高宗时长安富商邹凤炽，就常与朝廷显贵游乐，他所结识的官僚数目甚为可观；玄宗时京师的巨商王元宝等人，可随意出入宫廷，谒见皇帝。商人与官僚结交，甚至与皇帝都有了往来。到了宋代，商人与官僚们不仅仅是交往了，而是通过交往，商人谋得了官职，直接转化成了官僚。如北宋末年苏州大商人朱勔，因结交蔡京、童贯而得官；英州茶商郑良，结交宦官，得官至秘阁修撰、广南转运使；福建提举市舶张佑，原来也是泉州的大商人，因为“交结权幸”才“猎取名位”。还有一些官员在知道调任京官后，立即找到富商巨贾，向他们“预贷金以为费”，等上任后再予偿还。商人们得到权贵、高官的庇护，不仅可以在商业上营利，还能为自己谋得一官半职。到了明清的时候，商人结交官员的现象已经相当普遍了，甚至在官僚行列中出现了为能结交大商人而感到荣耀的风气，更多地和商人交友，与商人来往成一种时尚。曾经有人这样感慨：“昔士大夫以清望为重，乡里富人，羞与为伍，有攀附者必峻绝之。今人崇尚财货，贿拥资厚者，反屈体降志，或订忘形之交，或结婚姻之雅。而窥其处心积虑，不过利我财耳，遂使此辈忘其本来，足高气扬，傲然自得。”（《三冈识略》）

另外就是通过科举考试进入官僚行列。科举是从隋朝之后各封建王朝设科考试选拔官吏的一种制度。在这之前，官吏的选拔采取所谓的“九品中正”制度。东汉末年，曹操当政的时候，提倡“唯才是举”，延康元年（公元220年），曹丕采纳吏部尚书陈群的建议，推选各郡有声望的人出任“中正”，将当地士人按照才能分别评定为九等(九品)，政府按等选用，谓之“九品官人法”。后司马懿当政，于各州设大中正，任用世族豪门担任，选取原则不是以“才能”而是以“家世”为准了，从此便出现了“上品无寒门，下品无士族”的局面，九品中正制度成为世族地主操纵政权的工具。隋朝建立之后，由文帝打破了这种制度。于开皇七年(公元587年)设立了志行修谨、清平干济二科。隋炀帝时设了进士科。唐朝于进士科之外，又设置了秀才、明法、明书、明算诸科，又有一史、二史、开元礼、童子等科。武则天当政时，又实行了由她亲自进行殿试的办法，并增设了武举。在诸科之中，唯进士科为常设，也最为重要。科举制度从隋唐开始建立、健全起来，一直到清朝光绪三十一年(1905年)推行学校教育，科举制度才被废除。

隋朝和唐朝前期，由于统治者推行“工商杂类不得预于士伍”的政策，商人及其子弟是不准参加科举考试的。唐中期以后，政府不再重申关于商人入仕的禁令，这是因为商人们已经通过其他手段，以他们的经济地位和实力，加入官僚行列中，商人做了官的已大有人在，在这种商人已“预于士伍”的现实面前，官方只得予以认可。在这种情况下，商人们想通过正当的、合法的手段，名正言顺地进入官僚行列，于是逐渐地就有一些商人及其子弟参加科举考试来谋得官职。但这种情况还仅仅是个开端，真正通过考试而谋得官职的商人还很少很少，只是极个别的现象。到了宋朝，虽然政府在政策上仍明文规定有九类人，包括工商杂类人等“不得与士齿”，禁止工商杂类参加科举考试和做官，但很快地这种禁令就放宽了尺度，允许商人中的“奇才异行者”应举。这表明了官方的态度有所缓解，商人参加考试情况多了起来。宋真宗时，家产甚富的茶商侯某，其子在大中祥符八年(1015)进士及第，后来授予了真州幕职官；宋徽宗宣和六年(1124)举行殿试，宦官梁师成接受了一百多名巨商富豪的贿赂，皆予登第；还有一位饶州鄱阳士人黄安道曾屡试落榜，无奈之下他当了商人，后来他仍不死心，又参加乡试，最后参加了礼部试，终于中榜。这些事说明宋代，尤其到南宋时，商贾及其子弟可以参加科举考试了。为了顺利参加科举考试，到了唐朝末年，已有大批的商贾子弟在地方官学中出现了。

隋唐时期，商人及其子弟可以参加科举考试，这方面的事例已经很多，但是通过考试而做官的还很少。这种情况到了明清时期又发生了变化，商人及其子弟参加科举考试的人数增加了，政府还为居住他乡、长年在外的商人子弟参加考试提供方便。同时通过科考而做官的情况也多了起来。

在科举考试中，商人子弟是一个非常有实力的群体。由于他们资财充裕，有很优越的学习条件，在每次的科考中，都有大批富商子弟中考，政府对他们都很重视。例如在有名的晋商、陕商中有许多盐商曾经在扬州定居，其子弟不能回原籍考试，于是政府就在扬州设立了商籍，每逢岁考，童生取入扬州学府，并有定额。还有一批定居在扬州的徽商，其子弟回原籍考试也很不方便，曾任江苏织造的李煦在清康熙五十七年（1718 年）上奏，转达徽商让其子弟按晋、陕商人之例，也在扬州学府取名额的要求，康熙皇帝让李煦同运使商量，后商量妥当，同意在扬州参加考试。由此可见清政府对商人子弟参加科考的重视。

参加科考只是商人跻身仕途的一种手段，最后目的是当官，商人的这一目的事实上也达到了。举晋商中考为官的几个例子，可见一斑：高帮佐，襄陵人，其父业盐，为万历进士，官至参政；杨义，洪洞人，先辈业盐，为崇祯进士，官至工部尚书；李时谦，襄陵人，其父业盐，为清顺治进士，官至陕西盐粮道；周兆兰，霍州人，其父业盐，在乾隆时举于乡，官至知宁都州；薛纶，无城卫人，其弟为盐商，为嘉庆进士，官至中宪大夫西按司，是边兵务副使；李承式，大同人，其先辈业盐，为嘉庆进士，官至福建布政使；等等。这些都充分说明，商人及其子弟通过科考已大量为官了。

其三，商人有钱，又往往利用金钱买官来做。在封建社会的中期，随封建统治的不断腐化，为解决财政危机，封建统治者想出了卖官的办法。在唐代卖官度牒之风就非常盛行。据《玉泉子》记载，自宰相乃至县令等各级官职皆标价列肆出售，人们纷纷用钱买官、纳银求职；唐僖宗时因国库空虚，便向商人借贷钱谷以应急，凡能应急者即给予御史等官职。宋朝从建立开始就使用卖官鬻爵的办法从富户豪商手里搜罗钱财。到南宋时，商人买官的现象更为普遍。

到了封建社会的晚期，封建统治的腐朽和政治上的腐败进一步加剧，政府卖官的情况更为严重，为富商彻底打开了钻营仕途的大门。政府卖官是通过所谓的“捐纳”手段进行的。“捐纳”就是政府在财政上有需时，比如发生灾害、进行战争等，要求有钱乡绅资助，官府给予官职。有什么样的人能出钱来捐给政府？只有那些家有百万金的巨富商人们，所以捐纳做官的有相当一部分是商人。捐纳之风最为炽烈的是清朝，特别是乾隆之后，此风大盛。在嘉庆《两淮盐法志》“捐纳”条中，就记载了从康熙到嘉庆年间，由有名的淮商捐纳的巨额银钱数量以及政府给予他们的官位。其中身居要职和高位者为数不少。

二、晋商的产生

从历史的记载来看，明清以前的山西商人和别的地域商人相比，并无多少突出之处，仅仅是有长期为边关军人服务和与少数民族做边境生意的传统。进入明清之后，山西商人才在短时间内迅速崛起，从而拉大了与别的地域商人（当时称“商帮”）的差距，开始鹤立鸡群、傲视群雄。1840 年中国进入近代社会之后，晋商的竞争优势开始变弱，辛亥革命后更是一路滑坡，被迫将中国商业舞台主角的地位让给以江浙为代表的沿海商人。由此可见，明清两朝是晋商崛起和兴盛的关键时期。

唐宋以来，随着农业生产力的进步，商品经济的发展，出现了政府垄断的盐、铁、茶、等经济项目民营化的趋势，与此同时，开禁赴关要地，允许百姓自由经营货物买卖。这两个自由化对晋商的崛起意义重大。

中原地区自古以来便受到北方游牧民族的南下侵掠。自唐中期以来，北方气候持续寒冷，游牧民衣食无着，南下侵掠的压力增大。在游牧民族的压力下，中原民众被迫一轮接一轮地南下，结果反倒把长江三角洲、珠江三角洲开发了出来。到南宋末年，正式形成了政治中心北方、经济重心南方的区域格局。这个格局的形成对中国社会，尤其是区域经济的发展影响很大，是明清时期以晋商为代表的内地商人崛起，而江浙等沿海商人的发展受到抑制的重要原因。明初，为保卫边疆，明政府布重兵于长城沿线，这样为百万大军提供粮食、布匹就成为明王朝的当务之急。在官办效率太低的情况下，该项目、该区域开始走向民营化。但当时商品经济发展的水平还不高，即商品经济货币化的水平不高，无法做到完全的货币经营，在这种情况下，政府于是以出让某些专卖商品——盐或茶作为交换物，而晋商就凭其地利优势、经验优势进入边疆的军队贸易、食盐销售与生产市场。

要巩固边防，固然要加强军备，但也要让对方——北方游牧民族能够活得下去，否则为了生存，它会再次南下。在这种情况下，明政府又开设边镇马市。最初限制很严，尤其限制铁制品交易，以致民间交易发展不起来，规模很小，不能满足游牧民族的要求。于是游牧民族频繁南下抢掠，并宣称，若满足其正常交易要求，就不侵掠。明政府无奈，只好答应其要求，对铁制品开禁。于是边疆民间贸易大大发展起来，边镇马市成为联系边疆游牧民族和内地工商业生产的桥梁。清王朝统一全国后，随着新疆、蒙古、西藏的归顺，中国的边疆一下子伸展到数千公里之外的地方。这一过程不时伴随着战争，仅平定新疆噶尔丹叛乱就断断续续打了近百年仗。这时，善于跟游牧民族打交道的晋商被指派供应大军军需。于是，晋商一方面靠巨大的军需订单发大财，另一方面进入蒙古、新疆腹地，展现在晋商面前的是一个辽阔的、对中原农耕民族有着巨大交换需求的市场。

边疆平定后，为开发边疆，彻底解决困扰中国两千多年的北方边患问题，清政府放宽内地人民进入边疆的限制，并大力招商。随着边疆的开发，晋商还与俄罗斯商人打起了交道，并受国家之托，在恰克图进行垄断性的边境贸易。总之，晋商是在特殊时间、特殊地点发展起来的。

明政府的政策对晋商最大的影响是“开中法”和“开中纳银”。出于防范北方游牧民族的需要，明政府依托万里长城设置九个边镇，常年驻军八十多万，再加上家属，总人数逾百万。为供应这上百万人的衣食住行，最初是通过官运，即国家直接组织农业劳动力将各地的征发品运到边关，但这样做，一来组织成本太高，二来误农事，与商品经济发展、人身自由度提高的趋势相违背。为此，明政府利用商人的力量，在商品经济货币化程度还不高的情况下，宣布谁能将粮食及其他军需品运到边关，就给他销售食盐的权力。食盐是国家控制的专卖品，特点是人人需要，且需求弹性低，因此经营的利润极为丰厚。据顾炎武估计，经营食盐的利润是经营一般产品的三倍。为此，全国的商人齐齐响应，但山西商人，尤其是晋南商人，由于有历史上的资本积累优势，再加上靠近粮区——晋南是有名的粮区，靠近盐产地——河东盐场，靠近市场——边关，因而捷足先登。随着商品经济货币化程度的提高，“开中法”实行七八十年后，明政府又决定用纳银替代纳粮，这样晋商靠近边关、粮食产地、食盐产地的优势就不起作用了。在这种情况下，一部分晋商在坚守本省河东盐场的基础上，相继向江淮盐场、长芦盐场转移，继续从事盐业；另一部分晋商则继续围绕边关做文章，当起了粮食商、棉布商等，逐步将生意做到了全国。

入清以后，清政府的政策对晋商的影响主要是三个方面：一是统一边疆地区；二是开发边疆地区；三是管理边疆地区。这三方面的政策，使得晋商的市场地盘更加扩大，远距离贸易更加发达，并发展起了新兴产业——茶叶业和票号业。

首先，入清以后，随着明末战乱的结束，蒙古、新疆、西藏内附，出现了中国版图空前辽阔的大一统局面。但这一历史局面的形成并非风平浪静，而是不时伴随若干战争，其中，从康熙到乾隆年间的征讨噶尔丹的战争时间最长，接近百年，军费开支高达亿两白银。战争既能予商业以打击，也能予商业以促进。对山西商人来说，清政府统一边疆的过程，就是他们大显身手的机会，许多商业巨子，如垄断蒙俄贸易的大盛魁就是在军营贸易中诞生的。战争结束后，为保卫边疆安全，还要留下相当数量的军队驻扎，为大军提供军需的任务又落到了在大漠腹地经商的晋商身上。可以说，清军在哪里驻防，山西商人就到哪里贸易。也可以说是晋商随军行，军需赖晋商供给，晋商靠军队生存，相互依存，互济为命，为大军提供军需是自明以来晋商的一块稳定的市场。

其次，清政府在对蒙古、新疆、西藏实行直接统治的同时，也加速发展边疆地区经济，以此作为实现巩固边防的辅助措施。这一方面使山西商人得以进入东北、新疆、内蒙古等地，与游牧民族直接交易；另一方面，边疆的开发、人口的众多、需求的增长也为内地和边疆广泛的商品交换奠定了基础。

清代前期出现的和平、统一与稳定的政治局面，无疑是商品经济得以发展的重要保证。而清政府所颁布的一系列与发展农业相配合的恤商措施，则使明代以来发展起来的地区商帮的经营活动有了进一步的政策保障。

和农业民族相比，游牧民族“衣皮毛，食肉酪”，以畜牧为业，无城郭之居，逐水草而生的生产方式，使其许多需求，包括日常的生活需求，如锻布、茶叶、米、盐、铁器以及针线等，都无法自我满足，严重依赖和农耕民族的交换，因此，游牧民族更重视商业，把“来自远方的朋友”视为贵宾，给那些互通有无的商人提供很多的便利。早在明末，青年时的努尔哈赤常常到抚顺一带的互市市场进行买卖活动。他后来向明政权发动进攻的挑战书七大恨的内容之一，是指责明政府对辽东所设的互市贸易，规定了诸多限制条件，而主管互市的官吏对前来交易的女真人敲诈勒索，不能公平买卖，激起了女真人的怨恨。“七大恨”因是宣言书，系激发女真族对明政府的痛恨，引起汉族人对女真族人反抗行为的同情而做，不免有夸张、矫情等成分，但它将商品交易中的矛盾冲突作为倾诉的内容，至少说明女真族对商业的重视，反映出满族人在入关前就有较为强烈的重商意识。入关后，顺康雍乾时代都曾采取过减免关税、商税等利商措施。如顺治时，以京师初定，特免各关征税一年，并豁免明末税课欠款和加增税额，及各州县零星落地税。顺治十年（1653），规定“今各关刊示定则，设柜收税，不得勒扣火耗”，革除“需索陋规”。康熙时明令“严禁各关违例征收”，各关必须把征税税则刊刻于木板，遍示津口，晓喻商民。乾隆时一面整顿税关，裁革吏员，核定税关经费，并颁布各省税课则例，以杜吏役乱征苛取。凡私添税口、苛执勒索的税官，一律严查，绳之以法，“司役严处，官吏严参”，从而收到了“舟车络绎，货物流通，则税自足额”的效果。另一方面则减轻市税性质的落地税，规定：“凡市集落地税，其在府州县城内，人烟辏集，贸易每多，且官员易于稽查者，照旧征收，不许额外苛索，亦不许重复征收；若在乡镇村落，则全行禁革，不许贪官污吏假借名色，巧取一文。”为了调剂各地区丰歉余缺，清政府常以更多、更大范围的免征、减征关税、垫付资本、赏赐顶戴等鼓励办法，招徕商人长途贩运粮食。

清初持续150年，三令五申的恤商令，虽然在具体执行中不免掺杂有相当的水分，但从总体上看，上述整顿税关、减免商税等恤商政令的颁布，仍起到了为国内市场商品流通清除路障的作用。特别是对满族起家的东北地方，以及经济落后的北部、西北广大地区，关税、商税的征收更较内地宽松。而入清以后的山西商人，除继续在淮盐运销区域与徽商角逐外，更多地在东北、正北、西北这“三北”地区活动，这使他们享受到了远较内地宽松的特殊政策。可以说，晋商之所以能在北方各大区域迅速扩展力量，占领市场，与清代前期的恤商措施所造成的宏观政策环境是有直接因果关系的。

最后，为加强对辽阔的边疆的管理，清政府十分重视交通通信的建设。陆路交通主要靠以北京为中心的驿站网络，通向四面八方。按定制，百里一驿站，每一驿站均备有夫、马、车、船。一般省份，驿站上百，最少的也有十至数十，均由各地方官府维持。虽然驿站主要是传达中央政府政令的邮传之路，但客观上成为商旅之路，成为连接各省府、州、县的交通干道。清代设在山西境内的驿站有 125 个，较明代的 58 个增加了一倍多，在全国由明代的第 7 位上升到第 5 位。这一百多个驿站的设置，对山西境内及与外省的经济联系具有重要的意义。值得一提的是，清政府在蒙古、新疆和东北地区设置的驿道台站，对晋商到这些地区扩展商业势力，起了极为重要的推动作用。

清代蒙古台站是在征讨噶尔丹，遏制沙俄南下的过程中建立起来的，分为漠南（内蒙古）、漠北（外蒙古）和漠西（新疆）三部分。漠南驿站的主要线段是喜峰口至科尔沁，杀虎口至鄂尔多斯，古北口至乌珠穆沁，独石口至蒿齐特，张家口至归化城、四子部落；漠北驿站的主要线段是塞尔乌苏至库伦，库伦至恰克图，赛尔乌苏到乌里雅苏台，乌里雅苏台到科布多；漠西驿站的主要线路是，哈密经巴里坤到乌鲁木齐，乌鲁木齐到伊犁，库尔哈喇乌苏到嗒尔巴哈台。蒙古地区台站的设置，不仅巩固了清政府在蒙古地区的统治，而且促进了中原和西北地区的经济往来。

康熙、乾隆朝在平定准噶尔部贵族的叛乱中，先后把新疆地区的台站建立了起来。康熙二十六年（1687 年）设乌里雅苏台至乌鲁木齐台站。五十五年(1716 年) 因运输需要，自嘉峪关至哈密设 12 台，自哈密至岭南设 3 台，自岭北至巴里坤亦设 3 台。乾隆八年（1743 年）在新疆设立卡伦台站，自哈密西至辟展，北至巴里坤，又西至库车，其南至和阗。乾隆十九年（1754 年），自陕西神木至巴里坤设站 125 处。乾隆三十年（1765 年）清政府还派员去新疆整顿台站。

东北是清统治者的发祥地，驿站建立较早，其后出于征讨沙俄侵略者、巩固边疆的需要，更是加强了驿站的建设。黑龙江驿站是清初建立的。康熙二十七年（1688 年），自齐齐哈尔西南至混同江，东北至黑龙江城 675 公里中置19站，后又增设1站，共20站。雍正十年（1732年），又于齐齐哈尔西北至呼伦布尔设10台。十三年（1735年），于乌兰诺尔站东至呼兰设6台，沟通与漠北的联系。吉林，清初有10台、26驿站，后来经过整顿，建立驿站38处。至于西南、西北其他少数民族地区，清政府实行“改土归流”政策后，驿站也有所发展。

总之，山西虽地处黄土高原，山脉纵横，但从全国交通条件来看，由南至北，从东往西，当地与外界的经济联系并未因此而阻断。不仅全省各州县之间商旅往来，互通余缺，就是与邻近省区亦是四通八达，纵横交错，构成以炭、盐、铁器、棉布、绸缎等为主要交流商品的经济区域，并以这些区域向全国各大地区辐射延伸。其间，清政府建立的大小驿站起了沟通、中转、集散、开拓的重要作用。这些以驿站连接起来的大小商路的畅通，刺激了商品生产的发展，为商品交换活动由城市向乡镇村寨渗透，由中部地区向包括东北、西北在内的北部地区的扩展，并建立永久性贸易网络，提供了必要的条件。如果没有这些交通干线的开拓，山西商人向内外蒙古、东北、新疆广大地区的进军将艰难得多。

在推动山西商人走向持续繁荣方面，清政府的对俄贸易政策不能不提。早在清初深入大漠腹地库仑、归化与蒙古人交易的过程中，晋商就与俄罗斯商人建立了商业联系。后来恰克图边境市场建立后，晋商又捷足先登，从张家口、库仑等地进军恰克图。随着中俄贸易归并到恰克图一地进行，清政府不允许俄罗斯商人入境贸易，必须经过政府在恰克图的中国商人，这对晋商垄断恰克图贸易获取高额利润很有帮助。近代晋商在中俄贸易中之所以走下坡路，原因就在于俄罗斯通过《天津条约》获得了可深入中国内地经商的权利，从而打破了晋商的垄断。

在清政府看来，从事对俄贸易对巩固边疆安全很重要，但是，对俄贸易必须经沙漠大荒、戈壁流沙，间或还有“骑匪”出没，杀人掠物。总之，由于旅途险恶，一般商人皆裹足不前，视为畏途。在这样的情况下，为了鼓励山西商人北上西向，担当对蒙俄贸易的重任，并便于政府管理，清政府制定了“信票”制度——凡行商贸易于大青山后、西营一带及恰克图者，必须持有理藩院颁发的“信票”(也称“部票”“龙票”“票证”)。凡持此“信票”贸易者，享受地方政府保护的特权。如规定，“蒙户如有拖欠，札萨克有代为催还之责，且旗长对于此等商户，纯以礼客遇之”。凡无票运输之货物，皆视为走私，一经查出，其货一半入官，一半奖赏稽查人员。嘉庆时期，清政府放宽限制，允许一些小本铺户附搭大铺票内，作为“朋票”“朋户”，相携赴恰克图交易。为了不误商人交易，甚至允许货物先行，留人候领信票。

“信票”制度一直沿用到清末，且领取的信票一般须以旧换新，从而保持了对俄贸易商户的相对稳定性与延续性。由于“朋票”商户的增加，贸易规模进一步扩大。凡此种种，均是山西商人长期垄断恰克图对俄贸易的原因。在中俄恰克图贸易的茶庄中，长裕川、长盛川、大玉川、大昌川等素负盛名。这四大茶庄均为清廷特允皇商，持有天子赐予的“红色龙票”，从收购、运输，直到俄蒙贸易皆通行无阻，受到各方保护。俄蒙商人只要见此“龙票”，就争相易货，认为这是货真价实的凭证。

尽管清政府对对外贸易管理严格，但相对来说，对恰克图贸易宽松，对广州沿海贸易严格，这就为晋商的壮大创造了条件。

综上所述，明清政府，尤其是清政府在国内还是实行了比较开明的惠商政策的，促进了晋商的发展和壮大。

第四节　日本商人阶层和商帮的形成

一、日本商人阶层的形成

14、15 世纪以后，亚欧大陆各地均出现了随着农业生产力的进步、商品经济的发展，要求突破地区、国家的限制，而走向更大范围的国际交换的趋势。随着西班牙、葡萄牙、荷兰等西方势力来到东方，西方资本主义的生产方式与中国、日本的资本主义生产萌芽相对接，进一步推动了中国和日本国内商品经济的发展。

按照唯物主义的观点，人类社会自产生，就已经存在商品交换和商品经济，但一直未摆脱自给自足的自然经济的束缚，处于弱小地位。而从事商品经济的个体处于未脱离农业、手工业，一直没有独立的阶段。直至进入资本主义社会，商品经济的地位才有改观。

平安时代，在一些主要的城市，如奈良和京都，出现“市人”“市女”等独立商人经营的店铺商业。在地方上，各寺院、神社门前和庄园要地都开辟了定期的集市，出现叫作“贩夫”的独立商人。

镰仓末期，“町”（市镇）等专门的商业区开始逐渐取代奈良时代产生的东西市，店铺经营开始露出萌芽，慢慢取代行商的经营方式。当时社会把定居在“町”（城市）里的商贩，称为“町人”（商人）或者“坐商”。镰仓时代，为了保护地区经济，成立了很多的同行工会“座”，座内的手工业者以及商人需要向当地的领主缴纳一定的保护费。

日本町人的壮大是在室町时代中期以后。经过南北朝，尤其是战国时代，各地守护大名在富国强兵的指引方针下，大力发展水利灌溉等地方性的公共事业，他们鼓励农民开发新田，种植经济作物。经济作物广泛普及，人们对商品的需求不断增加，商品经济随之发展。地方上的庄园主为给京师领主运送年贡，允许原本隶属于领主、神社、寺院的，享受免除赋税劳役特权，专门从事纳贡业务的“职人”，在京都以及码头等地建立“问屋”（承担商品流通各类业务，起初以保管货物和贩运、代销为主，后来主要从事油、米等特定物质的批发），再由“问屋”把年贡物品批发给零售商人销售。在实物年贡商品化和商品流通体系化的过程中，这些“职人”不断扩大自己的经营范围，与同行业的其他商人结成具有垄断性质的工会组织“座”，更有一些有实力的商人参与海外贸易，成为拥有巨大财富的商贾。在这个过程中，还形成了来往于消费市场和产地之间的大型商队。最著名的商队就有活跃于京都、东海、东山、山阴、北陆之间的近江商人。

室町时代后期，在一些城市，出现商人自治的新动向。最具代表性的城市自治是堺市。堺市在应仁之乱后，细川氏将它作为勘合贸易的基地，于是骤然繁荣。接着三好氏也以这里为据点，一跃成为最大的港湾城市。堺以刀剑、绢织品和漆器产地闻名，枪支传入后，作为枪支制造的中心地更增加了其重要性。

堺原为京都寺院的一个庄园，其自治可追溯源于15世纪初村民集体负责向庄园领主交纳年贡（“百姓请”）；至15世纪末产生了由上层“町众”、门阀商人等组成的议会，旨在维护町的治安和町政运营，形成城市自治。16世纪中叶，这种议会成员达36名，称为“36人众”，每月由其中3名代表轮流管理市政，裁断诉讼，处罚罪人。这时期来到堺的一位欧洲天主教传教士向本国政府报告说，堺富庶而和平，像意大利自由城市威尼斯那样实行自治。虽然它的自治权局限在裁判和解决町人相互间各种纠纷的“町人捌”、实行市场管制以及承包租税等方面，但是已经逐步具有了社会组织的色彩，并使町人第一次作为社会的一个独立阶层登上了历史舞台。但是，此时的町人仍然处在与农民、武士未分化的阶段。虽然“町众”的主要成分是指在“町”里拥有店铺的商人和手工业者，但也包括住在町里的下级武士、“公家众”（贵族）和“土仓众”（高利贷者）、“地侍”（在乡武士）等。

战国时代末期，尤其是安土桃山时代（1568–1598），为促进商业发达和城市繁荣，织田信长在永禄十一年（1568）撤销其势力范围内的关卡（“关所”），禁征“关钱”，到1586年，丰臣秀吉废除了全国的关卡。打击关卡的设立者寺院、神社和庄园领主的势力，又为便于商人自由往来，发展商工业。织田信长在天正五年（1577）6月，为安土城下町制定《乐市乐座令》13条。该令否定“座”的特权，奖励商人到安土城下町定居，免除商人的土木徭役、房屋税等负担。丰臣秀吉在天正十三年（1585）对京都诸座下令废止座头职等的中间剥削权。乐市、乐座政策把手工业者和商人从寺社、庄园领主的隶属下解放出来，有了自由的身份。同时，否认城市自治，町人的自治组织被统治城市的机关取而代之。

织田信长和丰臣秀吉在政治方面，向全国推行“兵农分离”“一国一城”等制度，使得武士团离开原来的土地，集中到“城下町”，成为专职武士。天正十六年（1588）丰臣秀吉借口铸造大佛需用钉锯，发出《刀狩令》，没收民间所有的“长刀、腰刀、弓箭、长枪、步枪及其他武器”。要求农民专职于土地耕种，切断了农民转向武士的可能性。天正十九年（1591）8月丰臣秀吉发布“身份统制令”，规定“奉公人、武士等大名的家臣和武士，若有改作町人、百姓（农民）者”，“各地农民若有舍弃田地而从商或外出打工挣钱者”，一律给予严厉制裁。“身份统治令”第一次以法律的形式，明确把武士身份和农民、手工业者、商人分开，把农民身份和手工业者、商人分开。1592 年又发布调查各身份人数的“人扫令”。这些法令意味着武士和农民成为固定的社会阶层，同时也意味着手工业者和商人阶层作为独立身份的职业阶级终于被固定下来。

德川时代（1603–1868），幕府在小农经济的基础上，建立了幕藩体制。继承了织田信长和丰臣秀吉的“身份统治”制度，并根据朱子学的“名分论”，将身份制度赋予尊卑的观念。

幕藩体制的社会，阶级统治以严格的身份制为支柱。各阶层内部又细分为种种等级。身份制由父家长世袭的家族制度牢牢地保持着。法律规定，每个人从母胎里就被确定了自己的族籍，出生后被闭锁在狭隘的身份等级的圈子里，不论本人能力和表现怎样，也永不能越出自己所世袭的阶层。士农工商四民中，武士是统治阶级，约占全国总人口的 6% –7%，有担任官职、受领俸禄、称姓、佩刀等特权。百姓即农民，占总人口的 80% –85%。作为主要的直接生产者，他们是幕府的经济基础，地位仅次于武士。农民被严格束缚于只有使用权的土地上，不得迁移。禁止与武士、手工业者、商人通婚。禁止从事其他的行业。农民的主要任务就是为领主生产年贡。在村内过着与外界隔绝的自给自足的生活。町人约占总人口的 5%–6%，居住在城下町，町人的任务主要也是为领主修筑城堡等提供夫役，经办年贡米和特产物的贩卖，购买非自给性消费品以供领主享用。为此，领主给予町人以垄断经营某种商品的特权，并免除地皮税和营业税。贱民处于四民之下，分为“秽多”和“非人”两种。

德川时代的商人有一个演化过程。幕府创立初期，主要是御用豪商。他们同幕藩权力密切结合，与领主融合为一体。如茶屋四郎次郎、后藤庄三郎等，出任家康的亲信顾问，掌握幕府的交通运输、矿山开发、货币铸造和外国贸易等业务。御用豪商的经营是综合性的，未有明确分工，如为领主采购、运输物资、筹集经费、包收年贡、从事朱印船贸易等。他们的贸易量很大，手续费也很多，因此获得巨利。但是随着锁国和朱印船贸易的中止，以及商业的发展和商人的分工，这些包罗万象的御用豪商到元禄（1688–1703）时期相继没落。

接着出现的是大阪和江户的特权问屋商人。他们是适应全国市场的形成和商业的广泛开展而生的，到元禄和享保（1716–1735）时期已成一股巨大的势力，对经济和政治产生了很大影响。特权问屋商人由领主赋予特权，结成“仲间”（伙伴），垄断运输手段、加工手段和流通机构，控制全国市场。他们主要分为两种。一种是以大名的年贡、武士的俸禄作为担保，对大名、武士以及町人和百姓发放高利贷的商人。比如发源于伊势的三井家，就是以对大名、武士放高利贷和买卖米谷起家。之后，随着经济实力的增强和幕府政策的许可，1673 年三井家的家主三井八郎兵卫到江户和京都开吴服店（和服店）。因为采取现金结账，批发和零售相结合的新式经营方法，很快在江户又开三个商业店铺和一个“两替店”（经营兑换业务的钱庄）。据说当时雇用伙计一千人，每天有一千两的收益。元禄时期与幕府结合，当幕府的金银“为替御用达”（金银汇兑承办商）。直至现在，三井产业已经遍布世界很多地方，成为拥有 150 多家子公司的大财团 。同样做高利贷的还有大阪商人鸿池，据记载，1673 年大名贷款占 84%，1714 年收利 2100 贯银。第二类是通过收购和批发年贡米和各地特产品，从而大发其财的商人。比如“大阪的 24 组江户积问屋”、江户的“10 组问屋仲间”即是。此外，还有专门从事木材商而积富的，如有名的奈良屋、纪国屋。

最后，在 18 世纪后半期 19 世纪前半期，随着农民商品生产的发展，出现农村商人。他们与资本主义萌芽有联系，在性质上与特权“问屋商人”不同，是瓦解幕藩体制的力量。

二、日本商帮的产生

日本商帮主要形成于元禄时代。主要有大阪商人、近江商人、伊势商人。

（一）大阪商人

大阪商人是从日本各地到大阪经商的商人的总称。大阪商人的出现源于大阪城的建设。

1583 年，在丰臣秀吉 (1537 ～ 1598) 的率领下，日本首次得到了统一。在完成了统一大业之后，丰臣秀吉做的第一件事情就是建造大阪城。该建造项目总计动用了 10 余万劳力，仅仅耗时 3 年，在 1586 年正式宣布竣工。大阪城的建造速度如此神速，要归功于他推行的“信赏必罚”政策。

在当时，丰臣秀吉把价值达5000亿日元（现约合7万亿日元）的黄金作为报酬，对努力工作的人给予重赏，而对偷懒的人则处以极刑。每晚，他赏赐给那些努力工作的部下的黄金，若是换算成货币，大约是60亿日元。由于知道只要专心努力地干活便会得到丰厚的奖赏，因此丰田秀吉的部下们个个干劲十足，没有一个人偷懒。

完工后的大阪城雄壮宏伟，在当时的日本，再无其他城堡能够望其项背。因为野心勃勃的丰田秀吉想要以此来向全天下昭示自己至高无上的权力和兴国安邦的雄心。紧接着，为了削弱日本国内260多位诸侯的实力，并为了掌控全日本经济的命脉，他推出了一个新的经济政策。

“各地方诸侯（大名），除急需的米、蔬菜、海鲜之外，要把当地生产的所有物资统统运往大阪。”那个时候的日本，大米的囤积绝对可以掌控日本或者某个诸侯国的经济和政治的命脉。在当时，掌控大部分日本国内的大米产量和储量的是各地的大名，而丰臣秀吉为了巩固自己的政权，不得不削弱他们的实力。丰臣秀吉认为，搜走对自己有反感的德川家康等领主们的大米，是削减各地大名实力的唯一方法，也是得到忠诚和信任的最佳捷径。

之后，丰臣秀吉不仅收走了大米，除急需供应的蔬菜和海鲜之外，他几乎把一切重要的民用物资都堆在了大阪。丰臣秀吉的目的很明确，用控制大米储量的手段压制各藩大名的实力。虽然大名们心存不满，但由于刚刚统一的日本军法严厉，所以各地的诸侯也不得不听从丰臣秀吉的命令。

丰臣秀吉的第二个政策，是在大阪聚集了日本国内所有有实力的商人。由于丰臣秀吉早年有过倒卖针线的经历，他非常清楚商人对一个国家的经济影响力，深知“商人发火，诸侯也要让三分”（日本谚语）的道理，所以为了统治日本，他很清楚商人的力量对自己的重要性。实际上，他在发动“壬辰倭乱”之前，曾找过博多（现在的福冈）的大商人神谷寻求过物资等各方面的援助。

丰臣秀吉把日本国内有名的商人和所有的物资全部都搜刮到大阪城后，再把这些物资分配给各地。这是为了确立和巩固大阪作为日本经济中心的地位。在当时，日本国内有许多商人富可敌国。在诸多商人中，丰田秀吉选中了伊势商人、近江商人、大阪商人，令他们住在大阪城附近。

丰臣秀吉把他们安置在了今日大阪的中央区本町通一带后，给这片区域取名为“船场”。这里指的船场，其实就是一个港口。当时的大阪是有着108座桥梁的水都，所有的货船都会从各条水路进入大阪，然后把货物卸到船场。之后，商人们会把船场里的货物再运到包括大阪在内的各地进行销卖。

德川家康统一日本之后，出于同样的目的，希望能够通过把控日本经济，以保证日本政局的稳定。所以，德川家康不仅要求全国的大名把大米运送到大阪，还要求把蔬菜和海鲜（由于日本人比起牛肉和猪肉更喜欢海鲜，所以当时并没有把牛肉和猪肉视为重要食品）也运送到大阪，于是，他把这三大主要食品的交易市场都设在了大阪，以此来控制整个经济权。

到17世纪末为止，大阪的仓库已经多达90余座。随着稳固的发展，大阪逐渐成为全日本的商业中心，到18世纪中叶，大阪的仓库数量激增至110多个，到19世纪初的时候，仓库的数量达到了124个。大阪的仓库数量在日本国内是无可比拟的。

由于政府的政策，大阪成为日本的物产中心、经济中心以及商人的聚集地，由此产生了大阪商人。

（二）近江商人

近江商人在日本国内被称为“毒商”（“为一分利跑遍全国”的意思）、“商人中的商人”。近江是日本的古国名（今滋贺县），从17世纪起到明治维新前后，一直是商人辈出的地方。

近江境内河流丰富，有湖东的犬上川、爱智川、日野川、野洲川，湖北的姊川等众多河流，这些河流周边形成了广大的冲积平原，湖东方面又有广阔的近江盆地，所以，农业产量很高，一直以来都受到统治者的重视；另外，近江还是连接东西日本的交通要地。由琵琶湖流出的濑田川流向京都和宇治方向，河流的存在，连接了北陆、京都和中部的主要水陆交通，不仅使环湖的水运非常发达，交通非常方便，也是该国生产力高的主要基础。除了水上交通，此地还是北陆道、东海道和东山道的交汇点，越过铃鹿山内地是东海道；经山科盆地至美浓国便是东山道，而向北至若狭国则是北陆道，是连接东西日本的交通要冲。除此之外近江也是京都的东大门，从东方上京，近江是必经之地。因此自古以来便有说法：控制了近江便控制了天下。被称为古代三关的铃鹿、不破和逢坂，便是在近江国的四周所设。由于近江身份的重要性，历届统治者都在不断建设近江。

在天文十八年（1549 年），近江国出现乐市。乐市其实就是类似于现在的经济特区，通过减免城下町的各种苛捐杂税，来推动商业的发展。由此，近江人看到商机，开始发展商业。近江商人主要指出身于滋贺县内的八幡、五个庄、日野、彦根、高岛五个地方的商人，他们有一个共同的特点，就是不同于大阪商人和伊势商人把总部设在京都或者大阪，而是设在自己的老家——近江。

近江商人主要包括：高岛商人、八幡商人、日野商人、彦根商人。

"高岛商人"又叫"大汉商人"，是战国末年，从西江洲大汉（现在的高岛郡）到京都经商的人，是在南部领国非常活跃的商人。原本占领高岛的是北陆势力浅井家，大汉是高岛的城下町。浅井家灭亡的时候，他的家臣村井氏、小野氏逃到京都，成了商人。大阪夏之战的时候，他们紧随德川家康，成为新政府的支持者。战役结束后，受到政府的优待，经商范围扩大到南部藩的盛冈城下町，形成席卷南部的盛况。他们被叫作"小野组"，小野组的商人和京都的联合起来，明治初年，组成"三井组"，设立第一家银行，轮流做银行经理，最终成为一代豪商。高岛的商人主要经营服装、油、酒，还涉足金融业。他们活动在京都、静冈、长野，山梨等地，而主要的活动地点还是近江。据记载，现在日本第一的百货店"高岛屋"，就是出自高岛商人。

八幡商人是指江户时代初期出身于旧的八幡町，也就是现在的近江八幡市的一小部分区域的商人。八幡町有一条滨街道，滨街道在战国时代主要用于军事。比如，德川时代大阪冬之战和大阪夏之战都用到这条路，八幡被当作兵站基地。因为在这两次战役中的功劳，八幡向幕府申请到和明朝做贸易的朱印状，在江户时代成为德川家的直辖领地。并且，在建设江户的城下町时，获得日本桥堀留附近的良田，开了很大的店铺。八幡的商人主要从事榻榻米、蚊帐、麻布、念珠、灯芯的销售，主要的交易活动地区在东京、京都以及北海道。在 17 世纪，他们带领庞大的船队开发东南亚市场，以东南亚贸易成为当时日本首富的角仓了以就是八藩出身，而如今在床上用品领域最成功的大阪西川（Nishikawa

Living) 也是从八幡崛起的企业。

日野商人，发源于武士蒲生氏乡的城下町日野。他们出现在享保年间，比八幡商人的出现晚了一百年左右的时间。日野的商人主要经营药物、木碗、漆器、茶叶、生丝、棉花等，主要在仙台、石川、东北地带、北关东等地活动。亚洲数一数二的制药厂商日野药品和武田制药等企业均出自日野。值得一提的是，日本史上第一个用“复式簿记”的中井氏就是日野町的一个大家族（复式记是在每一项经济业务发生后需要记录时，同时在相互联系的两个或两个以上账户以相等金额进行登记的一种记账方法）。

蒲生氏乡是战国时代大名中为数不多的经济学家。在领地内，蒲生氏乡兴办了许多产业，如与武器相关的制刀业、铁炮业、漆器业等，其中日野烟管、弓箭、漆碗非常有名。

丰臣秀吉对经济实力日渐雄厚的蒲生氏乡感到威胁，于是，以增加封地的名义把蒲生氏乡转封到伊势的松阪。之后，蒲生氏乡又被秀吉以防范外样大名伊达政宗的名义，转封到会津的若松。因为领地内领主的频繁调配，日野商业逐渐没落。此后，日野曾经在大阪之战的时候，向德川家康提供火炮，所以被德川家康赐予和明朝贸易的朱印状。之后，被归为德川家的天领。借由此，日野商人凭借当地的漆碗和生药等产业，在元禄时期再次兴盛。日野商人通过行商的方法不断巩固自己的商圈。在租借地方开设分店，然后，通过水路和旱路两种方法，把货物大批运送到分店，再从分店领取物资，再扩大行商的范围，然后，再在新开发的商业圈开设分店。这样不断循环、扩大经营范围。这个有些像现代的经营连锁店。这是日野商人发达的第一步。日野商人是在享保年间开始发迹的，他们在经济发展比较缓慢的东北地方设立分店，这对开发后进地方的商品经济有促进作用。

比如，日本关东和东北地方，虽然生产生丝，但是它的销售领域仅仅限于当地。在日野商人进入日本关东北部和东北地方后，鼓励当地桑农积极提高生丝的产量和质量，并扩展销路。总之，日野商人在其中发挥了把东国第一产业生产的原料品运到西日本（大阪、京都、奈良、兵库等地），而且为当地商人提供技术，帮助当地的商人把原材料加工为各式成品，再销往全国的作用。日野商人在关东地方有了经济实力后，入股酿酒业、酱油业等领域。

彦根商人就是彦根藩出来的商人，包括五个庄的商人。彦根商人比日野商人出现得要晚将近一百年的时间。彦根有小江户之称。彦根的商人主要经营麻布、服装、蚊帐、棉、化妆品、饰品、日用品等，主要活动在北海道、大阪、关东等地区。彦根商人中的代表人物是丰田利三郎，还有从270年前开始以制造高质量的腰带而闻名的誉田家族。

彦根藩是日本江户时代的一个藩，位于近江国北部，也就是现在的滋贺县彦根市。藩主是井伊氏。直到明治维新，三百年间领国的藩主都没有变过，所以，彦根的经济得到持续发展。

在幕府农业本位政策的指导下，各个藩的经济多用稻米表示，米是各藩经济的基本，百姓是生产的载体，被称为国之瑰宝，幕府统治下的各个藩是独立的、自给自足的经济体。各藩的物资流通仅限于藩内。在城下町设有商人，但是在农村没有常设的商人，百姓的生活需求是通过行商来满足的。

藩内的剩余物资可以卖给其他的藩，也可以从别的藩购买本藩需要的商品。但是，这种买卖必须是藩与藩之间进行。这种交易叫作“官方藩际交易”。实际进行交易的不是武士，而是被藩主委任的御用商人。所有的交易行为都是按照藩主的命令进行的。这样的商品交易，量非常大，但是由于商人的不用心，很多的商品都比较粗糙，不能满足实际需要。所以，随着社会经济的发展，像上文所说的藩与藩之间的贸易往来逐渐消亡，取而代之的是私人性质的商品交易。

彦根藩地处京都附近，能够及时了解日本，以及周边藩国的事情。19世纪初的时候，彦根藩就率先解除不准与他藩进行私人商品买卖的禁令。之后，采取振兴藩国经济、鼓励手工业、商业发展的政策。滨缩缅（在古街道“长滨”产的一种真丝和服面料）就是在这种背景下产生的。在滨缩缅发展极盛的时候，它甚至可以当藩币使用。

藩主开明、经济发展、交通便利，于是彦根藩涌现出很多有名的商人。比如，小田刈的小林吟右卫门、五个庄的松居久左卫门、塚本定右卫门、大桥理一郎、藤井善助、伊藤忠兵卫等商人。

（三）伊势商人

日本人自认为日本是神国，自己是神的后代。日本最大的神宫是伊势神宫，神宫内祭祀着天照大神。

伊势神宫位于日本三重县的伊势，建于天武天皇和持统天皇时。

公元 663 年，白村江战役，日本帮助百济，攻打唐朝。在这次战役中日本失败了。周围的国家一个个变为唐王朝的属国，失败后的日本政府，没有任何振作的迹象。面对这样的政府，远在吉野的大海人皇子举起义旗，发动了壬申之变。他希望建立一个能够与唐王朝对等的独立国家，以防日本也被吞灭。一开始，支持大海人皇子起义的人马，包括妻子菟野皇女在内仅有 30 多人，在向京都进发的沿途，虽然发布了募兵的命令，但是一路上都没有人支援他，前途一片黑暗。在他们达到伊势之时发生了一件意想不到的事情，太阳神——天照大神突然从云间照射出绚烂的光芒。认为自己是天照大神后代的大海人皇子向神明跪拜，祈祷自己能够取得胜利。从这天起，愿意跟随他的人逐渐多了起来，大海人皇子一口气攻入了京城，即位为天武天皇。天武天皇和他的妻子也就是后来的持统天皇，马上就开始为建立一个不依附于唐朝文化的国家而努力。首先，从编撰本国的历史开始，天武天皇命令舍人亲王编撰《日本书纪》，记述从神代开始的日本国家的历史。此外，还致力于创造日本的文字，以期改变所有的书籍都用汉字书写的习惯。在所有的改革中，最重要的是指天武天皇和持统天皇计划建立一个与唐王朝完全不同的日本人的精神支柱。当时他们首先想到的就是稻米。因为稻米的出现，带来了日本国家的富强，彻底改变了日本人从弥生时代靠采集而生的生活方式。据传稻米是由天照大神将原本在高天原种植的稻子托付给自己的孙子——琼琼杵尊，琼琼杵尊再带到日本的国土上，从而开始了稻米在日本的种植历史。所以，天武天皇认为给日本带来阳光和食物的天照大神，最适合人们的崇拜。于是天皇选定伊势这个太阳升起的地方，为天照大神建立神宫，并规定每年的新年，天皇都要到伊势参拜天照大神，祈祷国泰民安。天武天皇在参拜伊势神宫的时候，宣告天照大神创建了日本，天皇家流淌着神明的血液，天皇是天照大神的后代。从此确立了伊势神宫是瑞穗之国——日本的象征。此后，天武天皇的妻子——持统女皇颁布了“式年迁宫”

制度。“式年迁宫”就是每二十年就要在神殿旁边的空地上，建造一座完全一样的神殿。这一制度，从公元690年开始，直到现在已经持续了1300多年。

伊势神宫所祭祀的天照大神，是日本传统信仰神道教的总氏神，也是天皇家的祖先神。开始的时候，伊势神宫由皇室奉养，只对皇室开放，但是，日本平安时代中期以后，天皇权力旁落，连带伊势神宫的经济状况也陷入困境。伊势神宫为了解决经济困境，不得不广开门厅，向新兴的地主和武家势力低头。据说，足利尊氏、织田信长、丰臣秀吉等人，为了各自的原因，都曾参拜过伊势神宫。身为武士的最高统领，将军都去参拜了，底下的武士就更加趋之若鹜了。伊势神宫为武士祈祷平安，为贵族祈祷荣华，为百姓祈祷财源广进、身体健康。总之，伊势神宫投各家所好，以解决经济危机。

1600年，日本进入江户时代，江户时代是一个和平的时代，交通变得比以前方便多了，各地设有供旅人休憩的驿站、旅社。基础设施的健全，社会的富足，使出门旅行不再是一件危险的事情。但是对于平民来说，仍然是一件花费很高的事。于是，日本各地催生出很多“御师”和“伊势讲”。“御师”是可以执行祝福仪式的神职人员，他们不属于神社内部的编制，是神社的民间代理人。由他们到各地传播伊势的信仰，扩大伊势在民间的影响力。每个御师所负责的信徒的人数不等，少的有几百户，多的有几十万户。御师不仅负责传播信仰，还负责安排百姓去神社参拜，并将自己的家作为百姓的“宿坊”，供参拜者住宿。所谓“伊势讲”是由一群共同信仰天照大神的人所组成的学问团体。“伊势讲”的规模很大，“伊势讲”相当于我们现代的工会，会员们各自缴纳会费，等攒够钱，所有的会员集体抽签，抽中的人，代表大家前往伊势参拜。由于是代表“讲”及所属的“讲”的所有成员去参拜神宫，所以，旅费是全体成员集资而成。出发时，代表们接受村民们为自己举办的送行仪式，到了伊势，要代表大家祈祷各家的事。之后，有义务购买一些当地的吉祥物或者特产，以便回去后发给等待在故乡的其他成员。“御师”每增加一个讲员，就会收到一笔费用，所以，御师不遗余力地向广大民众介绍伊势信仰。通过“御师”和“伊势讲”的传播，伊势神宫成了最受人们欢迎的精神信仰。每年到伊势参拜的人不下百万。另外，据本居宣长《玉胜间》一书记载，1705年4月初到5月底，大约有360万人到伊势参拜。1771 年和 1830 年参拜的人数分别是 207 万和 486 万。而 1830 年，全日本的人口仅有 3000 万。

为了迎接天皇、将军、贵族的参拜，伊势修了最好的海路和陆路交通，每一次款待这些上层人士的参拜，都是一场金钱的盛宴，每年还有数百万的百姓到来。与此同时，政府还给伊势，这个坐落有国家最高神社的所在地减免了很多的税赋，提供了很多的利商政策。

由此，产生了众多的伊势商人。

关于日本的商帮，还有学者认为是五大商帮，除了上文提到的大阪商人、近江商人，还有名古屋商人、京都商人、江户商人。

名古屋商人的产生是由于，战国时代最有名的三雄，织田信长、丰臣秀吉、德川家康都是爱知县人，也就是现在的名古屋人。这三位对于自己的故乡在商业政策上，都给予了极大的便利。尤其是德川家康。1610 年，德川家康命令大名福岛正则建造名古屋城。1612 年，名古屋城竣工之后，在城下开设了“城下町”。名古屋城的城下町东西长约 5.7 公里，南北长约 6.1 公里，从天上往下看的话，像一张巨大的围棋盘。德川家康命令在关东居住的所有武士和军民，甚至把神社和寺庙都搬到此处。据说，一开始有约 2700 户人家搬到了名古屋。在当地，“清须越”一词广为流传，因为在织田信长统治时期，尾张（爱知县）的首府设在清须（地名），而德川家康上任后，把尾张的首府从清须迁移到了名古屋城下町，人们便把这一迁移首府的事情叫作“清须越”，现在看来，得到发展的不只是清须，还有城下町，而且给今日的名古屋也带来了巨大的利益，因为清须的地理位置就在今日名古屋的市中心。

德川家康之所以亲自指挥搬迁计划，是为了让名古屋城成为德川幕府的防御要塞。他把商人们安置到了运河以南，将武士、值得信赖的忠臣以及佛寺都安置在了运河的外侧。之所以建造佛寺，是为在有必要的时候，武士们可以把佛寺当成城池，占据有利地势。之后，德川家康让武士保护商人和工匠，商人为武士创造经济利益，而工匠则为他们打造装备，让整个名古屋处于一个良性的循环状态中。这样，以名古屋城为中心的要塞大功告成。从江户时代开始，名古屋的木材便极其有名。由于名古屋一带盛产名木，再加上木材加工的高超技术，在当时，几乎日本国内所有的木材都会聚集到名古屋后再分散至各地。他们不仅提供优质木材，还加工成品家具等各类木制品销往全国。而且，其他地方生产的佛具、木桶、扇子等用品也需要木材作为原料，所以名古屋的木材销量极为可观。在木材业获得成功的名古屋商人们，后来在铁路、车辆、航空机械、钟表等现代行业领域里也获得了成功。

初期只有约2900户的城下町，到1860年时，人口增长到了近10万人，继江户、大阪、京都之后，成为日本国内人口第四多的城市。之后，随着明治维新运动的开展，日本国内各地方分为了府、藩、县，因此，名古屋成为了“名古屋藩”。1871年，据“废藩置县”措施成为名古屋县，并把名古屋分成了6个大区和90个小区。之后，名古屋县改名为爱知县。

京都自791年以来，一直是天皇以及旧贵族居住的地方，为了满足贵族的生活等各方面的需求，京都商帮应运而生。

江户商人是由于1600年，德川家康把江户幕府的首府建于此，此后又积极颁布利商的各项政策，所以，发展壮大。

第五节　中日古代商人权益和地位比较

17、18世纪，无论是明清统治下的中国，还是被称作江户时代的日本，都已进入封建社会的晚期。伴随着商品经济的发展和都市的发达，商人被推上了历史的舞台，成为都市文化的主体。这种变化，在中国则表现为士商渗透、亦儒亦贾的社会结构的新组合，在日本则为四民分离。

德川时代，日本实行“兵农分离”“农商分离”政策，武士被迫离开土地，来到藩主所建的城下町，称为专职的“侍”，这意味着武士没有了直接的经济来源，成为必须依靠藩主发放的“奉米”为生的阶层。武士的生存不能光靠大米，还需要各种各样的生活用品。为此，武士必须把“奉米”卖给商人，换作钱，再用钱去购买其他的生活用品。从“士农工商”的角度来说，虽然武士是处于社会上层的统治阶层，但是在生活上，尤其是经济上，要依赖商人的存在。从各藩藩主来说，德川家康为了巩固自身的统治，削弱各藩的实力，经济上规定各藩的稻米、蔬菜、海产必须要运送到大阪，之后再从大阪分发到各藩主手里。所以各个藩主需要依靠商人运送和购回自己的“俸禄”。政治上要求“参勤交替”，规定各藩的藩主每年必须有半年的时间，居住在江户侍奉将军。这项制度的实施，使得藩主更加离不开商人，他们需要从商人处换取钱币，并向沿途以及京都的各种商人购买所需货品。所以，虽然贵为一藩之主，也需要倚重商人。进入江户时代中期以后，由于幕府对各藩经济的持续控制和打压，以及一些高利贷商人在中间的盘剥，各藩的藩主和武士的经济实力每况愈下，甚至需要向商人借贷才能维持生活开销。农民就更不用说了，自古有云“农不如工，工不如商”。

总之，日本的商人虽然在政治地位上不如武士，但从经济角度来讲，商人站在了四民社会的顶层。

在江户时代，农民、武士、商人按照藩主的要求，住在城下町的固定区域，商人所住的区域叫作“町人町”，由于三部分人是按照身份、职业被划定居住区域的，所以适应这种分割状态的居民结构，都市的管理体系也分成了三部分。如德川幕府的所在地江户（东京）的城下町，统归町奉行管辖。身份上为武士的町奉行虽然名义上具有行政、立法、警察、消防等权力，但实际上，“町人町”的行政则主要由町奉行下属的町人承担，这些人统称为町役人，即町官。据史料记载，他们大多是享有特权的大商人。如曾任大阪町役人的尼崎家是从事海上运输贸易的巨商。江户的三位町年寄（江户町役人的首脑）亦均为有实力的商业巨头。这些以町人身份参与町政的町役人拥有实际的统治权力。如江户町年寄的职权为：（1）向各町的町名主（在町人町拥有商铺的商人）传达幕府下达的法令；（2）负责町人町的土地及房屋的管理；（3）审查町人户籍；（4）审理调停町人间的民事诉讼；（5）管理各种町人行会组织；（6）征收幕府摊牌的各种公役和营业税；（7）根据町奉行的指示对各町以及町人的情况进行调查；等等。由此可见，町人尤其是町役人虽然不能出任幕府官员，但是在所属的町内，町人拥有与周围人等相同的政治权利，在町人的世界，他们是平等的。

较之日本，儒家文化在中国封建社会的统治地位根深蒂固。自春秋之前，就已经有了“士农工商”的划分。虽然，在春秋时代，中国商人有过短暂的春天，但是，进入秦汉以后，商人的地位就越来越下降。隋唐之后，由于商人经济地位的不容小觑，开始放宽对商人的限制。比如允许商人参加科考。这一制度的出现，造成了中国四民阶层之间的可流动性。虽然社会上一直有人在强调商人的重要性，呼吁提高商人的社会地位，提出了“士商异术而同志”的新思想，但是，在中国老百姓以及大多数商人的心目中，“四民之业，惟士为尊”的意识仍牢不可破，对用商业发财的行为仍然不认同。提倡是人才就要读书入仕，不是读书的材料就要农耕，从事其他行业总不是正业，而且对于祖宗来说是不光彩的。“家纵贫寒，也须留种子读书；人虽富贵，不可忘稼穑艰辛”，“为子孙计长久，除却读书耕田，恐别无生活”（《围炉夜话》）。联系到上面的说法，我们可以想象到，商业不是当时人们想到的谋生成事的正途。 为什么会造成这种情况？按照这些书籍上的看法，富贵的另一面就是灾祸。先贤不断提醒人们“富贵如浮云”“富贵害子孙”。在古代中国，富贵人家一是官宦人家，古语说“伴君如伴虎”，故为官不能长久，需要读书维持富贵才行。二是商人、地主。商人、地主的财货容易为人所谋、为子孙所败，唯有读书，学得圣人意在胸，外人夺不走，而且足以齐家，不致使子孙不知圣人之教，败坏家风。从商几乎是大多数人迫不得已，或者是仕途无望下的选择。所以，中国很多的商人，在自己有钱之后，都非常重视子女的教育，希望后辈儿孙能够爵位加身。因为，他们从自身的文化环境中深刻地意识到，要提高或者改变社会地位，只有加入士的行列，所谓“贾为厚利，儒为名高”。

商人入仕大体有两种方法。一是通过十年寒窗，科场扬名。二是通过钱财，向政府买官。科举制的实施造成了“士商渗透”“官商融合”的结果。当中国的商人变为官的时候，他在社会上的身份就不再是商人，而是高于商人身份的“士”。

在中国，封建官僚几乎都是土地的拥有者，即便有个别的不是地主出身，只要入仕为官，就会购置土地，变为土地所有者。这是由中国根深蒂固，且长期无法扭转的传统经济制度——小农经济和传统政治思想——官本位或者说权力本位思想决定的。所以，中国自始至终不会像日本那样，出现商人控制社会上层阶级经济的现象。商人始终是一个不固定的、无法独立的社会阶层。

17、18 世纪的中日两国虽然同为封建国家，但其封建文化的构架与体系大不相同，日本封建文化的分散性、多元性较之中国文化的一统性呈现出鲜明的特色，这种文化个性与特质，必然造成中日商人在权益地位上的差异。

第二章
中日古代商业思想的形成与发展

第一节　中国古代商业思想的形成与发展

中国没有独立的商业伦理，中国的商业伦理几乎都包含在先哲的只言片语中。中国古代商业伦理思想的产生与发展，大致可以分为四个阶段，即先秦时期、秦汉时期、唐宋时期和明清时期。

一、先秦时期的商业伦理思想

西周以前，商业是奴隶制经济的一个重要组成部分，它能提供“货贿珍异”和生财致利的功能，为贵族们所重。《周礼》将“六曰商贾，阜通财贿”与农之生九谷、百工之制八材并列，还未发现轻商的思想痕迹。统治阶级绝不会反对它赖以建立的经济基础所要求的社会经济活动。这是《周书》把“商不出则三宝绝”与“农不出则乏其食，工不出则乏其事”三者并列而不贬低商业的根本原因。

进入春秋，情况还是如此，商业是整个领主制经济链条中的一个重要环节，由于身份等级的区别，统治阶级对从事商业劳动的奴隶和商人十分轻视，但轻视身份低贱的商人和重视作用巨大的商业是两个并不相等的概念；正如周王和诸侯要籍田以表示重农而又把农业奴隶或农奴压在下层那样，两者都是出于统治者的统治需要。春秋后期，“工商食官”被打破，原先由封建领主掌控的官营商业虽已陆续被私营商业所代替，但商业在统治阶级心目中的分量并没有因商业的由公转私，就变得由重转轻，不曾出现抑制商业发展的观点，当时的思想界亦是如此。

（一）管仲的商业思想

在中国历史上，管仲第一个从理论上提出“士农工商”四大社会集团的划分，主张“四民分业”，各定居其地，不使杂处。他所以这样强调，是因为奴隶制以后，士农工商已经开始混杂，周初以来的限制被破坏了。在农村，出现了“民移”的现象，农奴逃亡、流徙，进入城市或投奔他乡，大大影响了当地的农业生产。在城市，出现了许多非食于官的私营工商业者以及弃农改业的小工商者，从事工商的人数增多。士阶层也分化、流动，有的变更职业，有的去经商，这样的人一多，就会涣散军心，使军队失去战斗力，不利于统治政权的巩固。为了解决这些问题，管仲决心加以整顿，把四民分别控制起来，以阻止当时“四民”开始流动、杂处的倾向。

相传齐桓公问：“成民之事若何？”管仲答：“四民者勿使杂处，杂处则其言哤（乱），其事易（变）……处士，使就闲藏（清净舒适，使组成常备军）；处工，就官府；处商，就市井；处农，就田野。”他要求“士之子恒为士，工之子恒为工，商之子恒为商，农之子恒为农”。士要当兵，工商不服兵役。这对商人既是一种优待，也是一种束缚。它不同于秦汉时把商人列入“七科谪”的贬抑商人的政策，但又限制商人不能迁移改业，而且要父子相承其业。士农工商固定居处，父子相传，世袭专业，就能使农工商各部门的劳动力保持一定的比例关系，保持职业的稳定性，以免打乱职业分工的秩序，破坏劳动力分配的比例。管仲实行这一政策的主要目的之一是堵塞农奴逃亡、改业工商的去路，以避免工商人口不适当增多。

管仲认为，在官府的管理下，商人——食于官的商业奴隶以及适当数量的，有经验的“知价之贵贱”的私人商贾聚居一处，子孙世袭，好处很多。这些人“群萃而州处，繁其四时而监其乡之货（财），以知其市之价。负任担荷，以周四方”，“以其所有，易其所无，市贱鬻贵，旦暮从事于此，以其子弟，相语以利，相示以赖（赢），相陈以知价，少而习焉，其心安焉。不见异物而迁焉，是故其父兄之教不肃而成，其子弟之学不劳而能”。分配于商业的劳动力一代代地传下去，即可做到“羽旄不求而至，竹箭有余于国，奇怪时来，珍异物聚”。

管仲的“四民分业”是从统治阶级的需要出发。“工商皂吏不知迁业”是奴隶制时代遗留下来的规矩，但进入封建时代，在管仲之后，“农不移，商不变”也仍然是封建统治者所坚持的“礼法”，防止农移，防止弃衣经商，使农业保持足够的劳动力，仍然是封建国家长期以来所十分关心的事情。

管仲的这个理论有一定的合理成分。“四民分业”，揭示商人为“四民”之一和商业在社会分工中的地位，指出了要有相当数量的人去做这一工作，要保持其在四民间一定的比例，要有职业的稳定性，要精通本行的专业知识，要有良好的社会技术教育环境，要为从事商业的劳动力再生产创造有利的条件，这是他对商业活动必要性的深刻认识。

（二）孔子的商业思想

孔子主张在不违反旧贵族利益的前提下，给商业自由经营创造方便条件。有名的卫国大商人子贡是孔子的学生。《论语•先进篇》记载孔子的话说：“回也其庶乎，屡空。赐不受命，而货殖焉，亿则屡中。”他认为自己最得意的弟子颜回品德、学业都好，可总是受穷，深为颜回的“屡空”不平。与此相对，他的另一个弟子端木赐——子贡，虽然其人没有受命于官府而私人经商，但善做买卖，行情估得准，孔子对于这位高足的“屡中”表现出嘉许的心情。在子贡与孔子论玉的一段对话中，子贡就问美玉是否“求善贾而沽诸”，孔子说：“沽之哉，沽之哉！我待贾者也”，脱口而出两声“沽之哉”，并把自己比喻成等待善价的商品。这是孔子对商业有兴趣，而且懂得经商之术的最好写照，所以他才能收子贡这样的门徒。他的传道和子贡的牟利有时是紧紧结合在一起的，司马迁说：“夫使孔子名布扬天下者，子贡先后之也。此所谓得势而益彰者乎？”（《史记·货殖列传》）没有子贡财力的支持，孔子周游列国很难做到时间如此之长，从人如此之多。

孔子重视商业的另一个证据是他曾费了一番心思来整顿商业，并使鲁国的市场为之改观。《荀子•儒效篇》说：“仲尼将为司寇，沈犹氏不敢朝饮其羊，公慎氏出其妻，慎溃氏逾境而徙，鲁之粥牛马者不豫贾。”《孔子家语》也有类似记载，并说：“贾羊豚者不加饰……四方客至于邑，不求有司，皆如归焉。”商人的欺诈行为得以制止，商品的正常交换得以发展，市场上的货物都能“布正以待之也”。

孔子要求商业经营必须合于法度和礼制，取其合礼而斥其违礼者。他除了对商人的欺诈持反对态度外，对于西周时规定的不准入市的商品，如礼器、兵器、贵族服饰等，视为禁律：“禁者十有四焉……凡执此禁以齐众者，不赦过也。”（《孔子家语》）这说明他希望在不违反旧贵族统治利益的前提下，按照西周时的制度来经营春秋时的商业。在“礼崩乐坏”的情况下，“君子小人，物有服章，贵有常尊，贱有等威”（《左传•宣公十二年》）的时代已成过去，庶人之富者可以从市上买到过去只有贵族才能享用的东西。这种造成僭越、混淆等级的商品交换是孔子不赞成的。

孔子好讲伦理道德，“见利思义”，“见得思义”。他重视生利的商业，又给商品涂抹上了一层道德的色彩。据《荀子•法行篇》所记，孔子和子贡一起论玉的价钱，孔子不赞成子贡的“物以稀为贵”论，而另外提出了“物以德为贵”论。子贡问孔子：“君子之所以贵玉而贱珉者，何也？为夫玉之少而珉之多邪？”孔子说：“恶！赐！是何言也！夫君子岂多而贱之，少而贵之哉！夫玉者，君子比德焉。温润而泽，仁也；栗而理，知也；坚刚而不屈，义也；廉而不刿，行也；折而不挠，勇也；瑕适并见，情也；扣之，其声清扬而远闻，其止辍然，辞也。故虽有珉之雕雕，不若玉之章章。诗曰：‘言念君子，温其如玉。’此之谓也。”（《荀子•法行篇》）

孔子始创的儒家学说一个最大的特色是有鲜明的崇尚道德的倾向。他虽然承认“高与贵，是人之所欲也”，但坚持“不以其道得之，不处也”，主张“行义以达其道”，郑重声明“不义而富且贵，于我如浮云”。“见得思义”（《论语•宪问》称“见利思义”），“义然后取”，乃是孔子的义利观。《左传•成公二年》语“礼以行义，义以生利，利以平民”是对孔子义利思想的最好注释。义是礼的内涵，礼是义的表现。孔子言利而非单纯言利，既讲利，更讲义——道德。“放于利而行，多怨”，求利要有限制，不能自由放纵，招怨于人，义是利的伦理规范。

孔子在他的道德礼义中蕴含了“仁”字的内核：“人而不仁，如礼何？”他由“仁”字又推出一个“爱”字。弟子樊迟问“仁”，孔子回答是“爱人”，“泛爱众而亲仁”。如此提“仁”“爱”在春秋诸子中是最为突出的。“仁”和“义”构成了儒家学说的主旨——仁义学说。

在处理义利关系时要先义后利、以义制利，孔子为此提出一个“信”字。他说“信近于义”，一再强调对人要“谨而信”，“言而信”，“言必信”。“信”成为儒家的重要教义。仁、义、礼、信、智，被称作儒家学派的“五常”。

孔子把义放在首位，视义为利的前提，从伦理的角度强调要以道德来规范、约束人的经济行为，使之不出格不脱轨。

孔子的义利观、求财利本于仁义的思想，是对经商者一个很好的教育，后世的诚实商人懂得“财自道生，利缘义取”，“以礼接人，以义应事”，“爱财而取之有道”……是受了儒家仁义思想的良好影响。崇尚伦理道德的儒学有助于经商者自律自制，这是孔子思想中的合理部分，对后世商人的积极影响的第一个重要方面。

孔子思想的另一个大特色是崇尚和谐，重视协调人际关系。孔子的弟子有子有一段载于《论语》的名言：“有子曰：礼之用，和为贵，先王之道斯为美。”“和为贵”三字即源出于此。孔子也说“君子和而不同”，突出一个“和”字，鼓吹“君子无所争”。孔子还提倡“推己及人”，对人行“恕”道，群体内部保持和谐亲密的气氛，平等相待，相互尊重，处理好关系，减少无谓的抗衡与纠纷，是孔子思想对后世商人产生积极影响的第二个重要方面。

商人从实际中很自然懂得“和气生财”与做好生意的关系，也懂得在一个商号内部“和衷为贵”的重要性，儒家的“和谐说”给商人提供了思想利器。

（三）孟子的商业思想

孟子出身于士阶层，经济地位属中小地主，但他系鲁国贵族孟孙氏之后，与旧贵族有千丝万缕的联系，所以在思想上，孟子一方面要求改良政治，有一定的进步性；另一方面又要求照顾旧贵族的利益，有很大的妥协性。他提倡仁政学说，要求“使民有恒产”，主张实行自由平民每家占有百亩土地、缴纳有限的劳役地租形式的“井田制”，以做到“取于民有制”，“薄其税敛”，并抑制“暴君污吏慢其经界”的土地兼并之风，这都是孟子带有改良色彩的思想。他又主张在给农民“分田”的同时，给士大夫“制禄”，并要求给“仕者世禄”，“卿以下必有圭田”，“圭田无征”，给以优待，“为政不难，不得罪于巨室”，对先世有功的人要“推恩”，“所谓故国者，非谓有乔木之谓也，有世臣之谓也”，（《孟子·梁惠王下》）就是根据这一想法提出的。这些又都是孟子思想中的保守部分。他过分调和矛盾，与法家主张相左。就是他的“按往旧造说”的改良方案——恒产论和井田说也是一个不适合历史发展潮流的、与统治阶级利益相抵触而不能推行的空题。同时，要使小农经济永恒化、平均化的意愿也是不现实的。

孟子重视商业，这从他宣传减免商税，轻关易道，发展商业的主张就可以得到证明。孟子游齐，齐宣王问他怎样实行“王政”时，孟子回答道：“昔者文王之治岐也，耕者九一，仕者世禄，关市讥而不征，泽梁无禁，罪人不孥。”（《孟子·梁惠王下》）孟子对他的弟子公孙丑就关市问题说得更具体：“市，廛而不征，法而不廛，则天下之商皆悦，皆悦而愿藏于其市矣；关，讥而不征，则天下之旅皆悦，皆悦而愿出于其路矣。”（《孟子·公孙丑上》）当时，一般统治者大都利用关卡对商人横征暴敛，孟子强烈反对，大声疾呼：“古之为关也，将以御暴，今之为关也，将以为暴。”（《孟子·尽心下》）孟子不征关市、开放山泽的思想是他所要推行的仁政的一个组成部分。

孟子重视商业，从思想上来说，是学有所从，继承了儒家的观点，不征关市、不禁山泽，原是孔子当年为了争取商人支持王室而向鲁国国君提出的一种主张。孟子受业于子思之门，子思是重视手工业和商业的，曾宣传“来百工”“柔远人”是治理天下的“九经”中的两条。“来百工则财用足，柔远人则四方归之”（《中庸》），优待各地方前来的手工业者和商人。孟子要“商贾皆欲藏于王之市，行旅皆欲出于王之涂”（《孟子·梁惠王上》），招商人，优惠商人，是为了争取商人的支持。争取商人是为了争取商人对某一国家统一事业的支持，这就是孟子所说的“王天下”。在关市重征、道路障塞分裂割据局面下，如有人提出轻关易道政策，那是很吸引人的。孟子的思想是与他的以德服人、用“仁政”（王政）来统一中国的政治主张相一致的。

孟子重视商业并非完全因袭前人，也有新的发展。孟子对商业的客观职能、商品交换的客观必要性具有较前人更深的理解。孟子在滕国与许行的门徒陈相辩论时，为了批驳那个“为神农之言者许行”的“并耕论”，他曾以商品交换为必要的社会分工来做比喻，讲交换的作用。他指出：“以粟易械器者，不为厉(损害)陶冶；陶冶亦以其械器易粟者岂为厉农夫哉？”(《孟子·滕文公上》)耕者“纷纷然与百工交易”是免不了的，交换于工于农都是有利无害的，如果没有分工，没有交换，而“必自为而后用之，是率天下而路也”，这是叫人忙碌于生产各种必需品，没有休息啊。孟子对他的弟子彭更也说过：“子不通功易事，以羡补不足，农有余粟，女有余布，子如通之，则梓匠轮舆皆得食于子。”（《孟子•滕文公下》）“通功易事”就是进行互通有无。孟子认为只有通过交换，才能使农民以多余的粮、妇女以多余的布匹来换取木工、车工的产品，而木工、车工也才能有饭吃，有衣穿，以多余的来弥补不足的，这正是交换的功能。孟子还认为，各种分工所生产和交换的产品的数量要有一定的比例，这样社会的生产和消费才能平衡，供给与需求才能协调。当白圭“欲二十而取一”时，孟子提出：“万室之国，一人陶，则可乎？”（《孟子·告子下》）以此来反驳白圭，并指出：“陶以寡，且不可为国，况无君子乎？”（《孟子·告子下》）为说明经费太少不敷一个国家的费用支出，孟子以一个人制作陶器不够一万户的国家人口的需用作比，说明他已经懂得社会产品的生产数量与需求数量必须有适当的比例，才能使社会正常进行下去。如果“陶以寡”，缺乏日常必需的用品，就会影响人们的正常生活，甚至达到“不可为国”的地步。孟子非常重视商人易物的作用，通过商人易物的作用协调生产与消费、供给与需求的比例。

孟子主张给商人的经营提供方便，照顾商人的经济利益。减免商税可免得商人把负担转嫁于消费者和生产者，合乎他的“薄税敛”“取于民有制”的思想；也可以降低商人的运销成本，扩大商品销路，增加商业利润。孟子可能也在营商，《孟子》说：“轲少贫，母将在墓间，识葬埋事；又徙在市侧，轲知市井之利；又徙在习学所，遂识书礼之义。”有名的“孟母三迁”中的第二迁就是迁居在市场之旁，有此环境，这个后来的儒家大师在读书之前已学做买卖为戏。后来孟子周游列国，“后车数十乘，从者数百人”，也少不了夹带货物进行贸易。由于他很有可能兼营商业，所以常以商品交换来同别人辩论。彭更提出质问:“后车数十乘，从者数百人，以传食于诸侯，不以泰(过分)乎?”说“士无事而食不可也!”(《孟子·滕文公下》)孟子在回答中讲“通功易事”，“以羡补不足”，以商品交换为喻，表明自己以仁义游说亦如“通功易事”，不算无事而食。

孟子重视商业，但他反对用垄断的方法来“罔市利”，称这种商人为“贱丈夫”。孟子所肯定的是从事正当商品交换的商业而不是投机业。投机商、“贪贾”最为孟子所鄙夷。投机商垄断市场，囤积居奇，哄抬价格，牟取暴利，不但会使正当的商人失去正常经营的机会，而且迫使农民贫穷破产，这些商人势必以其余财兼并土地，这不符合孟子所提倡的“以其所有，易其所无”“易功事”等商业的正当经营原则，也不符合孟子所向往的“使民有恒产”的理想。孟子反对垄断的思想很突出。

孟子对于商品的价格合理与否也较为注意。他与许行学派辩论时，抓住许行“市贾不二”中忽视产品质量差别这一点讲：“夫物之不齐，物之情也。或相倍蓰，或相什百，或相千万。子比而同之，是乱天下也。巨屦小屦同贾，人岂为之哉？从许子之道，相率而为伪者也，恶能治国家？”（《孟子·滕文公上》）孟子不主张单按商品外表规格(长短、轻重，大小)决定价格，而强调各商品内在质的差异，这比许行认识又深了一层。所谓“物之情”当是指除规格特征以外的商品的质量、品级和档次等属性，这方面有精粗之分、高低之别。孟子认为，由此商品的价格可以有差异，有时差异甚至很大。如果不分精粗优劣，人为地规定好的商品和次的商品同价，就会破坏商品的正常流通，扰乱天下，使人们以次顶好，“相率而为伪”。孟子这种思想有按质论价之意，包含着合理的因素。

二、秦汉时期商业伦理思想

(一)商鞅的商业思想

秦国思想家商鞅，认为商人和商业的发展破坏了农本经济，因此主张“重农抑商”。商鞅抑商政策如下：第一，直接限制农民弃农经商。除了从法令上明确规定不允许从事商贾的人增多以外，还按照商贾家庭人口数（包括仆役）加重其劳役负担，对商人家属要分配徭役，商人家里的奴仆也要依名册应役。第二，“重关市之赋”。和战国时许多国家的“关市讥而不征”“轻关市之征”的观点完全相反，商鞅主张“不农之征必多，市利之租必重”（《商君书·内外》），使“市利尽归于农”。他认为，对商人征重税是发展农业的保证。第三，国家独占山泽之利，实行盐铁专卖。商鞅认为，“一山泽”，厌恶农作、懒惰、贪婪、靠山泽谋生的人就“无所于食”；他们“无所于食”，必然务农，荒地必然开垦。这是从劳动者不务农无以为生，以保证有足够的劳动力用于农业生产的角度，主张从生产环节由国家统一控制山泽之利。第四，管制粮食贸易，不准商人从事粮食买卖。他认为禁止商人参加粮食贸易就杜绝商人利用年岁丰歉进行粮食投机的发财门路。第五，提高粮食价格。这一政策是针对“食贱则农贫，钱重则商富”（《商君书·外内》）而提出的。

秦王嬴政崇尚法家学说，主张重农抑商。并且又增加了新的抑商内容。嬴政抑商的一个具体表现是他在琅琊石刻碑文中明确提出“上农除末”，使“黔首是富”。这个“末”虽不是指全部的工商业，但包含不合需要的工商业和弃农经商者，同商鞅的“禁末”是一个意思。由于重新推行抑商政策，商人的地位被贬低。商贾不准立户，不分给田地房屋，其家三代之内不准为官。为了补充师役征伐劳动力的缺乏，嬴政曾把“贾人”随同“治狱吏不直者、请尝逃亡人、赘婿”等谪发出去远征和戍边；后来不仅“尝有市籍者”要去“请戍”，“大父母、父母尝有市籍者”也在此列。

秦王朝实行重农抑商政策，“汉因秦制”，刘邦取得政权后也发布了“贱商令”，但这只是偏重从政治上贬低商人，未从经济上限制商业；只是抑制投机商人和身份低下的中小商人，对从事正常经营活动的富商大贾未采取什么抑制政策。

刘邦从降低社会地位、限制生活享受来对付商人，主要触及那些有市籍的，出身低贱的贾人——坐市列卖的中小商人。他们的祖辈是旧时代的商业奴隶，在秦始皇时同“亡人、赘婿”以及“吏之有罪者”并提，被列为谪戍的对象。汉初这种法令所加重的贱视商人的风气，更使他们在政治上抬不起头来。那些身不在市列之内、名不挂市籍之上的富商大贾依然逍遥法外，凭其在工商山泽中谋得之利，依然穿绸骑马、拥有大量的僮仆和田客，其经济实力并没有受到影响。汉初“贱商令”抑小不抑大的倾向性很显然。

（二）贾谊的商业思想

贾谊曾研究过黄老思想。他在上文帝的《治安策》中对商人骄奢、农民饥寒表示很大不满，特别指出，“可为长太息者此也”，痛斥那些“曰安且治者，非愚则谀”。贾谊的注意力主要放在反对淫奢上面。他认为社会弊害的根本在于奢侈，奢侈的产生缘于无上下等级制度。若有严格的等级制度，衣服、器用、车舆皆有差别，普通人——包括庶人之富者如商人之类，就不得逾侈僭奢。他主张改作礼制，从制度上来禁奢，恢复商人不得衣丝乘马的限制。对于商人的土地兼并问题，贾谊则未有论及。真正提出商人土地兼并问题的是晁错。晁错在上文帝书中历陈了农民的贫困勤劳、商人的富豪生活后，大声疾呼商人“男不耕耘，女不蚕织……亡农夫之苦，有仟佰之得”，“此商人所以兼并农人，农人所以流亡者也”。（《汉书·食货志》）其认识比贾谊进了一步。贾谊反对淫奢并非仅仅停留于淫奢造成物力之屈这一点上，他认识到只有禁奢，一切奢侈消费品没有市场，末作之民无从觅得工作，商贩亦无由涉利，才能使之复归于农。农重商轻，“则民安性劝业而无悬愆之心，无苟得之志，行恭俭蓄积，而人乐其所矣”。（《贾谊集》）贾谊把禁止商人奢华与扭转弃农经商之风联系起来。

秦汉时期，主流的思想是“重本抑末”，但也有重商的思想。

（三）董仲舒的商业思想

西汉初年，统治者在思想上推崇道家的“黄老之术”，在经济上实行“休养生息”的政策。西汉中期，汉武帝推行董仲舒的“罢黜百家、独尊儒术”方针，在思想上实行大一统，董仲舒是秦汉时期儒家的德政主义经济伦理思想的重要代表。董仲舒的经济伦理思想主要包括义利论、等级经济关系论和仁政思想。在义利观上，他说“仁义者，正其谊不谋其利，明其道不计其功”。（《汉书·董仲舒传》）在这里董仲舒所言的“利”不仅指一般的物质利益，而且有公私之利，具有明显的重义轻利倾向。在等级经济关系方面，董仲舒强调用“义”

即教化来限制和约束人的非分的欲望。他主张用等级秩序来制约和规范人的求利活动，这样的等级规范就不是上述那种纯粹的道德准则了，而已变成一种经济伦理规范，虽然它的调节对象仍然是人与人之间的社会关系，但重点却是人与人之间的社会经济关系和人的经济行为。董仲舒认为人与人之间的关系应该是“合”不是“争”，并规定了“三纲”，以约束人们不道德和非法的求利行为。可见，董仲舒的义利观是一种典型的道义论观点。在仁政思想方面，董仲舒主张“不与民争利”，“与民争利”破坏了等级伦理规范。他系统论述了政府及其官员“与民争利”的各种表现和反对“与民争利”的经济原因、道德依据，并提出了“行仁政”的具体办法。“天人合一论”是董仲舒思想的一大特色，“不与民争利”的伦理经济思想也被他从“天人”关系的角度加以解释和论证。他的这些理论都是围绕着他的“大一统”社会理想而展开的。董仲舒的德政主义经济伦理适应了当时巩固封建专制政权的需要和历史发展的趋势。

（四）桑弘羊的商业思想

西汉商品经济有所发展，是战国以后又一个商业思想活跃的时期。这时期的商业思想，论其深度和广度及对当世及后世的影响（尤其两汉中期），应推桑弘羊和司马迁，两人有共同的重商思想，但对商业政策却有十分不同的看法。

桑弘羊是先秦法家以后的一位著名的重商论者。他是“洛阳贾人子”，熟悉经商之道，对商业有较深的了解和爱好。桑弘羊重商思想的来源之一，是他接受法家学说，信奉国家调节、管理、干预、控制经济的一整套经济干涉主义理论，并尽力付诸实践。他通过经济活动取得的财政收入，即来自官营工商业的利润，都是通过交换的方式实现的。

桑弘羊的重商不仅在于发展官营商业，增加国家财政收入，而且在于他认识到商业的重要，认识到商业通有无、调余缺的巨大的社会功能。他说：“天地之利无不赡，而山海之货无不富也。然百姓匮乏，财用不足，多寡不调，而天下财不散也。”（《盐铁论•通有》）要使多寡得调，民不匮乏，没有商业是不行的。“工商梓匠，邦国之用，器械之备也。”（《盐铁论·通有》）与商业密切相连的手工业也是十分重要的。“陇蜀之丹漆旄羽，荆扬之皮革骨象，江南之楠梓竹箭，燕齐之鱼盐旃裘，兖豫之漆丝絺纻，养生送终之具也。待商而通，待工而成，故圣人作为舟楫之用以通川客，服牛驾马以达陵陆；致远穷深，所以交庶物而便百姓。”（《盐铁论·本议篇》）不可忽视商业的道理讲得很透彻。

先秦法家对农商关系不协调的一面看得多些，桑弘羊却更多地看到两者协调的一面。抑制私营商业，抑制弃农经商，阻兼并，促反本，固然有利于发展农业；发展官营商业同样也对农业的发展起着积极的促进作用。“建铁官以赡农用，开均输以足民财”，没有官营工商业，农民所需的生产资料——铁制农具就不能买进，剩余农产品就不能销出。“故工不出，则农用乏；商不出，则宝货绝。农用乏，则谷不殖，宝货绝，则财用匮”，“盐铁、均输所以通委财（积压物资）而调缓急也”。（《盐铁论》）官营商业对实现农业与其他部门之间产品的交换，促进农业发展，具有重大意义。基于这样的认识，桑弘羊在理论上提出了“农商交易，以利本末”的口号，主张要“开本末之途，通有无之用”，使“农商工师各得所欲”。本末并利的思想是先秦各家没有的。农商皆重这一观点是由桑弘羊首先做出总结性表述的，他不是单纯强调农商对立，指出了两者的联系和统一。在农本商末的观念已很牢固的情况下，本末并举，把工商和“富国”相连（“富国非一道”，“富国何必用本农”）是一种独立的见解。在中国经济思想史和商业史上，桑弘羊的商业思想才是一种比较全面而正确的思想。他的农商皆重论是对重农抑商论的突破。

（五）司马迁的商业思想

司马迁在继承了道家的自然人性论的基础上，充分发挥儒家功利主义。他认为：“富者，人之情性，人所不学而能者也。”他充分肯定对物质利益、财富的追求是人的天性所致，任何人都有这种要求，并认为这种自利观是社会生产发展的动力。他还继承了管子的“仓廪实而知礼节”的道德生成论，他认为道德的形成是“礼生于有而废于无”。他引述了管子的名言“仓廪实而知礼节，衣食足而知荣辱，礼生于有而废于无”。（《史记·货殖列传》）他认为“君子富，好行其德；小人富，以适其力。渊深而鱼生之，山深而兽往之，人富而仁义附焉”。（《史记·货殖列传》）他还进一步将“富”区分为“本富”“末富”和“奸富”三个层次，认为前两者之“富”本身即蕴含着“德”，鼓励人们追求合理合法的财富。他在论述了追求财富是人的本性之后又说："故善者因之，其次利道之，其次教诲之，其次整齐之，最下者与之争。"（《史记·货殖列传》）他认为对经济活动，国家的对策很多，上策是因之，中策是利导之，教诲之，整齐之，下策才是与之争。所谓"因之"，即依据经济发展的趋势，听其自然，采取不干涉的政策，而不能严加限制，更不能实行禁榷制度和官办工商业，与民争利。司马迁所提出的"务本"论，一反传统的农本商末论，认为无论何种职业，只要其生财之道是正当的，就是"本"，否则才为"末"。司马迁的经济伦理思想特色是以自然人性论为基础的，他认为社会经济的发展有赖于劳动者生产积极性的提高，而劳动者的生产积极性提高又有赖于对这种人性的充分"因之"，即"善者因之"，但这并不意味着人们为达致富目的而可以不择手段，相反，只有靠勤劳、节俭和智慧去获得财富，因此他主张合理合法的"本富、末富"，反对非法的"奸富"。司马迁在中国历史上比较早地提出了"善因论"，"善因论"是明显具有自由主义特征的功利主义经济伦理学命题。

三、唐宋时期商业伦理思想

唐宋时期是中国封建社会发展的鼎盛和繁荣时期，也是中国历史上的第二次商品经济高潮。隋唐统一之后，唐代著名思想家韩愈重拾儒家"道统"，肯定了"四民"分工的合理性和平等性。之后，李翱以"性善情恶"论为基础，重构孔子的"先富而后教"的理论，这样，儒家经济伦理思想又得到进一步的发展。

唐宋时期，随着商品经济的进一步发展，儒家经济伦理思想的发展得到了进一步的完善。一方面，儒家思想在宋代的发展已更趋本体论化或道学化，产生了程朱等道学家的禁欲主义经济伦理思想，由此，德政主义经济伦理思想也随之发展到高峰；另一方面则是在民族纷争日益严重的挑战下，产生了像王安石、李靓、叶适等这样的讲究经世致用的思想家，进一步丰富、完善了"儒家功利主义"的经济伦理思想。

（一）朱熹等的商业思想

朱熹是宋代德政主义最重要的代表人物，他非常赞同孔子"君子喻于义，小人喻于利"和董仲舒的"正其谊不谋其利，明其道不计其功"的义利观。他批评陈亮、叶适是“专去利害上计较”。朱熹认为“义利之说乃儒者第一义”。（《朱子全书》卷二十四）“圣贤千言万语，只是教人明天理，灭人欲。”（《朱子语类》卷十二）程颐认为“天下之事，唯义利而已”。（《二程遗书》卷十一）“义与利只是个公与私也。才出义，便以利言也。”（《河南程氏遗书》卷十七）宋明理学因此而提出“存天理，灭人欲”的道德教条和伦理原则，使得“义利观”呈现出绝对化的倾向，这种不良倾向从根本上否认人的物质需要满足的正当性，这一点使人作为自然的感性存在失去了道德的价值支撑，从而消解人作为主体性存在的发展生产的积极性。道学家把先秦儒家重义轻利的思想发展到了登峰造极的地步，以至于把义与利绝对地对立起来，无限推崇道义的价值。

（二）陈亮等的商业思想

南宋时期，随着商业经济的发展，秦汉以后销声匿迹的功利道德观出现了复苏的迹象，他们重视商业，关注国计民生而力主富国，表现出鲜明的功利主义特点。北宋王安石是儒家功利主义的典型代表，他是儒者中公开讲求财利的政治改革家。他提出了“政事所以理财，理财乃所谓义也”，（《王临川集》卷七三）因此，“聚天下之人，不可以无财，理天下之财，不可以无义”，（《王临川集》卷七三）再次强调了“利”与“义”、“富国”与“富民”的统一性。永康学派的陈亮和永嘉学派的叶适是其中的佼佼者，他们所代表的“浙学”与朱熹为代表的“闽学”、陆九渊为代表的“江西之学”，并列为“鼎足”之三派，是当时一种具有广泛影响的学术思潮。陈亮和叶适的功利主义思想，既是对先秦墨家和法家功利主义思想的一种更高层次的复归，同时也为明清之际启蒙思想的发展开辟了道路，在中国漫长的封建社会里闪耀着异彩。

1. 陈亮的商业思想

陈亮（公元 1143–1194 年），字同甫。南宋婺州永康（今浙江永康）人。陈亮自学成才，没有师承于北宋以来的哪一个学派，但他自称“通墨翟之言，身从杨朱之道”，是个关心国家兴亡大事，注重经世致用，主张实功实利的人。他曾多次上书宋朝皇帝，力主抗金，反对“和议”，并提出收复失地的计划。可是，他的主张和建议没有被朝廷所采纳。由于受当权者的嫉恨和排挤，曾经三次被诬入狱。51 岁那年，他中了状元，还没有到任就病故了。其著作汇编为《陈亮集》。

陈亮的功利主义思想建立在其朴素唯物主义哲学思想的基础之上。在他看来，我们生活的世界是一个物质的世界，所以客观存在的事物充满着宇宙空间，人类生活中的日行百用，也都是些实实在在的事情。从世界的物质性出发，他提出了一个"道"的概念。陈亮所说的道，首先是指事物发展的规律。他认为这种道具有普遍性和客观性，它不是独立于具体事物之外，而是贯穿于形、气之中，存在于社会人事、民生日用之中，即"道在物中"。既然天下千事万物都存在着道，而道又是"常行"即稳定的东西，那就应该"因事作则"，从人的感情与物质欲望中寻找道德的根源。他说，人的物质生活欲望就是人的自然本性，它包括两个方面：一是指生理感官欲望，"耳之于声也，目之于色也，鼻之于臭也，口之于味也，四肢之于安逸也"(《陈亮集•问答下》)，作为人的本性，每个人都是一样的。二是指人的情欲，即喜、怒、哀、乐、爱、恶等六情。"六者得其正则为道，失其正则为欲"（《陈亮集•勉强行道大有功》），人对物质生活的欲求并不等同于恶。陈亮还以普通的生活常识，说明衣食住行等物质生活条件是人类生存所必需的，"有一不具，则人道为有缺"（《陈亮集•问答下》）。他据此批驳那些标榜"内其乐"的假道学之论，为情和欲的存在的合理性争得了一块地盘。

陈亮所说的道，在涉及社会人事的时候，还包含有封建道德原则的意思。他把这种道看成是道德对人的物欲的限制和规定，也就是将人的自然本性限制在传统道德的范围之内。陈亮既看到义对利的依赖，又肯定以义制利的必要。他认为，人不能放纵自己的欲望，影响自己和他人同欲，从而破坏道德的基础。实际上，合理的、有节制的欲望并不损害道德。于是，他把孔孟之道的仁、孝、忠、恕具体表述为"五典"（父义、母慈、兄友、弟恭、子孝）和"五礼"（吉礼、凶礼、军礼、宾礼、嘉礼）等行为规范要求，提出"叙五典，秩五礼，以与天下共之"（同上）。使人的欲望需要恰当地得到满足。在这里，陈亮所要坚守的道德规范，还是先秦儒家的那一套东西，即"夫子之道"。这样，陈亮便从道中生出义和利两个要点，从人性的满足和节制上，得出了"义利双行"

这样一种合理的结论。

陈亮的功利主义思想还表现在其对功成即德的评价标准上。他认为，人人都有追求物质欲望的本性，因此讲道德就应该见之于人们的物质利益。在与朱熹进行的那场著名的“王霸义利之辩”中，陈亮推古说今，代圣人言，借题发挥以伸张自己的学说和观点。他认为，道德与功利不是对立的，而是统一的，道德要通过功利表现出来，功利本身也包含有道德。评价一个人是不是有道德，不是看他的“心”即动机，而是看他的“迹”即效果。所以，功利不仅是评价道德的标准和依据，而且还是道德修养的目的。陈亮关于王道与霸道并用的思想，对当时的朝廷和学界都产生了极大的震动。

2. 叶适的商业思想

叶适（公元 1150–1223 年），字正则，自号水心居士，南宋温州永嘉（今浙江永嘉）人。他出身于已“贫匮三世”的庶族地主家庭，少年时就有“忧世之心”，接受了当时永嘉学派的影响，后成为这个学派的集大成者。叶适 28 岁中进士，官至工部待部，知建康府兼沿江制置使。叶适的政治立场非常坚定，是朝廷中的抗金派，也许是因为地位的不同，他表面上不像陈亮那样慷慨激昂，但考虑问题却要实际得多，最终结局颇为相似。因被诬夺去官职后，他便在永嘉城外水心村讲学和整理著述，人称水心先生。著作有《习学记言》和《水心先生文集》等，后编为《叶适集》。

叶适的功利主义思想，也是同“道在物中”的朴素唯物主义联系在一起的。他一方面继承了传统儒家从宇宙本体和人性善恶上求证道德的思维方法，又对传统儒家道德起源学说进行了改造，认为道义不能脱离功利而存在。他说，物质世界的万事万物统一于“气”，“气”所以能分化为千差万别的事物，这是由于其内部存在矛盾和斗争。作为事物变化客观规律的道，只能存在事物中，不具有超然独立性。所以，道德必须以功利为内容，并通过功利表现出来，如果没有功利的话，道德就不能存在；同样，只有维持和满足人的物质生活条件，人性中善的本质才能够显现出来。叶适进一步指出，人类本身也是物质的一种。因此，他认为道德君子“不可须臾离物”（《水心别集》）。从而将人性与物利、道德与物利从根本上联结在一起，使其义利相合的功利主义观点，获得了本体论的证明。

叶适提倡“以功和义”，反对“以义抑利”。从“道源于一而成于两”这一命题出发，叶适以辩证的观点看待义和利的关系。他说，天下万物都是由矛盾交错纷纭而构成的。如阴阳、刚柔、逆顺、向背、奇偶、离合、经纬、纲纪等，义利也是一样，是相反相成的。如果人为地破坏事物的对立统一，只知其一不知其二，就会阻碍事物的正常发展。因面，叶适提出其“义利相关”的理论，认为仁义以功利为内容，并通过功利表现出来，如果脱离功利谈仁义，道德就变成了空洞无物的东西。乍看起来，宋儒强调“正其谊不谋其利，明其道不计其功”，似乎很有道理，仔细推敲一下就会发现其中的疏漏，因为不讲功利的道德是“无用之虚语”，在实际生活中没有任何用处。

叶适主张以事功效果评断道义。他认为，道德评价的标准是行为效果而非某种思想动机。从历史上看，“未有不善理财而为圣人”，古代的所谓圣人贤人，都是以功利著称于世的，他们高尚的德行，主要表现在为人们谋利上。如尧、舜二帝之“法治”在于教民以农耕，给人民以实际的利益；又如禹帝之所以有“天下之治”，主要是依靠疏导九河的治水事功。通过对历史人物的考察叶适得出一个结论，人类“不可以无衣食之具”（《水心文集•财计上》），只有为天下理财，取之于民而用之于民，才是圣贤的事业。立足于现实，叶适强调为政者的实践态度，在叶适看来，为国政的善或恶，完全由其政治实践功绩而定。他主张，对外应“复故疆”，把收复中原作为国家第一大事，对内应富国宽民，“修实政，行实德”，尽快使国力强盛起来。把为他人谋公利落实到社会经济政治之中，体现了叶适功利思想的践行风格，他与陈亮一起，成为启学思想家“经世致用”功利倾向的先导。

在经济思想上，叶适“以经济自负”，坚持事功，一反传统儒家思想：主张义利并举，批判抑末思想，倡导“理财”理念，公开为富人辩护，主张“保富”论。他从功利主义的角度，特别强调物质财富的作用，明确地阐述了理财的重要地位和意义。他提出了“圣君贤臣要善理财”的观点，并指出“理财并非聚敛”。在“理财”和“聚敛”的问题上，叶适认为：“理财”是“以天下之财与天下之人”。（《水心文集•财计上》），即不是为了增加封建国家的财政收入，而是为促进整个社会财富的增长，是“为民”的行为；“聚敛”是取猪尾而供上用”。（《水心文集•财计上》）在这里，叶适的理财思想已经涉及经济伦理中的核心问题——自利还是利他的原则。在商业伦理方面，他批评“抑末厚本，非正论也”。他主张积极发展工商业，叶适是中国古代史上第一个明确而彻底否定传统的“重本抑末”观念的思想家。

四、明清时期商业伦理思想

明清时期出现了中国历史上第三次商品经济高潮。由于资本主义生产关系的萌芽，中国传统商业伦理思想又有了新的嬗变和转换。这一时期在思想界实学思潮盛行，“经世致用”已成为这一时期的思想家们的主要价值取向。

（一）王阳明的商业思想

1. 重视治生之术，重视工商业，也主张发展商品经济

王阳明生活的时代是16世纪，这时候中国社会开始了“质”的变动，特别是江浙地区的商品经济发展已进入相对发达的时期，随着商品经济的发展，社会上对商人的看法也相应出现新的更正，逐末营利逐渐成为社会风气。虽然王阳明对工商经济的论述不多，但其观点具有开放、进步的特点。第一，重视治生之术，主张发展生产。他认为，“钱谷兵甲，搬柴运水”，“物产而事兴”，这些均是“实学”，说明他认识到经济在社会生活中的重要地位；他还提出“虽治生亦是讲学中事，……虽终日做买卖，不害其为圣为贤。何妨于学？学何贰于治生？”（《王阳明全集》）他也主张学者应该把“治学”与“治生”统一起来，不可偏废，治生者也可以成为圣贤。第二，重视农工商业，尊重商人。王阳明认为，工商业和农业一样，都是普通老百姓应该从事的职业。他说：“其才质之下者，则安农、工、商、贾之分，各勤其业以相生相养。”他比较尊重商人，为弃儒经商的方麟所写的《节庵方公墓表》中，他还对商人的辛苦深表同情。他说：“照得商人比诸农夫固为逐末，然其终岁弃离家室，辛苦道途，以营什一之利，良亦可悯！”他尊重商人的劳动，理解商人的“终岁弃离家室，辛苦道途”。第三，减轻商税，利于发展工商业。王阳明在《禁约榷商官吏》一文中提出：“今后商税，遵照奏行事例抽收，不许多取毫厘；其余杂货，俱照旧例三分抽一；

若资本微细，柴炭鸡鸭之类，一概免抽。”同时还规定：“桥子人等止许关口把守开发，不得擅登商船，假以查盘为名，侵凌骚扰。”可见他主张善待商人，明确规定“不许多取毫厘”，“不得擅登商船”，不得“侵凌骚扰”，对于小商小贩“一概免抽”，注重维护商人的利益。此外，王阳明和著名文学家李梦阳等人，均为商人写过不少的铭、表、记、状。王阳明充分认识到了商人的社会作用和商业的社会功能。

2. 提出了新“四民”论

王阳明顺应历史潮流，提出“士农工商异业同道”的“新四民说”，反映出商品经济的时代特征。“新四民说”对社会分工和价值观做了重新定位，对传统的“四民”观念进行修正，提出了一个具有划时代意义的崭新命题。明嘉靖四年（1525 年），王阳明为弃儒经商的方麟所写的《节庵方公墓表》一文中说：“古者四民异业而同道，其尽心焉一也。士以修治，农以具养，工以利器，商以通货，各就其资之所近，力之所及者而业焉，以求尽其心。其归要在于有益于生人之道，则一而已。士农以其尽心于修治具养者，而利器通货，犹其士与农也。工商以其尽心于利器通货者，而修治具养犹其工与商也。故曰：四民异业而同道，……自王道熄而学术乖，人失其心，交骛于利，以相驱轶，于是始有歆士而卑农，荣宦游而耻工贾。夷考其实，射时罔利有甚焉，特异其名耳。”在这篇《墓表》中，王阳明不仅说士农工商“其归要在于有益于生人之道，则一而已”，更进一步提出“古者四民异业而同道，其尽心焉一也”的观点，把传统观念中一直视为贱业的工商摆到与士同“道”的高度。他虽借用了托古的口气，却提出了一个全新的命题。尤其值得注意的是，王阳明在这篇《墓表》中，不仅把工商放到与士农平等的地位，而且以全新眼光重新剖析工商阶层的社会价值。由于王阳明在思想界的崇高威望，他的“四民异业而同道”的新观念在其时引起了很大反响，王阳明不只称许商人与文人同“道”，并且又认为一个诚实的商人比一个利欲熏心的知识分子更值得尊重。王阳明的思想逐渐改变了人们对工商的传统看法。新“四民”论对后世影响深远，阳明心学泰州学派的创始人王艮，曾经商于山东等地，其学说在工商业者中广为流传。到明末清初，启蒙实学思想家黄宗羲在“四民异业而同道”的基础上提出了“工商皆本”的口号。清代著名的实学家唐甄也有经商经历，并且自豪地说“我之以贾为生者，人以为辱其身，而不知所以不辱其身也”（《潜书 · 养重》），并提出“末业富民”的思想，掀起了中国历史上的儒商时代。

（二）丘浚的商业思想

丘浚是明代历经几朝的元老，被称为“明一代文臣之宗”，是“儒臣”中最关注经济问题的思想家。他“尤熟国家典故，以经济自负”，继南宋真德秀《大学衍义》之后又作《大学衍义补》，纵观全书共160卷，其中从13卷至35卷完全论述经济问题，在明清史上很少有人用那么长的篇幅来讨论经济问题。丘浚自己明确说“前书《大学衍义》主于理，而此《大学衍义补》则主于事。”（《大学衍义补》）真德秀《大学衍义》论述的是诚心正意、修身齐家的内圣之学，而丘浚《大学衍义补》着重讨论的是治国平天下的外王之学，对此赵靖先生对丘浚的评价很高，他认为丘浚是中国15世纪经济思想的卓越人物，也是市场经济的早期憧憬者。

1.“自为”人性论

丘浚从自然人性论出发，揭示了人对物质的需要和占有物质财富的合理性。他认为人们经济活动的目的是“各求其所欲”，“斯民之各遂其所欲”（《大学衍义补》），这是为了维护私有财产的合法性，但最终目的还是满足“人人各得其分，人人各遂其愿”（《大学衍义补》），这样既不违背“天理之公”，也合乎“人情之欲”。丘浚继承了古代经济思想中重视经济问题的优良传统，他认为“人君之治莫先于养民”，注重“制民之产”，把人民的生计放在首位。他还主张食货并重，认为“谷所以资民食，货所以资民用”（《大学衍义补》）。丘浚进一步论述道：“财者人之所同欲也。……人心好利，无有纪极。”（《大学衍义补》）他强调：“自秦汉以来，田不井授，民之产业，上不复制，听其自为而已。”丘浚的“自为论”和司马迁的“善因论”是同一类的经济思想。“善因论”认为经济发展是私人的事情，国家对经济活动应该“善者因之”，对私人的经济活动不加干预；而丘浚的“自为论”也是要求对各种经济活动“听民自便”，国家不强加干涉和限制，反对国家与民争利，反对桑弘羊的均输、平准法和王安石的均输市易法，反对国家垄断工商业，主张发展民间工商业。

丘浚的“自为论”是司马迁的“善因论”在封建社会后期新的历史条件的继承和重要发展，但背景不同，应该说丘浚的《大学衍义补》是为统治者提供“治国平天下”借鉴的鸿篇巨作。

2.“听民自为”“听民自便”的经济政策

丘浚“听民自为”的经济政策主要反映了新兴的手工业场主和商人的利益要求。他主张官府应放任地让工商业者发展商品经济生产和商品交换，聚集财富，进行原始资本积累，这是典型的富民功利主义。丘浚的经济思想丰富，他认为“终莫如听民自便之为得也”（《大学衍义补》），从“听民自为”的市场调节主张出发，针对传统的特别是“轻重论”者的观点，分别就土地分配、食盐产销、市场流通、利益分配等问题阐明了自己的认识。他反对井田、均田等土地分配制度，主张“听民自便”，求利富民必先理民财，实现的主要途径主要有配丁田法、爱民节用、轻税薄赋民自为市、开源节流、安置流民、发展私营经济等政策和手段。

丘浚将理财分为“理国财”与“理民财”，他认为“善于富国者，必先理民之财，而为国理财者次之”（《大学衍义补》），他把“理民财”放在首位。“理民财”先于“理国财”，只有民富才能国富。“理民财”指的是百姓自己的事应该让百姓放开手脚，由他们自己去处理，国家的主要任务是尽量让私人进行获得财富的活动，应该“为民开财路”，即“听民自为”，“听民自便”。只有这样，百姓才能开动脑筋，才能丰衣足食，才能富裕起来，政府才能获得赋税、粮食、兵源，社会才能安定，国家才能富强。

3. 主张“民自为市”，开放海禁，实施对外贸易

工商业是私人求财的主要途径，丘浚对此十分重视，他主张给私人工商业者以自由经营的权利。他还提出“民自为市”的政策，坚决反对汉代桑弘羊的“平准”政策和王安石的“市易”措施。丘浚从“民自为市”论出发，反对封建国家直接经营和控制工商业，这一思想符合当时商品生产和商品交换发展、市场交易拓展、市场机制日益显现的社会发展趋势，主要反映了新兴富民、市民对自由发展经济的要求。他反对官商的过多垄断，主张开放原属官营的盐、铁、茶与海外贸易，让私商经营，国家再征税。这不仅有利于商品的流通渠道，

繁荣经济，也利于增加国家的税收。

随着商品经济的发展，在流通环节征收的商税成为封建财政的重要来源。他还反对在生产和流通环节多重加赋，主张“市无征税”；也反对政府干预市场分配，主张“安富”。由于“人君争商贾之利”，会直接给正常的市场带来很多弊病，具体表现为“官于民为市，物必以其民，价必有定数，又有私心诡计百出其间，而欲行之有利而无弊，难矣”（《大学衍义补》）。丘濬认为唯一的办法，只有放手让私人求利求财，通过私人在市场中的自由竞争，才能使商品生产的质量、数量得以提高，价格得以合理地调节。丘濬说：“民自为市，则物之良恶，钱之多少，易以通融，准折取舍。”（《大学衍义补》）他主张依靠市场手段调节经济运行，加强市场体系建设。丘濬“听民自为”的经济伦理思想具有时代性和系统性，它的形成标志着中国古代市场调节思想发展到了一个新阶段。

（三）何心隐的商业思想

何心隐是泰州学派的激进派，他肯定“欲”合乎天性。他在人性论上的突破，并不是单纯的哲学人性论，而是作为一种经济伦理思想贯注到人的行为之中，他维护个人利益，揭示了人民追逐福利的天性是支配人民行为的杠杆和动力，也是历史发展的根本动力。

何心隐在其《答作主》中甚至提出“商贾大于农工”的观点，并做了详细的论述：“农工之超而为商贾，商贾之超而为士，人超之矣，人为之矣。士之超而为圣贤，孰实超之而实为之，若农工商贾之超之为者耶？商贾之大，士之大，莫不见之，而圣贤之大则莫之见也。”从而又提出“商贾大于农工”“超农工而为商贾”的论点。在何心隐看来，农工、商贾并不低下，“农工之超而为商贾”，“商贾之超而为士”，农工、商贾也可以为士、为圣贤，并不低人一等。人人都应是主人，人人皆可为圣贤。这样，一下子就把社会地位低的农工商贾，提高到与士、圣贤平等的社会地位上来，与士、圣贤平起平坐了。在腐朽的明王朝贪官污吏、权贵劣绅像恶狼一样大量掠夺土地，横征暴敛，巧立名目滥收“监税”（工商税）、“矿税”（矿业税）等各种苛捐杂税的情况下，在“禁海”“御倭”“援朝”的政策下，农业和新生的工商业、新萌发的资本主义幼芽，受到残酷摧残的情况下，何心隐大声疾呼“农工商贾要超而为士、为圣贤”，要与士、圣贤拥有平等的社会地位。他为农工商贾争取做人的权利、为农工商贾谋求社会地位而呼喊，反映了农工商贾要求提高社会地位和保护他们权益的强烈愿望。应该说，何心隐的这些思想是进步的，随后并连带出“工商皆本”等近代启蒙思想，这是对传统重农抑商、重本轻末经济伦理思想的重大突破。

（四）李贽的商业思想

1. “童心说”

“童心说”是李贽经济伦理的基础和逻辑起点。他认为“童心”的具体内容就是“私心”，其天性也是“私心”，“童心”的物质内涵就是对“天理”的剔除和自我个性的凸现，符合人性的才是天理，不符合人性的就不是天理。明代的“天理人欲之争”，已由传统的“义利之辩”转为“公私之辩”。何谓童心？“夫童心者，真心也。若以童心为不可，是以真心为不可也。夫童心者，绝假纯真，最初一念之本心也。若失却童心，便失却真心，失却真心，便失却真人。”何谓私心？“夫私心者，人之心也。人必有私而后其私乃见，若无私则无心矣。”私心又表现为“趋利避害，人人同心，是谓天成”。这里的天成之心，也就是一念之初的私心，趋利避害就是自我利益的表现。可见，李贽的经济伦理逻辑秩序是由童心引发，再到私心，最后发展为趋利避害，先自利后利他，他通过对童心的规定而赋予个体性原则新的内容，并由此出发，对传统的经济伦理的抑制物质欲望、要求安分守己、安贫乐道形成了强烈的冲击，从哲学和人性角度对传统经济伦理进行了深刻的批判。李贽充分肯定人的物质欲望及追求物质利益的合法性、合理性，并从普遍人性的高度加以论证，为普通老百姓的求富行为寻求理论依据。

李贽以人的“童心”作为根本标准来评判人的行为时，强调的是“真”和“诚”，它不仅有道家的“真”，也有儒家的“善”，“以儒书首焉。首纂儒书而复以德行冠其首。然则善读儒书而善言德行者，实莫过于卓吾子也”。“以德行冠其首”表明了李贽对儒家所提倡德行的重视，不过，宋明理学家所倡导的那种僵化的儒学显然已经不能适应社会现实的需要，宋代的“存天理、灭人欲”不符合人性的发展，明代王阳明的“致良知”思想，尽管肯定了人的本体性和众生平等，但在现实的生活中是不易实行的，只是空洞的道理。王艮的“百姓日用之道”尽管可行，但又未免有些粗俗。而道家的肯定人的自然本性固然是积极的，但由于太重生命而导致消极避世。所以，李贽的“童心”说在对传统哲学进行批判继承的基础上，形成了自己的哲学体系，富有时代气息，符合社会需要。

另一方面，李贽坚持“童心”说“率性而行”的思想，追求身心俱泰，并不仅仅是满足物欲。他说：“率性之真，推而广之，与天下为公，乃谓之道。”他还说：“千万其人者，各得其千万人之心，千万其心者，各遂其千万人之欲，是谓物各付物，天地之所以因材而笃也，所谓万物并育而不相害也。今之不免相害者，皆始于使之不得并育耳。若肯听其并育，则大成大，小成小，天下更有一物之不得所者哉？”在他心中，在个人利益基础上有天下之公道。只要在谋利的同时，予以正义，就能达到身心俱泰的理想境地。可见他的经济伦理在强调私（自利）的同时，也兼顾到公（利他），这在当时的历史条件下实属不易。李贽的“童心”说，要人们恢复“真心”，做“真人”，包含着个性自觉的萌芽。

2. 打破封建经济伦理秩序，构建人文关怀的经济伦理

自秦汉以来，董仲舒提出“罢黜百家，独尊儒术”以后，直到宋代朱熹所宣扬的“存天理，灭人欲”，中国社会的经济伦理一直是以农业自然经济为根基的儒家宗法经济伦理思想占主导地位。虽说整个封建历史时期不断有释、道、法、墨对儒家思想的互补，也有一些社会条件和政治制度的变化（诸如均田制、科举制等），甚至面对着陈亮、叶适的新思潮（功利主义）的挑战，也未动摇这种传统的经济伦理结构，而明代李贽以张扬个性的自我价值观，深厚的救世情怀，无畏、叛离的变革精神，全面猛烈地抨击封建经济伦理。李贽在《藏书·世纪列传总目前论》中阐明，“是非观”应该随时代而变化。他反对儒家的重义轻利和宋代的“天理人欲之争”，李贽把传统的“义利之辩”转为“公私之辩”，显然在学理上又有了进一步推进。义与利是道德范畴和物质欲望之间的关系问题，重义轻利是孔孟之道的核心，儒家主张利以义生。李贽把这一命题反过来，认为义不是凭空存在的，而是由利所产生的。他说：“种种日用，皆为自己身家计虑，无一厘为人谋者。及乎开口谈学，便说：‘尔为自己，我为他人；尔

为自私，我欲利他。’”在利益面前，首先自利，接着才能利他。他进一步举例说明：“如服田者，私有秋之获而后治田地必力；居家者，私积仓之获而后治家必力；为学者，私进取之获而后举之也必力……此自然之理，必至之符，非可以架空臆说也。然则为无私之说，皆画饼之谈，观场之见，但令隔壁好听，不管脚跟虚实，无益于事，只乱聪耳，不足采也。”从而得出结论说：“从此观之，财之与势，固英雄之所必资，而大圣人之所必用也，何可言无也？吾故曰，虽大圣人不能无势利之心。则知势利之心，亦吾人秉赋之‘自然’矣。”李贽把“义利之争”向前推进，他把“私”看作人们从事经济活动的基本动力，无私则反映人们对经济活动无积极性。李贽的“公私之辩”和商品经济有着密切的关系，反映出早期启蒙思想家维护发展私有制的愿望。李贽以私为善，充分肯定人民大众满足其物质生活的欲望，追求合理的私人利益是善不是恶，也肯定人民大众把“吃饭穿衣”看作“人伦物理”，还肯定人们求富求利的一切经营活动。李贽认为，利之所在便是义，利在义中，正义的目的就是因为有利可牟，否则正义也就没有意义了。他将人欲等同天理，并充分肯定人的私欲，主张私欲即为公利，认欲为理。这是和程朱理学排斥私欲的“天理之公”与“圣人无我”的禁欲主义相对抗的。总之，李贽在理欲观上认欲为理，人欲即是天理，个人私欲即是公利，否认一切社会规范。“公”与“私”的矛盾中，“私”处于积极主导地位，千万人“各遂其私”就是“公”，这叫万物并育而不相害，即“廓然大公”，义于利中见，没有私也就没有公。

李贽“穿衣吃饭”哲学的提出是商品经济自由平等、尚实重用作用于意识形态的反映。明代是我国资本主义的萌芽时期，随着商业、手工业及对外贸易的发展，出现了早期市民阶层。随着资本主义的发展，商品经济的自由、平等观念逐渐深入人心，产生了各种与传统道德相冲突的新思想、新观念，如反对封建等级制，反对人身依附，要求个性解放等。所以，李贽将人生价值取向从“礼”“理”等宋儒所僵化的规范转向人的自身，肯定功利、物欲等，是人心所向，是历史发展的必然。“穿衣吃饭，即是人伦物理；除却穿衣吃饭，无伦物矣。世间种种皆衣与饭类耳，故举衣与饭而世间种种自然在其中，非衣饭之外更有所谓种种绝与百姓不相同者也。”这段话意蕴深刻：第一，重视人的“日用常行”，肯定人的感性欲望。物质享受是人之所欲，就是圣人也不例外。第二，“富与贵是人之所欲……谓圣人不欲富贵，未之有也”。把“欲”从内向外扩展必然要肯定人的私欲。所以李贽说：“如服田者私秋之获，而后治田必力；居家者私积仓之获，而后治家必力；为学者私进取之获，而后举业治也必力。”在李贽看来，耕田求食，建屋求安，读书求名，居官求显，“种种日用，皆为自己身家计虑”，这是社会正常的现象，是人的正常行为，包括道学家在内，社会不存在董仲舒“正其谊不谋其利，明其道不计其历”的超功利主义。当然这个“私有”不是一个贬义词，只是指每个人的自我功利性，或一种价值实现论。种田收获、求学进取并不是自私自利。李贽是从人的生存角度来理解人性自私的含义的，把人还原为一个有情有欲、活生生的现实存在的生命，而不是表现所谓“天理”运转的工具。可以说，人不仅有私欲，而且“圣人不能无势利之心”，不能靠空谈仁义饱腹御寒。“如好货，如好色，如勤学，如进取，如多积金宝，如多买田宅为子孙谋，博求风水为儿孙福荫，凡世间一切治生、产业等事，皆其所共好而共习、共知而共言者。”

3. 反对儒家禁欲主义，倡“新教伦理”

马克斯•韦伯在《新教伦理与资本主义精神》中提出新教所倡导商人的伦理是禁欲、勤俭、敛集财富和天职理论，同样，李贽所讴歌的中国商人也是“经风涛之险”，“辛勤万状”，中国商人同样也具有勤劳节俭、忠于职守、善于敛财的优秀品质。对于“天理”，他认为穿衣吃饭这种人们的物质欲望就是“人伦物理”之“天理”，并非在此之外别有一“天理”存在，他在《焚书》卷一《答邓石阳书》中说：“穿衣吃饭，即是人伦物理，除却穿衣吃饭，无伦物矣。”既然如此，就不应“灭人欲”，相反还要使“人欲”得到充分满足，他在《明灯道古录》中又说“各遂其千万人之欲”。李贽所谓的“人欲”，是一种“私欲”，他认为“夫私者，人之心也。人必有私而后其心乃见。若无私，则无心矣”。种田、持家、从学、做官，都是为了满足个人的私欲。一般人如此，圣人也是如此趋利避害，人之同心。由此，李贽还进步解释了义利关系，指出“正义即是谋利”，“夫欲正义，是利之也。若不谋利，不正可矣”。李贽反对儒家的“存天理，灭人欲”，主张穿衣吃饭是当下日用的“自然”，物质享受是人之所欲，圣人也不例外，并不像道学家所说的，物质享受是人欲是邪恶，必须禁欲或寡欲。从一定意义上说，李贽把儒家的君子、佛家的佛性、道家的真人改造为新型的伦理观，具体说，他把儒家的“君子之治”改造为“至人之治”，把佛家的“真如之心”和道家的“赤子之心”改造为“童心”，他所倡导的“治生、产业之事”，就是反对传统的经济伦理的“禁欲主义”，他从肯定人的生存需要本质出发，承认“如好货，如好色，如勤学，如进取，如多积金宝，如多买田宅为子孙谋，博求风水为儿孙福荫”，这些都是普通人的物质欲望，并赞扬追求个性解放和财富的合法性，维护私有财产的合法性。李贽所颂扬的“市井小夫”“作生意者”“力田作者”，这些物质财富的直接创造者，与马克斯•韦伯所崇尚的“天职”理论有异曲同工之妙。晚明之际，随着商业和手工业商品经济的高度发展，一些有识之士已经意识到要为处于新萌芽状态的经济伦理关系做思想准备。李贽因意识到生产发展的重要性而为私心正名，他说：“夫私者人之心也，人必有私而其心乃见，若无私则无矣。”当时遍布大江南北的有晋商、陕商、徽商，他们声称服贾而仁义存。钱谦益更是引司马迁语而发挥道：“人富而仁义附，此世道之常也。”遗憾的是这种萌芽的新经济因素和经济伦理观不仅没有受到专制国家的法律保护，反而遭到封建主义的残酷镇压，李贽也因此而命丧狱中。

明清时期，中国传统经济伦理思想嬗变和转换为明清实学经济伦理思想，主要以王阳明为代表的姚江学派德政主义经济伦理，以泰州学派王艮为代表的新儒家经济伦理，以浙东学派黄宗羲为代表的新民本主义经济伦理，以北方颜元为代表的颜李学派的新功利主义经济伦理，它们直接或间接地影响了中国近代化的进程。

第二节　日本古代商业思想的形成与发展

日本町人的壮大是在15世纪，到17世纪前半时发展成为一个具有独立社会身份和经济实力的阶级，经历了约两百多年。在町人成长的过程中，伴随着自身的阶成长、经济力量的壮大和文化创造力的增强，它逐步摆脱统治阶级宣扬的传统道德习惯，开始萌生和逐渐形成自己独立的道德意识、价值观念。

唯物主义伦理学认为，一种伦理思想的产生的前提，是其相对应的阶级的产生。因此我们在讨论日本古代商人伦理的产生，也应该从日本町人阶层的形成时期开始。

一、町人思想的萌芽期（桃山时代）

人类自有物物交换以来，就有了广义上的商人。在日本文献上，有记载的商人，始于平安时代，之后历经镰仓时代、室町时代、战国时代，直到德川时代，町人才作为一个独立的、有人身自由的社会阶层被认可。町人在德川时代以前，基本处于被歧视的状态。

日本古代是一个以农耕为主的国家，国家的财政收入几乎都来源于农业。所以，长期以来，各个时代的统治阶级都非常重视农业发展，认为农业是一国之本，农民的地位高于其他“非农”的百姓。町人就属于“非农”身份。据中井信彦编写的《日本历史・町人》所说，町人的前身称作“职人”，“职人”有两个来源，一是来源于淘金人、锻工、铸工、木匠、樵夫等“山民”，二是来源于运货的水手、放筏人以及捕鱼贩卖的渔民等“水民”。直到战国时代末期，织丰政权的时候，随着社会经济的发展，出现一批以城市“酒屋”“土仓”为首的高利贷商人和专事买卖年贡米和地方特产的商人。这些商人在货物买卖的过程中积累了巨额的财富，甚至可以比肩一方诸侯。马克思曾经说过：“财富的任何一种形式都有与之相应的道德。”确实如此，在此时段，社会上，尤其是町人之间，产生了“以货币为贵”“以现世利益为本位”的价值取向。这种价值取向的产生有其特定的历史环境：

首先，宗教信仰方面，日本在中世以前一直信仰法华宗、天台宗、真言宗等，祈求来世极乐净土的贵族佛教。进入中世后，武士取代贵族成为社会的统治阶级，同时，迎来了适合武士生活的新宗教——净土宗、净土真宗、禅宗等。这些新宗教的共同特点就是面向百姓、简单易行、有很强的实用性。其中净土真宗最为典型。净土真宗的创始人——亲鸾（1173–1262），通过常年的布教，形成了最为广阔的民众教团。被誉为日本史上最具代表性的庶民佛教思想家。在亲鸾死后，他的弟子把亲鸾生前的言行，编撰为语录《叹异抄》。作为净土真宗的创始人，亲鸾针对“善人往生”的旧佛教理论提出了“恶人往生”“善恶平等”“广度众生”“同朋”等几大理论。如《叹异抄》中记录：“那些以河海撒网垂钓捕鱼为生的人，靠狩猎、捕禽维持生命者，或以经商、耕种田地而生活的人，他们之间不存在任何差别。……善人皆能往生，况恶人焉。然世人常言，恶人皆能往生，况善人焉。一旦此言，即违本愿他力之意趣。自力做善者，即便有依他力之心，亦与弥陀之本愿相悖。然将自力之心回转至他力信奉，即能得真实报土之往生矣。”

这里亲鸾明确指出：第一，从事捕捞的“水民”、从事狩猎的“山民”与从事土地耕种的农民之间“众生平等”，没有身份的差别。第二，相对于旧佛教中，享有特权，能够修寺院、供佛像的贵族阶层，亦即“善人”，和那些烦恼具足、没有能力修寺该庙的广大民众，也就是“恶人”，在阿弥陀佛的面前，都是平等的，只要内心相信佛祖，就都能被往生。亲鸾的“众生平等”的思想，为町人势力的发展、阶级意识的觉醒及职业平等观念的产生不无裨益。

其次，在政治领域方面。日本的室町时代，尤其是战国时代，是一个“下剋上”的时代。当时，大名之间连年混战，权力不断更迭，当主君不能给家臣提供恩赏，或家臣实力超过主君时，家臣就会让自己变成主君，或者转投更有实力的主君。军事和经济实力是战国时代武士结成主从关系的条件，而实力的变化，也导致武士间主从关系的破坏。所以，战国时代的武士与主君之间的关系有明显的功利主义色彩。到战国时代晚期，出现两位有名的历史人物，这二位直到现在仍然被日本人尊称为日本史上最伟大的人物——织田信长、丰臣秀吉。1534年，织田信长出生于尾张（爱知县），父亲死后，继位家督，成为织田家的家主。织田在此后的三十年间，使用新式武器火枪在桶狭间战胜今川义元，攻占美浓，推翻名义上的室町幕府，火烧比睿山延历寺、石山本愿寺，领导日本逐步走向统一。信长蔑视日本的王侯，否定既存的权威与势力，也不相信神佛的存在，否定佛教灵魂不灭、极乐往生的说法，强调现世利益，认为带给人们财富、健康、长寿才是最重要的。传教士路易斯·佛洛伊斯说：“信长聚集全国的神像于佛像，他的目的并不是要崇拜这些偶像，而是要这些神佛崇拜他，他认为自己就是神，在他上面没有创造万物的神。”真正结束战国时代，领导日本走上统一的是丰臣秀吉。丰臣秀吉出生于一个贫苦农民家庭，父亲是一名足轻（下级步兵），早早负伤而死，母亲由于衣食无着，另嫁他人。丰臣秀吉不被继父喜爱，被赶出家门。之后，秀吉流浪在外，直到遇到织田信长，逐步由打杂的仆役升级为足轻、足轻长……一方领主、日本国王。丰臣秀吉是日本历史上唯一一个出身于贫苦农民，却登上日本第一宝座的人。丰臣秀吉的奋斗史，使人们相信，“天不生人上之人，亦不生人下之人”，只要努力，只要有实力，就可以取得令人瞩目的成就。在战国时代末期，凭实力获得财富、权力的合理主义思想越来越被社会各阶层所接受。

最后，在思想上，出现一批学者，如藤原惺窝（1561–1619）、山崎闇斋（1618–1682）等反对佛家人伦说的学者。他们认为，万物春生夏长，在生长衰败当中，自然有支配它的规律，只要规律使它发生变化，就不是虚幻。而佛家视万物的有为变化为虚幻，舍弃父母妻儿，进入山林只为自己修行，以此寻得悟透，这种离开正常人的生存状态的行为，无异于异端。所以，这些学者主张，正视人的贪、嗔、痴、慢等各种欲望，其中自然也包含肯定人们对钱的欲望。另外，这些学者还认为人生在世，只有一世，反对佛教的轮回说所认为的“灵魂不论几世，都会重新生成形体，继续存在”观点。这些学术，把广大人民从长期的来世主义人生观中解放出来，而追求现世的利益和幸福。

安土桃山时代，织田信长、丰臣秀吉等主张实力主义和现世主义，加之，在战乱的情况下，人们无法预知未来会如何，只好用财富去换取权力或者把财富用在现世的享受。这些都使得人民逐渐摆脱了传统伦理秩序和佛教的来世主义的桎梏。町人开始意识到自身存在的合理性并逐渐形成町人的价值观和人生观。

町人思想初步形成的标志，表现为岛井宗室遗训、铃木正三的职业论、佚名的《长者教》。

（一）岛井宗室的町人思想

桃山时期，由于日明、日朝贸易的发展，涌现出很多港口城市，比如博多。博多自镰仓时代起，就是日明贸易的港口，室町中期的时候，由于日明之间贸易的衰落，一度荒废。1587 年，在丰臣秀吉的支持下，得到重建。并且，丰臣秀吉还颁布法令，宣布“在博多的贸易绝对完全自由，所有的税赋和劳役一并免除”。由此，涌现出一批有名的豪商，其中最为著名的就是“博多三杰”。“博多三杰”指丰臣秀吉的御用商人岛井宗室和神屋宗湛（原是京都大山崎离宫八幡宫的神职人员），以及丰前藩黑田家的御用商人大贺宗九。

岛井家原出身于对马，是侍奉对马海海神的上津八幡宫的神职人员，后移居到博多。岛井后人岛井宗室，凭借先辈留下的遗产以及博多领主大友宗麟的支持，在日朝贸易中发家，岛津家最繁盛的时候，被誉为日本大名的后勤部。岛井宗室没有儿子，他把所有的家业都留给了养子德左右卫门。并留下遗训《生中心得身持可致分别事》。遗训中明确提出作为町人的生活信条、处事方法、致富方针和职业伦理等。其中第一条是“一生要诚实、正直度过。对相识之人，要严守礼仪。不可撒谎”。第二条是关于信仰的：“五十岁之前，不要信仰任何宗教，因与家业无益。”第三至第五条讲：“四十岁前，不要学习围棋、象棋、舞蹈、钓鱼、赏花之事，禁止赌博，不可频繁宴请客人或出席别人的宴请，不可穿华服，不准另建屋宅。”第八至第十一条讲要节俭过日，了解每日薪炭、饭米、蔬菜的用量，以及日常用品的价格，能自制的，就不要到市场上另花钱购买。第十二至十五条，讲如何勤俭致富，以及经营方略。岛井宗室的遗训，表明町人价值观念和伦理观念的初步形成。

（二）铃木正三的町人思想

德川幕府沿袭织田信长和丰臣秀吉的身份制度，并按照儒家朱子学的观念，赋予士农工商等级身份的内涵。与此相对，民众思想家铃木正三（1579–1655）提出，士农工商仅是“职业之别”，并无尊卑的区别，进而提出“任何职业皆为佛行”的价值观。

铃木正三认为“奉公就是修行之道”，“在家勤于家业就是佛道”，强调“世法即佛法”。他在《万民德用——修行之念愿》中说：“佛语说，若得入世则少有出世。此乃以世法成佛之理，故世法即佛法也。华严宗说，佛法与世间之法无异，世间之法与佛法无异。若不知以世法成佛之道理，则为丝毫不懂佛意之人也。”亦即是说，铃木正三认为，作为一般社会道理或法理的“世法”，与悟得佛的心境的所谓“佛法”，两者是同一信念，耕田、捕猎、做工同样是一种修炼心性救自己的佛道修行。同时，他在大乘佛教主张的“菩萨之行为自利、利他”思想基础上，创造出了以“一切职业皆为佛之显现”“一切职业皆为佛行”“一切职业皆于世界有益”为主旨的“职业哲学”。他的这种“职业哲学”即职业伦理思想，集中表现在了他的著作《四民日用》之中。这里让我们仅就其中的《职人日用》和《商人日用》，看一看正三的伦理思想。在《职人日用》中，当职人(工匠)请教正三“……每日昼夜所为，惟养家糊口而已，劳作之外实无闲暇。如此，何成正果？”正三回答：“任何职业皆为佛行，人人各敬其业即可成佛。因无任何作业可在佛行之外，故而应信所事之业皆于世界有所益。……本觉真如一佛，分百亿之身，以有益于世。若无锻冶铁匠等诸职人，则世界无诸品可用；若无武士，则世道无以为治；若无农人，则世界无粟谷可食；若无商人，则世界无用物自由。此外出现的所有事业，亦皆于世界有所益。……有创造文字者，有诊五脏医者，其职业种类无数，皆为世之所用，唯此乃佛之德用也。”从正三的这段说教可以知道，虽然其主旨是教化人们以所事之业修行佛道，但他的伦理思想对当时包括町人在内的民众职业伦理的形成，至少在三点上具有重要意义。第一，他指出“任何职业皆为佛行”，教导人们把“各敬其业”视为成佛之道，提高了各种职业的神圣性，有益于培养近世町人的敬业精神。第二，他指出了士农工商等各职业对于世界(社会)存在的重要作用和益处，并将其圣化为“佛之德用”，有益于将当时占统治地位的四民身份等级差别意识转换为职业之别意识。第三，他以工、士、农、商顺序论述四民职业的社会职能，并把从文者、从医者以及其他各种职业都视为有益于世的行业，无形中打破了以武士为尊、以农业为贵，贱视工商及其他职业的传统职业观念，有利于提高被统治者特别是工商业者町人的职业平等意识。

在正三的“职业哲学”中，最具创造性的是其对商业伦理的论述。他坚定地认为“买卖之业，乃天道所授”，肯定“买卖之业”是商人带给世间自由便利的有益职业。同时，他对如何把买卖之业作为佛行，如何修行“正直之心”提出了自己的主张：“欲做买卖之人，必先修行增大其利之心怀。所谓其心怀，并非其他，而是献身命于天道，一心修习正直之道。正直之人必得诸天之厚惠，佛陀神明之佑护……而专于私欲，自他相隔，欲以窃取于人而得利者，必遭天谴……守正直之旨而事买卖之业，如同随火焰上升，顺水流而下，天恩必降其身，万事必遂其愿。……买卖之业，即以求无漏善之愿力，守幻化之理，激励信心，献身于世界，所思皆为国家，所念皆为万民。携本邦之物销往他国，将他国之物购至我邦，万里之国不辞其远，穷乡僻壤不辞其苦，为满足众人之心愿，奔波各国而事商。此乃决意历尽苦难而修行，越千山而劳其身，渡万水而清其心。"

通过上述铃木正三的论述，从町人的角度来看，我们可以得出如下的结论：町人是和武士、农民、手工业者身份相等的职业，不存在尊卑之别；町人既为商人，就应该以商品买卖为业，尽心竭力谋取利润；町人牟利之时，应以"正直"为念，不能谋求不当收入。铃木正三关于町人的论述吻合了近世初期町人的利益和需要，对于町人伦理观的形成起了促进作用。

（三）《长者教》的町人思想

在德川时代，有很多教导町人如何致富的书籍。其中《长者教》，是日本近世第一部专门说教商人致富伦理的书。从宽永四年刊行到正德年间(171–1716)的近百年间，一直畅销不衰。由此我们可以毫不夸张地说，《长者教》对町人伦理思想的形成发展产生了重要影响，书中所主张的"金钱第一"在近世初期也已成为町人具有代表性的伦理价值取向。

《长者教》以镰田屋、那波屋、泉屋三位"长者(富豪)"，即富裕町人为主人公，通过他们谈致富处世的经验教训，教导世人发财致富的秘诀和伦理。书中除以问答形式的记述外，还列有如"常记之事""习得之事""有求人之歌"和"教训歌"等条目，从多方面表现了当时町人的生活信条、致富伦理和重视金钱的价值观。例如，"常记之事"说："第一，通晓事理；第二，正直行事；第三，善于忍耐；第四，时刻注意防盗防火；第五，不固执己见，善听人言；第六，做事无悔；第七，禁戒骄傲；第八，不无事闲谈；第九，不姑息留情；第十，除德高亲善之人不与之深交。""教训歌"中说："无质而贷是为愚，借出之物必催还；于知音者可白送，下宜言借企盼还；无论何事眼见实，耳闻之事多交幻；……少壮之年要辛劳，精心挣钱以为老；一味沉溺浮世乐，后半生活当如何；己贫反要笑富人，无异愚痴自封贤；……与其热衷于爱恋风情，莫如爱惜一分分金钱；无金银难以为人，悲哀莫大于贫穷。"

在“常记之事”和“教训歌”的上述内容中，诸如“通晓事理”“正直”“忍耐”“戒傲”“不与人深交”“少壮辛劳以为老”以及借钱原则等，可以说在很大程度上继承了前述岛井宗室《生中心得身持可致分别事》的精神，反映了当时町人身处四民之末，谨慎生活、正直致富的行为准则和处世之法。而其中极力强调的诸如“己贫笑富人无异于愚痴自封贤”“爱惜一分分金钱”“无金银难以为人，悲哀莫大于穷贫”等，则表现出了“长者”们的“金钱财富至上”的价值观和以致富为主要生活目的的伦理精神。这种价值观和伦理精神，在《长者教》的结语中更表达得淋漓尽致，即作者把倡导清贫精神的“穷神”讥讽为“恶妇装贤女，乞丐喊绝食”，赞誉金钱为“入火烧不坏，进水放光彩”，称“万事欲求金钱，珍惜一分一厘”才是“长者精神”。它说明此时的新兴町人阶级正在一步步成长起来，并已经开始具有了主张自己不同于武士阶级伦理价值观的思想意识。

上述岛井宗室《生中心得身持可致分别事》中提出的“知分”“俭约”“精算”等德目及现世主义人生观，铃木正三基于“一切职业皆为佛行”思想的职业伦理，《长者教》中主张的金钱至上和致富第一主义的伦理思想等，都不同程度地反映和代表了近世初期町人的价值观和伦理精神。尽管此时这些伦理思想和精神还未成为整个町人阶级的共同认知，也还未成为代表一个时代的伦理精神，但是它为其后新兴町人的崛起，奠定了思想基础和做了观念形态变革所必要的舆论准备。

二、町人思想的形成期（元禄时期）

日本社会进入德川时代，在1614年、1615年的大阪冬之战、大阪夏之战后，国内几乎就没有大的战役再发生。日本进入和平时期。1635年，德川家光修改《武家诸法度》，正式规定“参勤交代”制度。“参勤交代”指各大名必须在江户城下町购置宅邸，把妻子儿子安置其中，作为交给幕府的人质，大名本人则一年在领地侍事，一年住在江户侍奉将军，轮番交替。大名们往返于藩国和江户之间，路途上的消费，住在江户的费用，都需要大名自己解决。为此，各地大名在交通要道、港湾城市、大阪、京都、江户等经济中心城市，设置“御用商人”，以供自己的生活开销。但是，随着之后的“锁国令”的颁布、朱印船贸易的停止以及国内商业的发展，这些缺乏才智和经营策略，本就不是商人的“御用商人”慢慢没落，代之而起的是以大阪商人为代表的城市町人以及包括乡镇商人在内的各种地方商人。日本的商帮就是形成于这个时期。

新兴町人的货币财富超越了武士领主阶级，并在一定程度上开始左右幕府和各藩的财政。在行业组织方面，新兴商人以包买、批发商和居间代理商为中心，于元禄年间(1688–1704)结成了名为大阪“二十四组问屋仲间”、江户“十组问屋仲间”的批发商工会。这种批发商工会垄断运输、加工手段和流通机构，控制中间商、零售商乃至全国市场，形成了一股以雄厚财力和供销关系网为基础的巨大势力，不仅完全打破并取代了前述的“御用商人”的商业统治地位，而且进而发展为全国性的商业同盟，几乎具有了“由此决定全国商品价格”的力量。

新兴富商的典型，可以分为两种不同的类型：一类是诸如鸿池、三井、住友等为代表的巨商，他们不仅在积蓄财富方面是全国著名的富商，而且自兴起后一直惨淡经营长盛不衰，延续到了近代乃至今日；另一类则是诸如江户的海运王河村瑞贤（1618–1699）、土木建筑商纪国屋文左卫门（1669–？）、木材商奈良屋茂左卫门（？–1714）、京都巨商难波屋十右卫门、大阪米商巨贾淀屋辰五郎（1688–1717）等，他们有的以“明历大火”等为契机经营木材和土木建筑，有的垄断贡米市场，有的从事“大名贷”以及海运业务等牟取暴利，似有“投机商”之嫌。这类豪商虽然在拥有巨大财富方面可说与鸿池、三井等巨商并无多大差异，但由于他们之中不少人把大量财富用于追求豪奢浮华的享乐生活，且有因奢侈或违反幕府禁令而破产者，故在迄今以道德史观为主的史学界多被视为町人阶级消极面的典型。然而无论前者还是后者，他们都与此前所谓以传统伦理培育的町人性质大为不同，较少传统的重负和旧有伦理价值观的束缚。例如大商人典范三井高利(1622–1694)敢于打破旧的商业常规而开创“新商法”的积极进取精神，大阪豪商典型淀屋辰五郎敢于违反幕府禁令，以操纵米粮市场的手段和僭越身份的豪奢冲破封建秩序理念和传统伦理桎梏的精神等，都远远超过了此前的桃山町人和“御用商人”。此时期町人对幕府封建秩序理念和武士阶级伦理的反抗精神，首先表现为新兴豪商掀起的豪奢享乐之风及反映这种豪奢享乐之风的反禁欲思想，下面就让我们探讨一下这个问题。

这个时段，町人思想的表现在如下三个方面：西川如见的《町人囊》、井原西鹤的町人物和伊藤仁斋的主情主义伦理。

（一）西川如见的町人思想

西川如见出身于长崎的一个商人世家，自其曾祖父一代起就从事海外贸易，并担任当地的町官。如见作为商人之身，先后研学程朱理学、实学、天文历学和兰学，著有《天文义论》《华夷通商考》《长崎夜话草》《町人囊》《百姓囊》等大量著作，成为当时少有的兼通自然和人文两个学科的町人学者。如见人文方面的代表作是《町人囊》。它作为教化思想的著作，虽然有“内容庞杂、不拘章法”的随笔之嫌，但是它从被置于等级身份制和儒家观念形态下的町人现实立场出发，以启蒙教化町人的阶级觉悟和道德觉悟为主旨，富有逻辑性地论述了町人阶级应有的价值观念和伦理准则，是日本思想史上第一部专门论述町人伦理思想的哲理性著作。因此我们这里主要通过《町人囊》，看一看西川如见的町人价值伦理观。

如见既学程朱理学又钻研天文、地理学，著述颇丰。但是他一生在从事学问的同时，一直积极从事作为商人的家业，而且在致富方面也取得了相当程度的成功。加之他所在的商人家庭和商贸之城——长崎的重商主义思想氛围的影响，使他在当时贱视商人的身份制和儒教意识形态下，不仅堂堂正正地以商人身份自居，而且对町人进行了赞颂和讴歌。例如他指出：“自古町人位于百姓（农民）之下，然而不知何时天下自变成通用金银之世以来，天下金银财宝尽归町人所握，于是时常出现于贵人面前，其品级似乎不知不觉已越至百姓之上。近百年以来，天下成和平静谧时代，是故，儒者、医生、歌道家、茶道风流等诸艺术家，大多出自町人之中。水在万物之下而润养育万物，町人位于四民之下，而作用于上五等人伦。生逢此世、生于此品，实乃此身之大幸也。”

如见认为，在当时天下太平且商品货币经济发展的元禄时代，町人既在经济方面拥有了强大的势力，又在文化领域掌握了主动权，这使得原位于四民之下的町人，不仅地位超过了农民，而且对于作为统治阶级的贵族或“上五等人伦”，也具有了举足轻重的存在价值。所以作为町人，不应以排在四民之末而自卑，而应该感到无比幸运，表达了他基于町人阶级立场的自尊意识和自豪感。

如见并通过将町人与武士的处境相比较，主张町人有超越武士的优越性，表明了如见与当时武士道德优位观念完全相悖的思想。他说："町人没有主人，只有父母。……现今成一等富有之身，将可不必劳疲乏之心。而若生于武士之家，则会麻烦困扰不尽。一生诚惶诚恐侍奉主君，精神难得轻松。时刻要以名声为第一，哗众取宠，寻求威严之乐。与之相较，唯有我町人才真正快活。"如见在这里讲了町人胜于武士的三点优越性。第一，"町人没主人，只有父母"，而武士却要"一生诚惶诚恐侍奉主君"，说明町人比武士更具有人身自由；第二，在经济上町人是"一等富有"，可不必"再劳疲乏之心"，而武士却要遭受金钱的困扰；第三，在精神上町人可"真正快活"，而武士却"一生难得轻松"。既然町人在人身自由、财力和精神方面均比武士具有优越性，为何要以町人为贱而以武士为贵呢？这正是如见要批判的问题。故而他在《町人囊》卷 4 中，明目张胆地提出了"人本无尊卑贵贱差别之理"的反身份歧视的思想："人虽因天生资质命运，有美丑智钝之分，但其人品与高位高官之人并无差别。归根结底，应知人原本并无尊卑之理，皆为后天培养而成。"从人生本源上探究人的平等意识，表示了如见自己反对身份歧视的思想，也体现了觉醒了的町人阶级对身份道德的挑战精神。

如见在反对武士身份道德优位思想的同时，也郑重地提出了他自己的町人价值观和伦理观。他认为："生于町人而欲乐其道，须首先明了町人之品位，知晓作为町人之理。"那么，如见所说的"町人之理"是什么呢？由于如见写作《町人囊》的时代正值町人阶级基于经济力量的强大而在消费方面出现僭越身份之风气的时代，且有一些町人因奢侈消费和僭越身份而遭到幕府的"惩罚"破产，所以如见所说的"町人之理"主要是强调"居于下而不凌上，不羡慕他人威势，坚持俭约质朴，安守本分，乐于物以类聚，如此方能一生其乐无穷"，切记"骄奢是万恶之本"等。当然，如见提出"安守本分"和"乐于物以类聚"，并不只是要町人对武士统治阶级俯首帖耳，消极地保存自己，而是要町人明确自己的阶级立场和职分，树立起区别于武士的价值观念和伦理准则。例如他在

《町人囊》卷 1 中这样论述道：“武道乃武家之业，非町人之所为。……町人第一应居于质朴，忍耐万般不自由，无视世间之评说，各自勤于职分，繁荣家业，此乃町人之勇也。武道因是争胜负之利，町人万万不可喜好。武士之使命即献身于主人，但在太平之世，无机会战于沙场而尝其志。纵然偶有少许交道，也不足以显其武，只是以不辱主人之名誉为善。故而即使勉强苦笑，亦要以轻生为勇。而町人则没有主人，只有父母，若从事武事则为大不孝也。一切人生来并无刚强怯懦之别。合宜义理者为刚强，不宜义理者为怯懦。……总之唯有生为町人才最幸运，应断绝武道之欲念，以有恃无恐之心对他人哪怕分文之钱，此乃町人之勇也。町人有町人的聪慧，武士有武士的聪慧。町人若舍利专心求名，则会倾家荡产，武士若舍名而专心求利，则会身败名裂。只有明晓正确谋求名利之道者，才能谓之人。名誉与利德乃四民之日用也。”如见把“质朴”“忍耐”“无视世间评说”“勤于职分”“繁荣家业”“有恃无恐赚钱”称为“町人之勇”，并将其与“争胜负之利”“不辱主人名誉”和“不惧怕死”的“武士之勇”，置于同等道德水平来评价，表现了他对町人价值伦理的崇尚立场和对武士道德优位意识的怀疑精神。尤其是其提出的“无视世间之评说”、“以有恃无恐之心对他人哪怕分文之钱”的主张，既充分反映了町人真实的伦理价值取向和肯定了“营利赚钱正当论”，也表现了他自己对贱商意识形态的强烈反抗意识。同时，明确阐述了“町人舍名而专心求利，武士舍利而专心求名”才是“正确谋求名利之道”“才能谓之人”的道理，为町人争取与武士同等的人格尊严和确立职分道德平等观念，提供了重要思想理论。从这种意义上讲，西川如见可称是町人伦理思想的重要奠基人。

（二）井原西鹤的町人思想

日本儒教对佛教的批判，主要是针对佛教无视、否定人类生活秩序的问题而言的，即是从义理和人情两方而批判和否定佛教。而当近世儒教成为德川封建社会伦理秩序的正统理念，确立起武士阶级以义理为本位的道德优势之后，开始主张“存天理、灭人欲”的义理本位伦理，否定新兴町人阶级肯定人欲的“主情主义”伦理。在町人反抗幕府统治的斗争中，出现了井原西鹤、近松门左卫门等追求人性解放，捍卫人情主义的卫士。

这里所说的主情主义思想，即指主张人类自然性情——“人情”的存在价值和正当性的价值观和思想。在元禄时代，“人情”是与“义理”相对立的概念，包含两层含义：一是指父母、兄弟、妻儿之间的自然感情；二是指人惜生怕死、避重就轻等本能的人性。而统治阶层认为，强调生存欲和男女性爱的“自爱之情”，是肯定肉体的利己性私情，是应该被压抑克制，不具备任何伦理意义的存在。然而西鹤所主张的人情，恰恰是强调这种被封建道统否定的“利己性自爱感情”，他所提倡的以营利赚钱为目的的町人之道，也是以这种“利己性自爱感情”为基础而建构起来的。

井原西鹤的町人思想，表现在两个方面：

首先，表现在其“好色小说”——《好色一代男》《好色一代女》等文学作品里。这些作品极尽夸张地描写了冶游场所的享乐生活和町人对爱欲的追求。在“好色物”中主张，“利欲、物欲、色欲是人之常情和共性”的思想，抵制和否定以“禁欲”“忠孝”为中心的统治阶级的价值取向。

其次，表现在其“町人小说”——《日本永代藏》《世间胸算用》等文学作品中。井原西鹤的町人小说，都是取材于元禄初期以前近三十年的町人现实经济生活。作者在《日本永代藏》这部小说的开头就说：“人生最大之事，存身立命之业，无论士农工商，抑或此外出家、神职人员，均应奉俭约为大明神之神托，积蓄金钱。此乃双亲以外生命之父母也。……暗自思之，世上所有愿望，用金钱难偿者天下只有五，此外皆可以得偿也。世上还有胜过于此的宝物吗？”“有钱势之人说话，即使蛮横无理亦可通行，而无钱渡世之人所言，即使于他人有益，亦无人所听。毋庸讳言，此乃万事皆需金钱，没钱即无于此世生存价值之故也。”强烈表明了西鹤“金钱至上”“町人应以赚钱为使命”的思想。

（三）伊藤仁斋的町人思想

伊藤仁斋出身于京都的富裕商人家庭。他最初信奉宋儒的性理之学，但其后因怀疑朱子学与孔孟之意不同，改修佛教，最终又返回到儒，通过将各种学说比较，创立了不以朱子学和阳明学为媒介而直接以孔孟的古典来阐明道义的“古义学”。他创办私塾古义堂，聚合京都町人举办“同志会”，拥有门生

3000余人。他所建构的“古义学”，融入了相当多的町人伦理价值取向。尤其是其批判形骸化的“义理”而肯定人的自然情感的“重情感学说”“俗即是道”的思想，可以说典型地反映了町人主情主义的伦理思想。伊藤仁斋在《论语古义》上说：“所谓情即性之欲也，以有所动而言，故而以性情并称。目欲视美色，耳欲听好音，口欲食美味，四肢欲得安逸，是为情。父子之亲乃性也。父必欲其子善，子必欲其父长寿，此乃情也。”这里对“性情”的解释，与我们前文指出的町人主情主义思想的内容基本相同，即把“人情”也界定在了“人的自然性情和欲望”的范围。他认为这种自然性情，是人通常具有的本然形象，也是实现人的道的唯一根据。故而他在其《童子问》中明确指出：“夫人情无论古今华夷，皆同一也。从人情时则行，背人情时则废。乐于人情时则勤，厌恶人情时则废。”即是说，仁斋认为人的这种自然性情是不应的，应该遵循“人情”而直率行动。仁斋的这种“重情感”思想，完全否定了朱子学以“理”为“性”之本质、“存天理，灭人欲”的主张。其子东涯发挥了他的重情感学说，主张“性善乃就气质而言，气之外无理，欲之外无善，人之外无道心”，强调“因情见性”，认为性是人心所同然，情则显示着好恶，是人心无伪饰的表现。

仁斋古义学所强调的“性”和“情”，虽然在概念上不能等同于上述的“人情”，但“人的自然性情”是其重要的组成内容是不容置疑的。仁斋也正是以尊重这种“自然性情”为基础，建构起了不同于朱子学的道德论。仁斋建构的道德论与朱子学伦理观的最大不同，是肯定“私欲人情”的“私性道德”。

主张“俗即是道”和肯定“私性道德”，是仁斋道德论的一大特点。我们知道，仁斋所反对的朱子学中的“性”，其实是《中庸》中所说的“天命”。日本朱子学者正是由此导引出了超自我的“理”，并赋予其绝对性、普遍性的“公理”的理念，同时将“私”和“欲”等直接相联系，赋予全面否定的意义。因此这种“公理”，将超越自我、排除个人性私欲和压抑情感视为道德。这种道德理念，对于脱离生产、日渐穷困、在封建组织内的一般武士而言，也许是合宜的，但对主张“天下贵贱尊卑皆能行之道方为道”的仁斋来说，则实难苟同。他针对上述的“公理”说：“以是为是，以非为非，无所少偏私，谓之公。然不择亲疏，概而行之时，则必于义（德）有害。”仁斋这里所说的“以是为是，以非为非，无所少偏私”，是说人们日常生活习惯中存在“和”是必然现象和客观事实，“如果离开私，便无道德可言”，应该实事求是地予以承认。认为只有客观自然、“无所少偏私”地观照事物，把握基于私的日常习惯，“才算是具有了社会普遍合理性的德”，才能称之为“公”。相反，“以有见无就会流于灾异”，反而会有害于道德。为坚持这种立场，他对朱子学者有关指责町人“人欲之私”的观点，提出了尖锐的批评。他说：“夫舍人情弃恩爱而求道者，实为异端之所尚，而非天下之达道。若有以礼义裁决之事，则情即是道、欲即是义，何恶有之？”从这里两段论述中可以知道，仁斋基于他自然观照事物的理论，不仅将被朱子学者攻击为“偏私”的“情”和“欲”积极肯定为“道”和“义”，而且反把主张舍弃人情和恩爱而求道的朱子学者们，批评为“异端所尚”和“非天下之达道”。如此旗帜鲜明地一批一扬，清楚表明了他否定基于幕藩封建身份制的“公理”，而肯定町人阶级“私性道德”正当性的思想主张。不言而喻，仁斋如此肯定以私欲人情为中心的“私性道德”，实际上是对町人“俗世”生活价值伦理的一种肯定，使以往被视为“卑俗”的普通人的日常习惯，也开始获得了“道”的含义，由此开了“庶民通俗道德论”的先河。

仁斋这种“俗即是道”，“道在于卑近”的理论，赋予了道德以“人伦日用”之道、“天下公共”之道的理念。仁斋的古义学，在元禄至享保期成了支配关西学风的主流。由于仁斋第一次为町人主情主义伦理乃至庶民通俗道的存在提出了合理性的理论根据，为町人乃至庶民阶级争取道德平等的权利开辟了道路，并且对后来本居宣长等人的国学理论的形成产生了重要影响，因此它不仅在町人伦理思想史上具有重要的先照性作用，而且在近世日本伦理思想史上占有无可置疑的重要地位。

元禄时期，西川如见《町人囊》中所主张的“以金钱为本位”“以营利为善”的价值伦理和追求“人类平等”的精神指向，西鹤、仁斋所伸张的旨在追求人性解放的主情主义伦理，共同代表和构成了元禄町人的价值伦理及其精神指向的主要内涵，它既标志着町人阶级独立的价值取向和伦理观念的基本形成，也标志着町人阶级开始对统治阶级观念形态下的禁欲主义道德、基于身份尊卑观念的“安分道德”、压抑人情的义理本位道德以及权力本位道德等，发起冲击和挑战，为町人阶级伦理思想体系的确立，以及其价值伦理的进一步发展和扩展奠定了基础。

三、町人思想体系的建立

到18世纪初，町人通过"札差""藏屋敷"（批发商）等商业机构，掌控了武士阶层"年贡米"的定价权和流通权；通过"两替商"（高利贷商人）放贷给农民和武士阶层，间接地控制了这两个阶层的经济活动；通过"前贷制度"（预先定购农产品的制度）把货币直接投入农村，决定了农民商业性产品的种类和数量。通过以上种种手段，町人积累了巨大的货币财富，而且掌握了商品货币流通流域的主导权，由原来的附庸地位，上升为德川时代商品货币经济的主角地位。此后，利用幕府"鼓励町人投资开发新田"和"株仲间"（同行业工会）的制度，町人再次在行业内形成垄断势力，并将自己的商业资本渗透到农村，成为既拥有商品和钱庄，又拥有土地的商人。与此相反，武士阶级由于奢侈无度、坐吃山空，以及幕府的"参勤交代"制度，财政赤字逐渐扩大，导致入不敷出。町人阶层和武士阶层在经济上的地位开始发生互换。

历史上各种思想道德的发展和更替，归根结底都是依据经济基础的变化而变化的，一切阶级道德都是为一定的阶级利益服务的。而町人经济地位的变化，使武士阶级基于身份制的权力本位价值观和义理本位思想发生动摇，原先被歧视的金钱本位价值观和主情主义思想逐渐被社会认可。町人自身也从一味营利赚钱和追求奢侈消费的热潮中冷静下来，开始致力于建立一种将经济原理与道德伦理有机结合的町人伦理价值体系。

通过石田梅岩"町人哲学"的提出及其"心学"的展开，山片蟠桃流通合理主义经济伦理，海保青陵的重商伦理等具有普遍性的理性主义诸学说的推出，终于在18世纪中叶后，建构起了不同于武士阶级的町人价值体系，并使町人思想真正成为德川社会与武士思想相并立的观念形态。

（一）石田梅岩的町人思想

石田梅岩1685年9月出生于丹波国东县村（现京都府桑田郡东县村）的一个农民家庭，因不是长子无望继承家产，为了日后生计，于11岁时经人介绍去京都一个町人家做学徒。15岁时，回到农村务农，到23岁时又再次赴京都，就职于一家名叫黑柳的和服店。通过多年的努力工作深得主人的信任。最后当了黑柳家的“番头”（管家）。与此同时，他利用工作之余早起晚睡地潜心于神道、儒教和佛教。梅岩在三十五六岁前已经悟知了“性”，42 岁拜小栗了云（1670–1730）为师，其后日日夜夜废寝忘食专注于冥想，一年后获得“见性体验”。于是放弃黑柳家的工作，进行私人讲学，并于 45 岁时在京都家中开设讲堂，正式创立心学开始了教导町人的“教学”工作，逐渐拥有了众多弟子和听众。55 岁时出版了凝聚梅岩职业观的《都鄙问答》，为受“利义”矛盾煎熬的商人从内部自省，确立“人之为人之道”提供理论依据，确立商人哲学家的身份。

梅岩职业伦理思想的核心是“职分论”。梅岩的“职分论”主要由三部分构成，即第一是“四民职分平等论”，主张士农工商职分平等；第二是“商人商业有用论”，强调商人及其职业存在的合理性和重要价值；第三是“营利正当论”，主张町人营利的正当性。

首先看梅岩的“四民职分平等论”。梅岩主张町人阶级在职分上、人格上与武士平等，并非只是外向性地相对于武士而要求职分平等，而是以士农工商共同拥有“一道”的“道一理论”，证实职分平等的合理性，从町人内部确立起职分平等意识和道德主体意识。在梅岩的心学理论中，万物皆天生之子，人为万物之一。天生万物者有其“形”，作为人之“形”的士农工商，是“受之天命之职分”。受之天命的士农工商应该“遵循天命”，“士做待事，农人做农事，商人做买卖……各尽自我职分，以至信念坚定不移”。如此，虽然各自的“形”即“职分”内容有所不同，但行的“道”则完全相同。因此，梅岩指出：“商人之道，岂能异于士农工之道哉。孟子亦曰：夫道一而已。士农工商皆普为天之一物。而天焉有二道？……大学所谓，自天子以至庶民，一是以修身为本。而修身何以士农工商有异？”即是说，梅岩认为，作为道义上的人之道，天下只有一条，在这条“道”上，士农工商不应该有区别，因为在他看来，“士农工商虽职业相异，但是都通于一道，若言士之道，则通于农工商，若言农工商之道，则通于士”。梅岩借用孟子的“道一理论”，为町人争取职分平等的地位，激发町人道德主体意识的觉悟。同时，梅岩有关四民职分平等的主张，还非常清楚地表现在他对士农工商社会职能的论述中。例如他在《都鄙问答》

中说："士农工商皆有助治理天下。若缺四民，则无助也。治四民乃君之职，助君乃四民之职分。士自古为有位之臣，农为草莽之臣，商工为市井之臣。为臣助君乃臣之道。"在这里，梅岩虽然没有明确否定四民身份的差异，但是却公然表明了四民作为"臣"是平等的主张，强调了四民在"为臣助君之道"上具有同等价值。即认为"作为职分是社会不可阙如的，作为人四民应该平等，因四民之道为一"，士农工商之分只是职业分工不同，而非贵贱之别。

第二，针对当时贱商、抑商和商业无用论的思潮，提出了"商人商业有用论"，积极地主张町人及商业存在的合理性和重要社会作用，将其职业视为"天职"。他指出："商人买卖有益于天下。付工匠以工费成为工匠之俸禄，授农人以收入如同武士之俸禄。天下万民，若无产业，以何立之？商人买卖之利，乃天下御准之禄。若无买卖，买者无物可买，卖者无物可卖。如此下去，商人会断生计，只好改做农民或工匠。若商人皆事农、工，则财物米粮无以流通，必会造成万民之苦。"

梅岩将"万民产业"视为天下国家得以成立的根本，将商人买卖视为使天下物资得以流通，万民生活得以自由的保障，理直气壮地主张"商人买卖有助于天下"，这实际上是把"商人买卖"提到了一种神圣职业的地位。同时，他为强调商业的重要作用，甚至在《都鄙问答》中说："使天下财宝得以通用，而安万民之心，此与天地四时流行而生养万物有何不同？如此即使积富如山，亦不可称为贪欲之心。"即梅岩认为，商人从事的"流通货物"工作，就如同"天地四时流行"，是一种天职，其作用就如同"天地四时生养万物"，具有"安万民之心"的重要作用。这种观点在现在也许是理所当然的，但在"农本商末""重农抑商"的幕府时期，如果不是长期亲身从事商业工作，并对已被商品经济控制的当时日本社会有理性思考的话，很难提出这样的观点。这种观点的提出，不仅明确了町人（商人）及商业不可阙如的社会价值和作用，而且对町人自身提高履行社会责任的道德责任意识，具有重要的教化意义。同时，它为其"以营利为天理"的町人营利正当论的确立提供了前提。

第三，营利正当论。在近世的贱商思想中，一个根本的逻辑是"盖求利者必害人，不害人而利己者未曾有也"。町人之所以在道德方面受到贱视，除了统治阶级有意识压制的因素外，一个重要的原因就是他们以“营利赚钱”为职业。例如同时期的儒学者林子平等就曾用辱骂性言辞诋毁商人：“町人者，专图谋取诸人之禄，此外无益者矣。无用之饭囊者，实亦有之。”梅岩作为町人之身毫无疑问也长期遭受了这类舆论的攻击。也许正是有这种切肤之痛的缘故，他主张町人营利正当性的思想尤为强烈，对町人营利问题的思考和论述也极为深刻。梅岩对町人营利正当性的主张，首先是从“商人营利如同武士俸禄”的论述开始的。他说：“获取买卖之利乃商人之道，以成本贩卖谓之道者闻所未闻，……商人买卖营利，如同武士之俸禄，无买卖之利，如同武士无禄而事。”梅岩深知贬抑商人营利最厉害的是握有政治权势的武士阶级，故为堂堂正正主张“营利乃商人之道”的正当性，首先强调了商人营利如同武士俸禄的道理，即说如果否定商人获取利润，那么也必须否定武士领取俸禄。继之，为说明营利的正当性，梅岩提出了商人获取利润的合理性：“获得规定之利而尽职分，自为天下之用。商人若不获利，便无以勤勉家业。因吾禄乃买卖之利，故有人买方得以获之。”即是说，梅岩认为，商人按照规定获得利润是在尽自己职分，获得的利润不仅有利于自己的家业发展，而且有利于尽公益义务。况且获得的利也是为满足他人的需求而来，是合情合理的，从而明确地肯定了町人以“以营利为善”的伦理价值观。进而，梅岩针对世上污蔑营利为“贪欲无道”的论调指出：“若谓此等专于买卖之利为贪欲无道，那便是憎恨商人而望其根绝。为何唯独憎恨贬低商人呢？纵使当今，汝所谓不让买卖之利，若只付利让利，即会破天下之法。”关于“贪利”与“正当营利”，梅岩有非常深刻的认识，即认为合“人道”者为“正当营利”，不合“人道”者谓之“贪”。但这里他所批判的显然是那些不分黑白一律视“营利”为“贪欲无道”的观点。那些漫骂商人“不让利”的人，大概也主要是沦为町人债务人的武士。梅岩通过把“只付利让利”批评为“破天下之法”，从而从天理法则的高度肯定了町人营利的正当性。然而如前文所述，梅岩所在的时代，正是幕府对町人强化统治的时代，所以要主张町人营利的正当性，最有效的方式是借用当权者的法权和武士的逻辑。梅岩也采用了这种方式增强自己理论的说服力。例如他说：“上方御令行商，因可取利也。因而商人之利，乃如御准之禄。……武士之道亦然，若不得君之俸禄，有谁肯侍君呢？断然没有。若谓受君之禄为贪欲、无道，那么从孔子、孟子开始，天下则无人知‘道’矣。然如是，士农工且不言，唯商人受禄即谓之贪欲，谓之不知‘道’者，此乃何事焉？”这里，梅岩给予了营利价值取向更为有力的正当性。即梅岩认为，商人的赢利是遵循当权政令而行的，是为上方贡献了“利税”之后而获得的“御准之禄”——正当报酬。其性质不仅等同于侍君而得君之禄的“武士之道”，面且“商人阶级还是武士阶级的模范”。如果说商人营利是“贪欲无道”，那么武士受君禄也就更无异于贪欲无道，若如此，包括孔孟在内，天下就无人知“道”了。因此商人的营利正是“合道”和“知道”的道德行为。由此，梅岩不仅积极肯定了商人的职业及由此产生的利益的正当性，而且赋予了营利以道德上的合法性。

第四“正直营利论”。“正直营利”，既是增强町人道德主体意识的需要，也是经济活动所必需的。梅岩对“正直”的基本定义是：“直恻隐之心所发，谓之正直”；即“我不曲所向之物，直视、直映而如镜也”。即是说，梅岩心学中的“正直”，有两个基本含义：一是指按人本来的恻隐之心，不加任何虚饰地朴质行动，即按照人的善良之心、仁爱之心而直率行动；二是犹如物直映镜中那样，无任何曲斜地按事物的法则径直行事，而不以自己的私欲“破天下之法”。根据这样的理论，梅岩认为基于“恻隐之心”和“天下之法”的“径直取利”，“乃商人之正直”和“商人之道”，反之则为“曲斜取利”的“贪利”。如果是正直取利，“即使积富如山，亦不可称为贪心”。例如有商人请教梅岩，成本与盈利的利率一般应以多少为宜。他回答说：“卖物应根据当时行情。以百钱所买之物，九十钱则不卖者为常，因这会亏本。故而以百钱所买之物，常卖一百二三十钱。行情高时则长，行情低时则降，随行就市，此乃天之所为，不在商人之私。”即梅岩把自由市场经济视为“公”的法则，认为行情的变动“乃天之所为”，商人随行就市提价或降价，不是“贪利”，而是正直的商业行为。但是梅岩要求町人做买卖，首先要“修学正直之道”。

梅岩所强调的“正当获取利益之心怀”和“正直之道”，根本在于“利己利人”，即主张“真正之商人应不忘尔我两立”，“财富之主乃天下众人，此主之心也与我心相同”，要求町人“应推我珍惜一分一厘钱之心，对货物细心周到，不使有任何瑕疵之货卖与顾客”，并且要求町人获取利润应该合乎“时宜”。如果“欺诈取利”或者“双重取利”，则违背“正直”之原则，必遭天谴。为此他尖锐批评那些不正直营利的商人：“若一匹绢、一条带缺寸短尺，织造一方便会言明短缺，降低价格。而商人仍照一匹绢、一条带之正价出售，从中获取缺寸短尺之利，同时又收取与足尺足寸者同价之利，此为双重之利。……再如染布之类，若有瑕疵，商人遂夸大其辞，要求降价，挫伤染工，且从订货者处收取全价，而不将此交于染工。此乃双重之利，更为恶劣也。”

梅岩作为商人之身却如此尖锐地批判商人的不正当营利行为，充分体现了他对商人自身问题的反思和急切提高商人职业道德觉悟的苦心。梅岩为强调“正直”的重要性，甚至运用了“天照大神的宝敕”。他在《齐家论》中说：“皇太神宫的宝敕曰：谋计虽可得跟前之利，但必当受神明之罚。正直虽一时难以得惠，但终会蒙日月之怜。若为神之罪人，便无安身之所。……若行正直而无愧于心，便可住于广阔之世界，得深深久远之幸福。我所教之处，即使人避免受欺诈及盗之非难，成为世人谓之的正直者。”

这里，梅岩不仅利用神道权威使“正直”具有了神圣性，而且使“正直”具有了“利益性”。即梅岩在这里表明了他强调“正直”的一个根本观点——只有做到以“正直”为准绳行事，才能得到上天的垂怜，才能得到永久之幸福。

梅岩町人伦理第二大德目——“俭约”。“俭约”作为町人伦理的重要德目，此前从岛井宗室、井原西鹤到西川如见、三井高房等，都给予了极大的重视。但是真正从哲学上深刻探究“俭约”之理，并赋予其更广泛性道德意义而运用于町人阶级的，是石田梅岩。梅岩的“俭约伦理”，既与“吝啬”相区别，也与朱子学的“禁欲主义”不同。他强调的“俭约”，并非基于单纯偏重物质的功利主义，而是建立在自我抑制享乐的个人主义与合理主义结合的基础之上。其核心是主张按照人与物的应有法则正直、合理、适度地使用财富，使节省之财为助世界之人所用，并由此实现自身的职分和道德价值。现在我们来看梅岩关于俭约的基本定义：“为了世界，本需用三分者而以两分济事，此谓之俭约。为自私而行吝啬，乃贪心，非俭约也。”在梅岩看来，“俭约”本意虽然是减少消费，节省财富，但节省的目的不同，则“俭约”的性质也不同，为世界之人而节省是合乎仁义的“俭约”，而出于私欲的节约则是“吝啬”和“贪心”。其二，俭约必须遵循正直原则，不仅不应为害于人，而且要有助于人。其三，所谓的“俭约”，并不仅仅在于节省财富，而在于通过节俭财物修正人的歪邪之心，即“修身”，树立人的正直之心——仁义之心。

梅岩认为，商人得以营利生存的根本是天下众人，因此“排除奢侈厉行俭约”，既是为了“聚少致富”，也是为了与作为“我俸禄之主”的天下众人保持“同心”。基于这样的原因，梅岩特别强调，真正符合天下之公的“俭约”，是将“俭约致富”的金钱，用于“行善事”，“作为天下财宝通用，以安民心”，而不是用于满足“私欲”。他要求町人遵守的“俭约伦理”，细分起来可为两种，即一种是“作为蓄财致富手段的俭约”，另一种是“作为基于身份限制的生活消费方式的俭约”。例如他在《齐家论》中说：“大凡言及俭约，世上多有人误以为是要吝啬，其实并非如此。俭约即节用财宝，按自己分限（身份），无过分无不及、不浪费不乱弃、适时合法地使用。……若知量自己身份，则会以俭约为常也。”

同时，梅岩不仅将“俭约”视为“齐家之本”“爱人之理”，还视为“治国之本”。作为町人的梅岩，敢于要求统治者“节用爱民”，遵守践行俭约原则，并把“俭约”价值提到“治国之本”之高度，在町人伦理思想史上具有重要意义。因为这种主张，不仅强调了“俭约”的重要的普遍性伦理价值，而且把近世以来一直要求町人遵守的道德原则用在了统治阶级身上，说明了町人的伦理价值意识对武士阶级伦理价值意识的参与。

梅岩上述关于町人伦理的主要论说，概括起来可称为五论:（1）以孟子的“道一理论”为依据，主张四民职分平等论；（2）将商人“流通货物”视同“天地四时生养万物”，主张“商人买卖有益天下”的商业有用论；（3）认为”商人营利如同武士之俸禄”，主张“营利正当论”；（4）将“尔我两立”“径直取利”视为商人之道，主张正直营利论；（5）以“物尽其用”“合乎仁义”“修身齐家”为主旨，主张“俭约齐家论”。梅岩这五论，以其基于神儒佛思想基础上建立起的心学理论，系统地论证了町人职分、职业活动的普遍伦理性，以及作为町人应该遵循的道德规范和行为准则。

（二）山片蟠桃的町人思想

由于町人阶级的价值伦理是以其强大的经济实力为基础而形成和确立的，并首先表现在其经济活动之中，所以向领主阶级乃至农民阶级的扩展和渗透，首先是从经济伦理开始的。所谓经济伦理，简单说即经济活动的道德价值。町人最主要的经济活动是进行商品货物流通的商业，所以肯定商品流通及其经营活动的道德价值就是町人经济伦理的主要内容。本书采用日本经济思想史学界的“流通合理主义”术语，称其为“流通合理主义经济伦理”。

经过重商主义的“田沼时代”后，怀德堂学派的町人实业家和思想家山片蟠桃和草间直方等，将町人的流通合理主义伦理思想提高到了新水平，他们从商品、货币发展规律的角度认识和阐述町人经济活动的价值及其与道德的关系，表现出了具有近代性的流通合理主义经济思想和伦理精神。

山片蟠桃本姓为长谷川氏，初名有躬。1748 年生于播州（兵库县）农村，13 岁赴大阪的特权米商兼大两替商升屋（山片）平右卫门家“奉公”，后成为升屋的“番头”。因其使升屋发展为仅次三井、鸿池等的豪商做出了巨大贡献，故在 1804 年被授予“升屋小右卫门”之名，翌年得以称本家山片之姓，作为“别家”掌管升屋的经营，蟠桃是其名号。蟠桃在从事经济实业的同时，自幼进怀德堂师事于中井竹山和履轩，才学优秀，被称为同门的“诸葛孔明”，并跟随天文学大家麻田刚立（1734–1799）学习兰学，培养了“地动说”的基础。由此蟠桃不仅是当时的著名的町人实业家，而且成为既具有自然科学知识，又具有合理主义人文精神的“独创性学者”。蟠桃的流通合理主义经济伦理思想，表现在他的巨著《梦之代》。

蟠桃在其《梦之代》中，提出了著名的“无鬼论”，完全否定了儒教唯心论的“天”的观念，而确立起了他无神论的世界观，即唯物客观地观察和认识世界的世界观。在这种世界观下，他不仅把握了市场经济的合理性，而且努力将包括秩序在内的现实的全部都纳入其合理性的思维之中。所以他的经济伦理，并不仅仅强调商品和货币流通及町人经济活动的合理性和重要性，而是从生产过程、流通过程以及基于商品经济发展的价格货币的合理性角度，论述施政者或经济行为者应该如何正确认识和行动。其流通合理主义经济伦理思想，可归纳为如下几点：

（1）以唯物主义价值观，主张金钱的道德价值。蟠桃指出："若有金银，遂致家富，愚者可变智，不肖亦成贤，恶人也变善。若无金银，智者变愚，贤者亦成不肖之徒，善者也会变成恶人。终于，诸事兴废继绝，生灭盛衰，皆以有无金银为凭，上自公候，下至士农工商，皆以金银为保身命之第一宝物也。"在此前有关町人伦理思想的论说中，都肯定金钱的价值，但多强调其具有繁荣家业或者有益于子孙后代，以及具有争取平等权利的价值。而蟠桃的上述观点表明，他认为金钱不仅有"致家富"的价值，而且具有使"愚者变智，不肖者成贤，恶人变善"的价值，即认为金钱本身就具有道德的功能和作用。这种金钱价值观堪称是唯物主义的价值观，它将町人以金钱为贵的价值伦理，扩展为上自公候下至庶民的具有普遍意义的价值伦理。

（2）肯定利益竞争伦理。"争利"在朱子学的价值伦理中是不道德的，然而蟠桃根据社会的现实和市场经济的普遍原理，认为"争利"既是人们现实经济生活的必然现象，也是商品流通过程中人的"恒常"合理的行为。他说："在太平时代，无战事之忧，万民各得其所，所争者只者利。"蟠桃坚决反对将领主经济状态的恶化和士农贫困归罪于商人，他说："争利乃商贾之恒常也。见荒年歉收而购入米谷，乃精于其业之行也。何恶之有？"蟠桃认为，商人在歉收之年购米囤米以卖出赚取利润，是完全符合市场经济法则的精明的职业行为，其"争利"是天经地义的"恒情"，无可厚非。造成经济恶化和使士农贫困的原因并不在于商人"抬高米价争利"，而在于统治者人为地压低米价的政策。因为如果能够保持较高米价，那么农民就可用流向市场较少量的米而换回同样多的货币，如此较多的粮食就可留下来，以备饥荒之用。由于蟠桃是一个"追求彻底合理主义者"，所以他这种"争利合理性"主张，并非只是基于町人的利益而言的，而是根据商品经济规律而言的。

（3）主张商业自由和物价自由的经济伦理，反对对商品交易和物价做行政干涉。蟠桃时代的大多伦理思想家多批评物价贵，建议幕府压制物价。而蟠桃则认为，这种基于传统道德观而认为要保持稳定就必须压低物价的思想是完全错误的。他批评压制物价的幕府政策说："治政之人，只知道若米价昂贵万民会困苦，不知考虑如何养民生活到来秋，而一味强制降低米价。其实此乃妇人之仁，姑息之爱也。”即是说蟠桃认为，商品价格的高低是根据财物的多寡与需求多少的关系而来，有其一定的法则。“米少则贵，米多则贱”，商人视“物寡求多”的情况而提高米价的营利活动，虽是为了“牟利”，但却是遵循市场经济的“万物之定理”。因为“灾年放任价格自由，可控制食之多少，避免致使人被饿死”，即提高米价，可以起到抑制荒年的粮食费和减少粮食耗用量，使更多人得以“生活到来秋”的作用。而幕府强行降低米价，则会增加粮食的耗用量，使固定数量的粮食减少，如此必然会导致在来秋到来之前出现更多的饿死者。因此蟠桃主张，“米价之高低。并非人力所为，强行降价必带来灾害”，商人的商业自由竞争及其自由价格，本身就具有产生平衡物价之功能，具有支撑“公性秩序”和安定民生的重要作用，幕藩统治者不应强行干涉商人的交易活动及物价的高低，“应将物价交由商贾决定”。同时，蟠桃认为幕藩的经济危机乃至秩序危机，不是因为“天灾”，也不是因为“商人”，更不是因为“市场价格”。而是由于统治者的政治指导能力造成的。故而他说“饿死人，乃为政者之罪，而非灾年之罪也。物价高乃灾年之罪，而非商贾之罪也”，劝诫统治者“应对此有深刻认识而实行权道”。蟠桃所说的“权道”，自然是要求幕藩统治者尊重上述商业和价格的自由，实行适合商品货币经济发展规律的治政之道。

（三）海保青陵的町人思想

江户时代后期町人价值伦理扩展的一个非常显著的特征，是在诸多武士出身的经世思想家中，出现了肯定町人的价值伦理和主张重商主义伦理的思想倾向。最具代表性的思想家是海保青陵。

海保青陵出身于武士家庭，他将长子继承权让与其弟，到处为町人、农民和武士讲授处世之术和致富之道，并向一些藩主建议藩国经济改革之策。他在学问上虽然最初学于徂徕学派，又曾受兰学者桂川甫周（1751–1809）的影响，但他的学问，不拘泥于任何学派，一切为了现实社会的实用，以探究解决万民饥寒困苦的经世之策为根本的治学目的。也正因为如此，他在各地商品经济快速发展的现实影响下，抛弃了武士阶级传统的“贵农商”“重名轻利”的价值伦理，而积极地肯定和主张町人阶级所具有的“以营利为善”的价值观和重商主义的经济伦理思想。青陵的重商主义经济伦理思想主要特点如下：

（1）反对儒教的“贱利爱民”伦理，主张以“利”为“天理”。青陵认为孔孟的“厌利爱民”之说，是治理乱世的学说，不适合于治理现实的德川社会，应该抛弃“后世儒者皆以自下取利税为恶”的伦理，而效法周礼中“贷民以米钱而取其利息之法”。因为他认为“利不应舍弃，民不应溺爱。太平之世舍弃利益和溺爱庶民不合天理”，主张采取中国两汉桑弘羊的“平准之法”(物价调节政策)和“均输之法”（财政救治政策）。为此他尖锐地批判儒者、贵人和武士说：“舍弃利则贫，故儒者皆贫穷也。在我国，贵人、武士普舍利，皆称道舍利者，称不舍利者为恶人。此乃咄咄怪事也。”青陵的这种观点简言之即反对儒教“贱利爱民”王道，而主张“重利富国”的霸道。其理论根据是：“无论田地、山岳、湖海还是金钱、粮米，凡天地间所有之物，皆是财富。财富又生财富，乃天理也。田地产粮米与金钱生利息毫无不同。山岳产木材，湖海产鱼盐，钱米生利息，此乃天地之理也。”青陵基于他合理主义的经济理论，认为世上一切之物都是经济性财富，而使财富产生新的财富或收益，是天理人道。根据这种道理，领主把土地租给农民而收取年贡是符合“天地之理”的行为；同样，町人放贷收取利息也是符合“天地之理”的行为，而“不是投机或者骗子行为”。诚然，青陵提出这种理论的主要目的，是为教育武士阶级正确认识“取利”与道德的关系，并为领主阶级收取年贡和课税提供有利的理论根据；然而这种批判儒教和武士的“贱利”思想而主张“取利”合理性的道德观，等于同时也肯定了町人的营利行为及其价值伦理。

（2）主张重商主义经济伦理和肯定“以金钱为贵”价值观。也许由于青陵具有武士身份的缘故，他比一些町人学者更敢于尖锐批评大名武士的贱商观念和明确强调商业的合理性及町人营利的正当性。例如他指出：“作为武士的一统之风，常嘲笑以金钱为贵之人为商卖中人。既然嘲笑商卖人之风自己则不应商卖。然而首先自藩国大名开始，年年须卖米换取金钱，以应公用（财政）及生活万事之用。而卖米乃商卖行为也。故自强藩大名开始，皆成商卖中人，不买卖无法度日。已非贱金银之世，亦非嘲笑商卖之时。要嘲笑应先嘲笑自己。”

青陵的这段论述表明，他清楚地认识到现实社会“已非贱金银之世”商品买卖是社会所必需，即便是大名武士，实际也都已成为“商卖中人”，一日离开“商卖”和金钱也不能生活。因此他认为无视这种现实而死抱着“贱金蔑商”价值伦理的武士之风，是最无知和可笑的，而商人的“以金钱为贵”和重商主义之风，才是理智的和合理的。不仅如此，青陵为强调其重商主义伦理的合理性，还将荷兰国王行商引为佐证。他说：“闻听荷兰国王做买卖，就捧腹大笑。然而我等不也卖物买物吗？买卖物品乃世界之理也，有何可笑？嘲笑世界之理即无知也。”将“买卖”提高到了“世界之理”的高度。由于青陵主张彻底合理主义经济论，所以他打破了将道德价值凌驾于经济价值之上的传统思维方式。例如在富人与穷人的利益关系问题上，他主张诸如贫穷的渔民应努力攒钱置办船、网而避免受渔业工具租借商的剥削，但同时认为租借商获取比渔民高得多的利益是合理的，因为“如果没有这些租借船、网之人，渔民则无法捕鱼生计”；再如对大阪商人“厌贫爱富”“精于算计营利”的价值观和特性，他不但不蔑视，而且给予高度评价：“对于营利，大阪乃最聪明之地也”，“憎恨贫穷，专好富有乃大阪之天性也。精于致富之法，虽说非一般常人所能为，然而因有一颗矢志不渝的厌贫之心，必得鬼神相助”。这种“剥削穷人”“厌贫爱富”和“精于营利”的观念，在武士的儒教伦理价值体系中无疑都是悖德行为，然而青陵却承认其合理性甚至给予积极的肯定，号召武士改变“目光短浅”的贱商观念，学习大阪商人“长于精算”的营利精神。

（3）主张利益交换关系是社会人际关系之根本的思想。德川封建社会最基本的人伦是武士社会的君臣关系，一般将“君臣关系为义，父子关系为情”视为根本的人伦规范。但是青陵提出了与此完全相反的“君臣乃市道”观点，即提出了“君臣关系是买卖交易关系”的思想。他说：“自古言道，君臣乃市道也。君给臣以作禄使其当勤，臣卖力与君而获取禄米。君买臣，臣卖于君，乃买卖也。买卖是好事，而非坏事。通常所说买卖之事非君子所为，皆是生吞活剥孔子厌利之教，盲目信从也。因倡导君臣非买卖之说，故发生诸多坐吃山空与徒劳无益之事。坐吃山空乃君之损也，徒劳无益乃臣之损也。皆甚不合算，有违天地之理也。”青陵所说的“市道”，即市井商人“有利则合，无利则去”

的买卖交易关系原则。他认为德川时代的君臣关系，即将军与大名，一般武士与主君的关系也都属于这种买卖交易关系。因此他批判观念形态中倡导与这种买卖关系完全相反的“厌利之教”是“违背天地之理”，认为幕藩的财政窘迫和武士的生活贫困，都与这种违背天地之理的“厌利”价值伦理有关，主张将町人“有利则合，无利则去”“以追求营利为善”的价值伦理导入武士阶级之中。从而彻底否定了德川时代武士阶级“以义为本位”的价值伦理，而充分肯定了町人阶级“以利为本位”的价值伦理。

（4）主张“兴利论”和武士町人化。在青陵的著述中，到处体现着他功利主义的兴利思想主张。他认为“兴利对于大名而言是法度，关系着爱民。所谓兴利，即町家所说的赚钱也。而爱民则如同町家所说的奢侈”。而当时的大名很难做到“既以町家的赚钱为法度而兴利，又‘奢侈’爱民”。因此他主张“真正的兴利”而反对“拙劣的兴利”。青陵说：“真正的兴利乃《周礼》之法，吴王濞之术也。拙劣兴利即勒卡民之喉脖，强取民之金钱。此非兴利，而是虐民也。吴王使民丰作殷实而积储金钱，才是高明的兴利。”

虽然青陵主张“取利于民”的“霸道”，但其前提是先“使民殷实”，这是兴利即振兴生产经济的根本。为此他的“兴利论”认为，压缩开支的俭约主义伦理虽然是必要的，但是比减缩开支更重要的是增加生产经济收入。而增加收入即“富”的重要途径，一是打破“重农抑商”观念而推行“重商主义”政策，二则是让太平年代百无一用的武士学习町人的经营之术，进入经济社会之中工作赚钱。例如他说：“物产流通量越大，就越可得大利。……不仅应将本藩之物卖往他藩和将他藩之物买入本藩，而且可将他藩之物卖于其他藩国。让商人自由经商，并非藩国之耻辱。因武士本来就得卖米而生活，买物卖物毫无不光彩之说。”从这里可以看出，青陵“兴利”“富藩”的主张重点放在了进行本藩与他藩以及更广泛地域之间的贸易，而且把这种买卖活动视为武士本来就已有的正当行为。同时，他认为“武士不谙于利，是不晓天理之故，是不了解事物，智慧穷竭，不学无术导致的”。所以他教导武士，不应以做买卖经商为耻，而应以借债不能偿还为耻辱。要免遭这种耻辱就应学习町人的经营之道，“精于精算”，“兴利富藩”，“视精算为治国方策之一”。青陵的意图并不是要否定武士阶级，而是试图使武士町人化，因为只有町人化才是武士在现实社会的生存之道。因此青陵的意图虽说不是要否定武士，但实际上却否定了武士，把武士引向了与封建武士道精神完全不同的方向，即把町人的营利之道扩展应用到了武士乃至整个社会之中。

上述青陵的功利主义重商思想和主张，可说是在商品经济的发展和町人价值伦理的扩展影响下产生的，它的主要目的虽然是振兴武家经济和出于武士阶级的利益，然而他对商业、营利、金钱价值和町人的肯定，对贱商、贱利观念和武士的批判，以及他所提出的重商主义“兴利富藩”的主张，打破了封建社会的思维方式和武士价值伦理的局限，从根本上否定了传统的重农抑商的思想。

三、中日古代商业伦理的比较

1. 产生的时间不同

中国的商业伦理思想，早在先秦时期就已经产生，例如孔子指出追求财富是人的天性，认为“富与贵，是人之所欲也”（《论语•里仁》），齐国的政治家管仲提出“士农工商四民，国之石民也”（《管子•小匡》），意思是说，士农工商都是国家的柱石之民，不可或缺。中国关于商品经济的思想从先秦开始，抑制延续了2000多年，虽然重视商业的思想一直有人在提，但是在重农思想的压制下，始终没有成为社会的主流经济思想。

对比之下，日本的重商思想，大致从17世纪开始，盛行于18世纪的元禄时代。因此，日本的重商主义思想，相较于中国而言，出现的时间比较晚，影响比较大。

2. 产生的背景不同

如前文所述，从二者经济思想的立足点来看，中国社会长久以来处于小农经济状态，中国的重商主义思想始终是在封建社会、小农经济的框架下发展的，加之国家内部的自然经济足以支撑社会的发展，所以，社会上“重农抑商”是主流的经济思想，农业一直以来被统治阶级所重视，是“首业”，而商业被统治阶级认为是“男不耕耘，女不蚕丝……亡农夫之苦，有仟佰之得”，是“不劳而获”的行业，是“末业”。因此，中国重商的思想一直是在“农业为本”

的思想框架内缓慢发展。

日本的重商主义思想背景是封建制向资本主义转型阶段。这个阶段，元禄、化政文化所带来的自由、人文思想打破了之前中世纪思想的束缚，而战国时期商品经济的发展为重商主义思想的兴起做了物质的准备。

3. 从中日两国的商业思想家的出身来看

中国的商业思想家，孔子出仕鲁国，结交齐景公、鲁昭公；管仲出仕齐国，结交齐桓王；之后的商鞅、王安石、李适等等，都是身于官宦，没有出身于商人的家庭。因此，不论是先秦的孔子，还是明清的王阳明、丘浚，中国经济思想家的出身就限定了他们的思想，只能是站在封建小农经济条件下的官本位和朝廷的立场上，论述商人的职能和商业的重要性。

而日本的商业思想家，提出“金钱本位思想”的井原西鹤出身于大阪商人家庭；写出《町人囊》的西川如见出身于长崎的一个商人世家，自曾祖时代就从事海外贸易；“肯定私欲”的伊藤仁斋出身于京都崛河的富裕的商人家庭；提出“商人道”的石田梅岩出身于农民家庭，自小被送到商人家庭做学徒；指出“流通合理”的山片蟠桃出身于农家，自小送与大阪商人家庭；提出“货币论”和“信赖伦理”的草间直方出身于下层町人家庭，自小在鸿池家做学徒。因此，我们不难看出，日本商业思想家提出的伦理思想是绝对以商人立场为出发点，纯粹的商人伦理。

4. 从中日商业伦理思想的立足点及针对性来看

上文提到，中日古代经济学家的出身不同，中国的经济学家大部分出身于官宦，从政府官僚的职业立场出发，他们提出的商业理论只能服务于封建经济的发展和政治秩序的稳定。例如孟子“不征关市、不禁山泽”的思想是继承孔子当年为了争取商人支持王室而向鲁国国君提出的一种主张。荀子虽农、工、商并提，但还是农业居于首位。主张发展手工业和商业是有条件的，以不妨害农业生产的发展为前提。宋时叶适，批判“重本抑末”的思想，并明确提出“四民皆本”，但仍然没有脱离小农思想。而且，中国的经济学家提出的重商理论大多是针对执政者而言的，是对执政者治理国家的谏言，并不是对商人阶层的指南。

而日本的商人思想家，是立足于商品经济的发展，从商人阶层的立场出发，为论证商人存在的合理性，职业的高尚性，营利的正当性，以及如何营利，而提出的商业伦理。日本的商业伦理是针对町人自身的自觉自律而提出的。

5. 中日古代商人伦理思想的内容

中国的商人伦理倾向于高屋建瓴式的学术争论，两千年的商人伦理基本都在述说如下问题：应该是“重农抑商”，还是应该“四名平等”；义大于利，还是利大于义。日本的商人伦理倾向于实践性和操作性，井原西鹤告诉商人“金钱至上”，就开出致富的药丸，“早起五两，敬业二十两，夜作八两；节俭十两，健康七两。以上五十两细研为末，悉心斟酌调和，朝夕吞服在心”；石田梅岩主张“正直营利”，就直接在举例：“若一匹绢、一条带缺寸短尺，织造一方便会言明短缺，降低价格。而商人仍照一匹绢、一条带之正价出售，从中获取缺寸短尺之利，同时又收取与足尺足寸者同价之利，此为双重之利。……再如染布之类，若有瑕疵，商人遂夸大其辞，要求降价，挫伤染工，且从订货者处收取全价，而不将此交于染工。此乃双重之利，更为恶劣也。”以此告诫商人什么是正直盈利。

6. 中日古代商业伦理的走向

中日古代商业伦理虽然存在着很多一致，但由于两者之间的出发点，以及后人对其理论的不同实践，导致双方的思想渐渐走向不同的道路。在南宋末年，朱学兴盛，此后，元明时期更以朱学为科举的取士标准，“四民皆本”的思想被冷落。读书业儒之人，谋求功名仕进之人，人人皆以朱学为是，人人攻读朱学，研究朱学，竭力推广朱学。因而，中国的商业思想一直作为一种学术思想为少数人学习研究、未能走向现实的社会。

中国古代的商业思想只是停留在学术思想的阶段，虽然对商人阶层的思想产生了引导作用，但这些重商思想最终没有成为中国商人阶层的现实运动。而日本商业思想的通俗化和日常化使其思想和主张没有仅仅停留在学术思想的阶段，并且在思想家的宣传与后继者们的努力与推广下，日本的商业思想发展成为现实的社会运动，在日本思想史、教育史及经济史上产生积极的作用。

德川时代由于商品经济的发展、商人阶层的形成，尤其是商业伦理的建立，处于“四民之末”的商人从理论上找到自己的存在和发展的根据及对自己职业的自负感。

中国自秦汉以后，为了巩固政权，特别强调重农而贬他业，采取“重本抑末”“贱商抑商”的政策，对中国后来朝代影响深远。历朝历代虽也有一些减轻税收等有利于商业的措施，也认识到商业流通的重要，但“重本抑末”依然是雷打不动的基本国策，每个皇帝只不过是抑末的程度有所差异而已。在长达二千余年“重本抑末”的基调之下，中国的商人阶级始终未能如日本商人那样具有独立的人格，未能像日本商人那样形成独自的生存和存在理论。中国商人找不到自身存在的价值，因此，商人这个职业对于中国人来说，没有自豪感，它更像是一种工具，是解决生活困窘和通往社会上层的手段。中国没有稳固的商人阶层，也就没有专门的商业伦理。

中国所谓的重商思想，大多是“重农”思想的补缀，因为商业的发展有助于农耕社会的稳定。

第三章
晋商和日本商帮组织管理文化比较

第一节　晋商的组织管理文化

人才是企业成败的关键，因此，作为管理者就必须要掌握用人的策略。晋商能够在商场上驰骋几百年之久，关键原因也在于用人。晋商是用人的高手，他们在行商的过程中始终把人才当作第一资源，而且敢于根据事业的需要起用新人，做到量才而用、各尽所能，并能适度让利给员工，以良好的待遇留住人才，这使得他们的周围总能聚集一大批志同道合、才华横溢的商界精英。另一方面，尽管人性本善，有追求光明、追求进步的内在需求，但人也有经不住外界诱惑而犯错误的可能，为此必须对员工加强管理，增强其抵御外界诱惑的能力。

山西商人经过几个世纪的摸索，在处理员工利益，尤其是物质利益方面积累了丰富的经验，从明末至清，创造了一整套处理劳资双方物质利益关系的制度，包括伙计的薪金制和顶人力股制。这两种制度结合在一起，激励了员工的劳动热情，做到了东家、伙计同心协力，同舟共济，双方获利，使企业不断发展壮大。

一、均产继承制

山西商人家族商业均由家族内部的子嗣继承，而其管理方式则可以分为自东自掌制和东伙制。

由于光宗耀祖、家族绵延兴旺的“家文化”观念根深蒂固，所以，山西商人家族当家人在传递“权杖”时，一般是传给自己的儿子。山西商人的家族制度是以血缘系谱理念为中心的，而家户功能团体的构成和持续完全要建立在血缘系谱理念的基础上。因此，山西商人倾向于把家户或隶属于家族的商业组织当作是血缘上的家族成员的附属品。故而山西商人家族在选择接班人时，十分注重血缘联系，而且采取的是子嗣均分制。采用这种方法限定了人员选择的范围,可以为每个子嗣提供发家的机会,但也容易产生不称职者当权的问题。而且，家产被均分作几分，削弱了经济实力。

比如祁县乔家，始祖乔贵发去世时，乔家已发展成为远近闻名、家资万贯、富甲一方的山西商人大族。乔贵发有三子，即全德、全义、全美，待其去世时，家产一分为三，由于经营管理才干不同，长子全德一门所建的“德兴堂”早早地就没落了；二子全义一门所建的“宁守堂”或许是志不在营商上，也不甚景气，宁守堂的后人大多读书入仕，身有功名；只有三子全美一门所建的“在中堂”兴旺发达。

祁县渠氏，到渠映璜一代时，已经积累了万贯家财，成为巨商大贾之家。据渠家传说，渠映璜逝世前有银 120 万两，其子长瀛、长发两门各分银 60 万两，因为长瀛早逝，由其两个儿子源潮、源浈继承，各分得银 30 万两。此后，二房的源浈凭借 30 万两的资金，励精图治，在天津、北京、上海等地开设分号 11 处，最盛时营业额达到六七百万两，人称“旺财主”。

介休冀氏，到冀氏十七世冀国定时，大约有资产 300 万两。在国定去世后，由于诸子年幼，马太夫人替丈夫管家数年。在咸丰六七年时，夫人主持为五个儿子分家各立门户。冀氏所经营的商业，除平遥谦盛亨布庄（后改为票号）五堂共有外，其余均分给各门，加上他们在分家后又新设的商号，各门的情况如下。以公（悦信堂）：析产分到增盛、广盛当铺，之后在直隶大名府又设当铺、颜料庄数家，在介休张兰镇设悦盛昌、悦来号钱庄，又在湖北通过当铺放账兼并了部分土地。以廉（笃信堂）：析产分到钟盛、益盛当铺，后在介休张兰镇又设谦盛晋钱庄、平遥县宝兴成绸缎庄；以中（立信堂）：析产分到恒盛、文盛当铺，后在介休张兰镇又设恒盛茂商号。以和（敦信堂）：析产分到永盛、星盛当铺，后在湖北樊城又设鼎顺、永顺二当铺，在北京设仁盛当铺，在库伦（乌兰巴托）、喇嘛庙张家口等地设恒顺发等皮毛商号，又在介休万户堡购买土地。以正（有容堂）：因同马太夫人在一起，析产只分到世盛当铺，另有现银10万两，后在祁县设天聚和茶庄。以正是秀才，据说为考举方便，在平遥设其德昌票号（兼营布匹），在太原设其昌永绸缎庄，在晋祠设其世昌、其昌泰杂货庄，号称“四杆旗（其）”，并在晋祠购稻田四顷。

帝王将相本无种，家族当家人的素质也非遗传基因所能够决定。在世代相传的过程中，难免出现“不争气的后代”，或者由于能力不足，或者由于价值取向的变化，甚至胡作非为。因此，也有一些山西商人为了够使其辛苦创建的商业不至于衰败，在选择当家人时，把被选人的才学、能力放在第一位，而非十分看中被选人是否是长子，并且把一家的经营都委托给继承人一人管理，其他子嗣只分取部分盈利。

例如介休范氏，明末贸易张家口，进出辽东，为清入关立下汗马功劳，从而成为当时八大皇商之一，清政府因此准奏范氏承运一部分洋业。此外，范氏还在长芦、河东盐区拥有相当可观的资本。据乾隆四十六年（1781）范氏破产前统计，范氏当时在直隶、河南20州县遍设盐店，在天津、沧州有囤积盐的仓库，在苏州有管理赴日船只的船局，在北京有商店3家，在张家口有商店6家，在归化城有商店4家，在河南彰德府水治镇有当铺1家，在张家口置地106顷，分布各地的房产近1000间。范氏可称得上是当时中国商界的大家族。其始祖范永斗将其产业传给其子范三拔，三拔有五子，其中，三子才华出众，曾任太仆寺卿。因此，范氏家族发展到毓字辈时，当家人传给三子，而非长子。而范三拔的三子也不负众望，使范家在其手中达到鼎盛时期。

此外，一些山西商人家族的经营大权还一度为家中拥有卓越才能的女性掌管。例如介休侯氏，家资百万，当家人侯从杰去世后，由其人称“侯四太太”的妻子王氏代管“蔚”字号商事。再如介休冀氏道光年间资产达300万两，当家人冀国定去世时，其“诸子未更事”，内外请事皆由国定的妻子马太夫人管理。她当时虽足不出户，但对冀家的商业情况了如指掌，且指挥若定。马太夫人掌权近 20 年，凭借冀家雄厚的资产和众多的商号及自己的精明强干，成为商界赫赫有名、能引起震动的人物。

父权制度使得山西商人家族的财产归家族共有，通常只由家长统一支配，只要家长在世并具有一定的行为能力，一般不会分家析产。虽然在现实中，一些家庭成员常常有一些“私房钱”，如果家长认为必要，他可以不管具体拥有“私房钱”的家庭成员是否愿意而强制征用，而“私房钱”的被征用者也不会认为这种做法十分不合理。财产的统一管理保证了资金的整体运作，使山西商人家族所属的商号、票号的发展拥有充足的资金。

二、伙计的选用和培训

要培养好的伙计，首先要选拔好的伙计。伙计选拔过程中最大的风险在于信息的不对称：伙计会利用这种信息的不对称有意识地释放假情报，迷惑商家；商家会因为信息的不对称而被员工的外貌或花言巧语所迷惑，从而选了不该选的人，那么，晋商是怎样做的呢?

虽然晋商各商号在择人方法上略有不同，但其择人的实质性标准和方法却大致相同。一般来说，学徒（练习生）是商号人员的主要来源。山西各商号所用员工，必须具备两个基本条件：一是必须为山西省人，这样既便于管理，又惠及当地，将就业机会留给同乡之人；二是必须有家道殷实者的担保，被保证人如有越轨行为，保证人负完全责任。由于保证人责任重大，如无特殊关系、并不易找，如保证人破产，失去继续担保的资格，或者自己要求撤保，那么被保证人必须迅速另找担保人，否则被保人就有被停职的可能。

有了保证人的担保，还须通过相应的考察与考试。考察与考试的内容，主要包括三个方面：

一是从年龄上对初学经商者加以严格的限制。山西商人对学徒的录用标准通常是 14 至 18 岁之间的青年男子。如祁县乔氏的大德通票号规定，学徒必须年龄在 15 至 20 岁之间。更有甚者，为了防止引荐者弄虚作假，在大德通票号的柜房里还摆着一双铁鞋，这双铁鞋是专供录用学徒时穿的，就是说，学徒进号，先得试穿这双鞋子，穿上了，才有进号当学徒的资格，如果脚大穿不上，其他条件再好也不行，这种以鞋来衡量进号学徒的年龄的做法，具有一定的合理性，这是因为特定地区某一年龄段的人的脚长大致是差不多的，但失之苛刻，会漏掉某些人才，不过这也从另一个角度说明了晋商对初学经商者年龄限制之严格。

十多年的学徒生涯，把一个蒙昧无知的孩子培养成了驰骋商场的经商老手，晋商的一批批优秀人才便是从这“十余岁辄从人学贸易”的学徒中脱颖而出的。此外，“十余岁辄从人学贸易”这条规矩又使得晋商经营经验多于其他同龄的社会同人，晋商自然在竞争中能够立于不败之地。

第二，在强调年龄的同时，学徒制还强调学徒者必须“身高五尺、五官端正、仪态大方、家世清白、懂礼貌、善珠算、特精书、不怕远行、能吃苦”等等，对学徒的外表品行、家世和才能等都有严格的要求，这是因为商人是要同顾客打交道的，商人的外貌、品行、才能等会影响顾客对商家的评价，自然也会影响产品的销售。另外，家世背景如何，还影响到学徒的人生观教育，影响到为人处世的态度，最终影响到顾客的信任和商家的利润，所以，晋商对学徒的选入门槛比较高。

三是测试智力、文字。测试分笔试与口试两种，以便对被测试者的能力做出评断，所有测试全部合格，即可“择日进号”，名曰“请进”，这是为了表示对新进学徒人格的尊重。同时向其明白宣示，人人都有升任经理的机会，以鼓励其安心服务，充分发挥个人的聪明才智。

以山西票号为例，由于票号创立后经营蒸蒸日上，员工报酬稳定，票号职员、职位被人们看好，而更为重要的是，山西票号的各级经理人，许多是由普通伙计晋升而来，一旦到达这个位置，则薪酬丰厚，受人尊敬，家道也因此而兴。所以，进入票号任职，在许多山西人眼中，是一条求取富贵的便捷途径，所以父母族人多千方百计设法奔走，为自家子侄寻找一份票号内的工作。

求职者日多，票号的选用标准也随之升格，有的甚至极为苛刻。例如，志诚信票号选用职员规则规定：招收学徒，年龄必须在 15 岁以上，20 岁以下，身高 5 尺，家世清白，五官端正，毫无残缺，语言清晰，口齿伶俐，举动灵敏，善珠算，精楷书。而且，保证人必须与票号有利害关系。协成乾票号除了对年龄、家世、读书、计算方面有要求外，还要求求职者仪态大方，习于礼貌，适应长年远行的生活。招收条件如此之高，这就要求求职者具有极好的教养与素质，而能够获得这种教养的人，其家庭经济状况必然不会太差。也就是说，只有经济状况属宽裕的家庭的子弟才有进入票号工作的可能。

这种严格的选拔制度，尤其是重视出身与品德的选拔标准，为票号的经营提供了组织保证，使票号在日常的经营中，很少由于员工的失职而遭受损失。20世纪初便有人评价说，山西票庄营业，自清初迄今，其同业间未闻有危险之事，未始非雇佣人之限制。

新学徒进入票号，还须经过一段时间的训练，才能够独立从事工作。新学徒的训练均在总号进行，时间一般为三年，有聪明出众的，两年即可完成训练，也有过于愚笨的，不到三年即被开除出号。完成训练之后，便往往被派往分号工作。下面以票号招收学徒为例说明：

据票号中人回忆，新学徒的培训分三个阶段。第一阶段、主要是做日常杂务。诸如打水、扫地、伺候掌柜等号内杂活，晚上练习书写与珠算。对这类活计，每个新学徒都要做一年左右，之所以如此，一方面，号内杂活必须有人承担，另一方面，通过新员工做日常杂活时的表现，来判定其为人与做事，看他适合从事哪一方面的工作。第二阶段，学习票号业务基本技能，如学习背诵“平码银色折”。熟练掌握各地平码银色的折算标准，是从事票号生意的基本条件，因此，在第二阶段的训练中，各地平码银色的折算口诀，往往由掌柜向新学徒亲自口传，并要求其要牢牢熟记。此外，开始做一些帮帐、抄写信件的事情。第三阶段，学习做生意的技巧，但这一阶段的训练，一般只限于有培养前途的员工，即“掌柜认为最有出息的学徒”，一旦训练完成，即可派往分号，独当一面。

对有特殊用途的学徒，还要进行骑马、赶骆驼、学语言等方面的特别训练。如“其在蒙古者通蒙语，在满洲者通满语，在俄边者通俄语”。他们“每日昏暮，伙友皆手一编，习语言文字，村塾生徒无其勤也”。这是山西票号重视专业人才队伍建设的又一表现。

在道德训练方面，晋商尤为重视，如大德通票号总经理高钰延请名师教育伙友，讲名著培养立身基础。据卫聚贤在《山西票号史》中的记载，晋商在道德训练方面的主要内容是重信用，除虚伪，节情欲，敦品行，贵忠诚，鄙利己，奉博爱，薄嫉妒，喜辛苦，戒奢华等。所谓“重信用”，一是指重视契约，说话算数；二是签订契约前，要周密计划，尽可能估计到各种可能发生的情况。所谓“除虚伪”，是指要待人以诚，因为人有认识世界的能力，你一段时间能欺骗所有的人，但不可能在所有的时间欺骗所有的人。所谓“节情欲”，是指克制自己过分的对利益的贪求，对顾客让利，最终实现双赢。所谓“敦品行”，是指努力提高自己在仁义方面的修养，不能光爱自己不爱别人。所谓“贵忠诚”，指的是信守对客户的承诺，不因为环境的变化而随意违背合同。所谓“鄙利己”，是指反对那种光顾自己不管别人的行为。所调“奉博爱”，是指要发扬仁义精神，爱客，爱员工，爱社会，这样才能让社会高兴的同时，亦让自己得到预期的利益。所谓“薄嫉妒”，是指要与人为善。人和人之间在交易的过程中，不仅有利益的产生，也会有矛盾冲突的显现，一旦发生矛盾冲突怎么办？要多看别人的优点，少看别人的缺点，正确地理解别人的弱点，这也就是儒家所讲的“恕道”。所谓“喜辛苦”，是指不畏艰辛，热爱劳动。经商是一个艰苦的发现顾客的需求并加以满足的过程，为此就必须努力工作，不怕辛苦。所谓“戒奢华”，是指员工之间要比工作，比业绩，而不是比吃喝，比穿戴，这会磨灭人的斗志，与艰苦的从商工作的要求相违背。

训练结束后，还要进行工作能力和道德修养的考核。具体的考核办法有：“远则易欺，远使以观其志；近则易狎，近使以观其敬；烦则难理，烦使以观其能；卒则易难，卒问以观其智；急则易爽，急期以观其信；财则易贪，委财以观其仁；危则易变，告危以观其节；久则易惰，班期二年以观其则；杂处易淫，派往繁华以观其色。”意思是说，一个人被派往人生地不熟的远方工作，很容易遭受各方面的压力而萌生退志，借此可以考案一个人的意志是否坚强。把人派往熟悉的，离家近的地方工作，很容易放松对自己的要求，犯错误的风险大大增加，可以考察一个人是否自重和尊重别人。让人做复杂的、难以短时间内做好的工作，往往心烦，而越是心烦就越是难以做好工作，借此可以考察一个人应对复杂事务的能力。让人仓促间办事，由于准备不足，很不容易做好，借此可以考察一个人是否具有敏捷的反应能力。人们在日常生活、工作的过程中，很容易因发生未预料到的事情而爽约，借此可以考察一个人信守契约的能力。使人处于财富之地而不加监督或监督不足，很容易经受不住金钱的诱惑，而将别人的财物占为己有，借此可以考察一个人的仁爱精神。使人处在为难或受威胁的环境，很容易承受不住外界的压力而变节，借此可以观察一个人的操守气节。在一个地方做久了，日久生情，而情太深了又容易违背原则犯错误，通过两年的班期可以考察个人坚守原则的情况。工作、生活在繁华、男女杂处之地，很容易抵制不住美色的诱惑而犯错误，借此可以考察一个人抵制女色诱惑的能力。

这种绝妙的测试法，是根据商号对人才的要求标准故意设置的。选择一般人容易犯错误的客观环境，对学徒进行暗中测试，以全面考察所培养人员的真实才智，充分体现了山西商人对人才培养的要求标准之高和对人才的重视程度。在经过如此严格的考核后，才根据个人的具体情况分派各号任事。凡循规蹈矩、勤于号事、心地清楚者，不拘一格委以重任；凡懈怠浪荡者即予辞退。在人事任用上，“回避亲戚，不避同乡”。

总之，山西商人对学徒的训练是相当严格的，这在一些保留至今的山西谚语中可得到充分反映。如，谚称“十年寒窗考状元，十年学商倍加难”，“忙时心不乱，闲时心不散”，“快在柜前，忙在柜台”，“人有站相，货有摆样”。正是由于学徒制的严格，才为晋商培育了不少人才，成为晋商的骨干力量。

三、经理人的选用

得天时者事业兴，得地利者境遇顺，得人心者得天下。晋商深谙“得人心者昌”“任人唯贤”的用人之道。在其经营实践中，充分认识到，治理国家与治理商号道理相同，用人问题是头等重要的大事，“得人者昌，政界固然，商界何不独然！”“得人者昌”，其核心是在用人。一定要用“贤人”，坚持任人唯贤的用人原则。“贤人”就是德才兼备之人。晋商用人的另一个规矩是“用乡不用亲”。在商号的经营过程中，只有任人唯贤，才能得人；只有用“贤人”，才能“举直错诸枉”，才能凝聚人心，员工们才能干得顺心，干得起劲，商号才能昌盛。日本的商界巨贾也得出同样的结论：“上策留人，中策留店，下策留钱。”接下来从对掌柜（经理人、番头）、继承人等的选用等方面做出比较。

晋商对于掌柜的选用，主要通过两个途径。一是从学徒中培养和选拔，二是从外面聘用。但是两者之间也有区别：晋商在“大掌柜”的选用上，更倾向于聘用外来的“贤人”，日本的商帮更加倾向于任用从学徒做起的自家人。

晋商从学徒里培养和选拔掌柜，首先经过面试的第一关，之后进入店铺，做3到5年的勤杂学徒，在此期间表现优异，就被选拔再次入号，升任小伙计（正式站柜店员），“每一伙友入号，日间在门市部练习，晚间收市后，分由各高级伙友教授珠算及文字。半年以后，经高级人员推荐，乃有练习跑街资格。上市经年，再经高级人员认为可以造就者，乃派充录信员，先誊各埠来函一年，后经文牍先生赏识，乃改缮外发信件，同时由文牍先生教以文字学。再经年余，乃有升充帮账之望。帮账半年后，遇各分庄有调换人员之举，经高级人员提拔，乃得派赴各埠分庄服务。一经外派，身价立高，勿问在分庄担任何项职务，皆有二老板之身份”。这就是票号对于学徒晋升到分店掌柜的选拔途径，即学徒——小伙计——账房先生——掌柜候选人——掌柜，此间从学徒一步步奋斗到小掌柜，短的需要6到10年，长的需要20年左右的时间。比如毛鸿翙（1787 ~ 1860）。毛鸿翙字振羽，平遥邢村（今喜村）人。幼时家境清寒，弃学就商，十几岁在西裕成颜料庄当学徒。学习刻苦，办事干练，深得东家赏识。二十余岁任颜料庄副经理。清道光三年（1823年），西裕成颜料庄改为日升昌票号，毛鸿翙担任副经理。在掌柜的人选上，财东是非常严肃认真的，不分门户，不附裙带，不徇情，不嫉贤，知人善任，任人唯贤。比如，马公甫，本是祁县乔家在包头设立的复盛公内的一个下等的小伙计。利用代替掌柜给东家报账的机会，得以面见当时乔家的掌舵——乔致庸。乔致庸觉得马公甫虽然年轻，但是思路敏捷，口齿伶俐，又不卑不亢，而且甚有远见，破格提升马公甫担任复盛公的二掌柜，顶9厘生意。之后，又把包头的复盛西的经营权委任给马公甫。成了乔家字号中唯一一个身兼两个字号，顶两股的掌柜。当然这种破格提升的例子很少，东家对掌柜的选拔，还是更加注重在平时的考察。“而理体察之法，惟当于各码头下班之人到号时，与之闲谈，细问其地方情形，平日所办各事，与前二三年中月报之信逐件考其办法，其人之见识才具，自可了然于胸，另立一手折，暗记其人之贤否。不数年间，某人才，某人不才，派某人到某处任某事，加股减股，辛伙皆然，无不因其人之才具劳绩秉公行之，无一毫私意情面，日久则人才奋兴，各码头蒸蒸日上，自无不兴旺之理。”像曾任蔚丰厚京师票号经理的著名票商李宏龄、志诚信总经理齐炳南，大德通票号总经理高钰，他们都是从学徒做起，凭自己的勤奋与才干，最终出人头地。

晋商选用经理的第二种方式，经由介绍人说项，或者自己注意查访。确实认定此人“有谋有为，能攻能守，足以担任票号经理之责，则以礼召聘，委以全权，专采用人莫疑，疑人莫用之旨”。被委任的经理，事先需要与东家面谈，侦察东家是否有信赖之决心，陈述自己进行业务和驾驭人员的主张。如果双方意见一致，就签订聘用文书。之后，“财东将资本委经理，不加过问，静候决算时报告，苟非人力所能制止而丧失资金，财东不但不责怪经理失职，而且多加慰勉，立即补足资金，令其重整旗鼓。盖以商业赔赚，犹如兵家胜败，倘出于误而非故致遭损伤，亦须励其前进，始可挽回颓势，此信之表现也”。用人莫疑，疑人莫用，此乃晋商用人的特异之处。比如太谷曹家，据说沈阳富生竣刚刚开设时，曹氏财东聘用了一位极干练的掌柜，可几年就赔光了东家的 7 万两本金。曹氏财东问明情况后，不但不加以责难，反而鼓励他再干，于是再次支付本金给他，不了几年后，又赔了一个精光，曹氏财东第三次支付本金，这次掌柜吸取了前两次的教训，改变经营策略，终于反败为胜，一下子赢回了三次支付的本金，还以其盈余连开富盛泉、富盛成、富盛义、富盛长四个支号。从此，富盛峻钱庄在沈阳声名鹊起，为曹氏财东创下巨额财富。

在晋商中，各商号之间相互重金聘用或拉走人才的现象并不罕见，而被聘用拉走的人才往往会给另一方企业带来程度不等的好处。例如，平遥县宋聚源，原先在其昌德票号做事，顶身股 1 厘。协同庆票号觉得宋是个人才，许以顶身股 4 厘，从其昌德拉进协同庆。进协同庆后，被派往兰州分号管事，并兼管凉州分号事，因经营有方，获利丰厚，账期分红又加 2 厘，身股顶为 6 厘。后来，其昌德财东又把宋聚源反聘回来，委以总经理，允顶人力股 1 股，宋聚源的弟弟宋聚奎，在蔚泰厚票号做事，位至副总经理，顶人力股 9 厘。光绪三十二年(1906 年)，介休洪山乔英甫新开宝丰隆票号，聘宋聚奎为总经理，特允顶人力股 1 股 2 厘。所以有人说历来票号总经理顶人力股皆以 1 俸为满，推独宋聚奎破例。

对这种自己辞号和别的商家拉人才的现象，最初社会和企业界普遍持指责的态度，认为伙计辞号是一种不道德行为，不思自己才能是怎样来的，吃饱肚子忘了娘，有点缺德。对于别的商家从自己的商家拉走员工，更认为那个商家存心不良，挖人家的墙脚，属商界的无耻之辈。但随着“跳槽”现象的增多，社会和舆论也逐渐改变了认识，认为不管是员工辞号，还是别的商家拉人，对事业和发挥人才的作用都是有好处的。对伙计个人来说，只有拥有择业的自主权，才可以不断找到适合于自己从事的职位，发挥自己的才能，为社会、为东家做出贡献。对商家来说，只有允许人才流动，才能不断涌现人才和不埋没人才，使人才各得其所，对自己和其他商家发展都将有利。甚至有的商家认为，一个伙计只在一个商家任职，没有更换过东家，不能算是一个有出息的伙计。因为人的才能是在干的过程中不断充实完善的，不多去几个企业，不在多种不同的职位上去锻炼，才能从何而来呢？所以这些商家都主张人才流动，对辞号者不为难，对被别的东家请走者不责怪。

自主择业度的提高，是经济发展，人身自由度提高的反映。它向社会发出这样的信息：只要努力工作，勤于钻研业务，提高技能，到哪里都能找到适合自己的位置，这对树立员工的自信心很有好处。此外，员工自主择业度的提高还有一个好处，就是能将员工中积存的不满情绪降低到最低点，对建立高效团结的团队很有好处。当然，它也对企业领导人的领导能力提出了更高的挑战，要求他们能预见行业的发展趋势，制定科学的战略规划：要求他们能建立科学的、有弹性的、与时俱进的管理制度，换言之，一是科学，二是民主，这样才能以良好的效益留住人，以合理的制度凝聚人。

四、辛金和福利

山西商人的各类企业，对伙计都是在管吃管住条件下讲辛金的，一是因为伙计远离家乡，又不准带家属，为东家效力，就该管吃管住，这如同地主雇长工一样，吃住之外才论身价的。二是因为伙计的家与商铺即使在同一县城，也以为管吃管住有利于商家发展需要，因为，随叫随到不误生意。当然，没有上下班制度并不等于伙计一年到头只是工作，没有休息时间，正像农民一年中春、夏、秋三季工作，在冬季充分休息一样，近代商家的员工也是过一段时间休息几天的。

晋商伙计的辛金，是年辛制，按年发放，辛金，是辛苦钱的意思，其内涵与薪水不同。薪水，指有关伙计的日常生活条件，即包含着伙食、衣着等费用的内容，辛金则不含这些内容。

伙计辛金等级多，级差大。据山西太谷协成乾票号的资料显示，该票号112个伙计中，年辛最高为纹银一百两，最低的只有四两，最高等级的辛金是最低等级的二十五倍，等级分为三十七个。其中，七十两及其以上者，每级相差十两，共有四个等级，年辛七十两以下者，每级只相差二两，分为三十四个等级。

由协成乾票号的辛金制度可以看出，晋商伙计辛金有这样几个特点：

第一，辛金等级多，级差大，从一定意义上说，体现着按劳取酬，避免平均分配的原则。这有利于激励伙计勤奋劳动。辛金多少，一般体现着伙计在商家的地位和权利，也是复杂劳动与一般劳动严格区分的标志。年辛七十两及其以上者是商家的高级伙计，每个等级间相差十两，年辛六十八两及其以下者，是商家的中、低级伙计，每级只相差二两。因此，一个伙计自从进票号的那天起，为多挣钱，就高位，就必然会萌发一种意识，勤奋劳动，做出成绩，去实现自己的价值。

第二，年辛七十两，既是高级伙计与中、低伙计以及复杂劳动与一般劳动的区分，又是伙计有没有资格参与商家顶身股的分水岭，对全体伙计具有更大的诱惑力，从而激发他们的劳动热情。比如，协成乾挣年辛七十两的员工有三十五人，其中顶上身股的有三十二人，占91.4%，有三人虽然年辛百两或七十两，却未顶上身股，这是一种区别。即使同样年辛七十两，顶身股的份额，也有1厘、2厘、3厘、4厘、5厘，6厘、8厘、9厘的差别，又是一种区别。产生这两种区别的原因，无非是伙计对商家贡献的不同而已。薪金挣到七十两一般就具有了顶身般的资格，而身股分红又往往超过年辛的十倍到数十倍，对于中低级伙计怎能不产生影响呢？中低级伙计怎能不积极努力做好生意去争取顶身股的资格呢？所以，黄鉴辉教授认为，山西商人运用物质利益原则，特别是允许高级伙计顶身股的办法，去激励全体员工的劳动热情，实在是做好生意的重要法宝。

第三，年辛六十八两及其以下的伙计，是商家的中、低级伙计，人数众多，如果以年辛三十两为界限加以区分，三十两以上的中级伙计和三十两以下的低级伙计，差不多各占伙计总数的三分之一，这些人是商家广大的群众基础，总得给他们以盼头，才能做好工作。

第四，从这个协成乾 112 人的籍贯看，除太谷城内和各村庄的人外，来自榆次、祁县、徐沟、太原、文水、平遥、寿阳、定襄、交城、清源等县的人达 43 人，占 38.9%，说明任用伙计的广泛性，意味着该商家能在更广阔的社会范围内选择合适的人才，合理配置资源的能力较强，企业效益高。

除辛金收入外，山西商号的员工到年底还能得到一种类似于年终奖金的收入，称为“尝金”。尝金发放的数量，一般根据辛金的多少而来，辛金多者则多，辛金少者则少。“尝金”之外，晋商还给伙计，报销一定的医药费、发放衣服津贴及休假制度等福利。

每个人都免不了要患病，医治疾病也是不小的支出。伙计既然受雇为商家服务，就成为商家的人，所以商家应负担伙计医治疾病的费用开支。药品，有的是治疗疾病的，有的是滋补养生的，往往滋补药品价格贵于一般药品。晋商对于伙计医病的开支有严格的区分，“伙友服汤药号出，若服参茸丸散记为己身”。

衣服津贴，商人称为“衣资”，是按伙计职务的不同分等论级的。而且随着时间的推移，通货膨胀的程度的不同，衣资数额也有所增加。如大德通票号规定，分号经理，光绪十年（1884 年）衣资每月 2 两，光绪十四年（1888 年）增为 3 两，到了民国十年（1921 年）增至每月 6 两。以每月 2 两计算，一年共 24 两，等于年辛 70 两的 34%多，说明晋商员工的待遇确实是高。

晋商员工还有休假的待遇。以票号为例，票号员工休假并不固定，总号的员工一般两三个月休息一次，每次七至十天。分号员工的休假时间，则根据所在分号据总号的距离而定。按票号习惯，员工赴分号工作称为“上班”，结束工作回家称为“下班”。在分号工作的时间称为“班期”。为了节省往返路费，距总号远者，班期比较长，距总号近者班期相对较短。如太原分号，班期一年，京津一般三年，东三省及边疆地区，班期五年。后来，随着铁路的出现，班期随之缩短，五年者减为三年，三年者减为两年半，班期长短不同、休假时间也就不同，大体而言，班期一年者，休两月，三年者，休假半年，五年者，休一年。但不论班期长短，“人位缺乏，抽调不开，即可曲委数月，一俟松容，再行下班”。

晋商辛金制最大的特点是拉开了差别。它给年轻的员工指明了前进的方向，有利于员工积极性的提高和潜力的发挥，对克服员工的惰性、帮助员工成长很有作用。它在稳定高级员工的同时，亦给骨干的员工以压力、毕竟高处不胜寒，犯错误成本高，因此当戒骄戒躁，继续奋斗。总之，晋商辛金制利用人对金钱、地位的欲望，在组织内部创造出一种竞争机制、后进赶先进的氛围，有助于提高组织战斗力，建设一个高效率团队。其弱点在于向年老员工倾斜，有比较浓厚的论资排辈色彩。而一个组织由年老员工掌握权力时，优点是稳重，弱点是进取创新精神不足。晋商后期在重大的社会变革面前，所以表现出浓厚的守旧色彩，对新事物视而不见，是与这种向年老员工倾斜的分配政策最后发展成为资历政治分不开的，当然，这也说明当初制定政策时的市场竞争并不像后来那样激烈，稳定性较强，因而在分配时倾向于年老员工，以鼓励年轻员工忠诚于企业。

五、顶身股制度

假如说，优厚的辛金能将员工对眼前利益的追求挖掘出来，更能给年轻员工以盼头，鼓动他们积极向上，健康成长的话，那么顶身股制度则能将员工对长远利益的追求挖掘出来，更有利于对年老员工、骨干员工的管理，从而将他们的积极性最大限度地发挥出来。

如前所述，晋商辛金制的优点之一是给骨干员工以压力，提高他们犯错误的成本，但少犯错误甚至不犯错误并不等于积极性的发挥，要将骨干员工、年老员工的积极性充分地发掘出来，还必须配合以顶身股制度的实行。身股，亦称人力股，俗称“顶生意”。身股是伙计以在商家的劳动所顶的股份，不交银两，却与资本家投资的银股一样，享有同等分红的权利。所不同者，银股所有者，在商号享有永久利益，可以父死子继、夫死妻承，但对商号的盈亏负无限责任，银股可以在一定时间内抽出、补进或增添新的股份。身股只参加分红，不承担商号的亏赔责任，顶身股者死后，商号一般给予一定比惠，即在一定时间内照旧参加分红，称“故股”。顶身股是山西商人特有的一种制度，他省商家并不实行身股制度。这也可以说是晋商管理制度的一个特色。

资本家是以赚取利润的最大化为目标的，而山西商人甘愿把利润的一部分或一半多让渡给员工，这岂不是与商家赚钱的目的相矛盾吗？乍看起来是矛盾，但深入分析就会发现并不是这样，货本家把利润让渡给伙计，失去的是眼前利益，但得到的是员工的忠诚和能力的提升，这就为追求长远利润奠定了基础和保证，反过来说，如果商家利润与员工没有丝毫关系，全部被商家拿去，商家经营的好坏就与员工无甚利益关系，伙计就有可能产生当一天和尚撞一天钟的思想。当员工的收入和商家利益直接挂钩的时候，员工把就会把东家的事业当作自己的事业看待，人的精神状态不同，商家的经济效益也就不同。正是这种顶身股制度，使东家和员工的关系比较融洽 。应该说，顶身胶是山西商人经营管理的一项重要经验，也是其成功的力量所在。顶身股不论对已顶上身股的伙计或没有顶上身股的员工，都具有诱惑力、推动力和凝聚力，核心在于员工顶身股份和分红数额都是在不断增加的。山西商人相互见面时，常问的一句话是“顶几厘生意啦？”说明了身股对伙计的影响力之巨。这种影响力表现为，顶上身股的希望身股份额能不断有所增加，没有顶上身股的企望着有那么一年能顶上身股，山西商人便以此来推动或鼓励着伙计的进取精神。

关于身股，简单介绍如下。

第一，一个员工身股的起点与上限。在很长时间内，身股的起点为 1 厘，上限为 10 厘，即 1 股，俗称“一俸”。顶 1 股者，多限于企业的总经理和副总经理。1 厘到 10 厘，是 10 个等级。到后期，因为顶身股伙计愈来愈多，10 个等级已经不好区分，于是在 1 厘到 10 厘之间，每一厘间又增加了一个半匣，等级变为 19 个等级，出现 1 厘半到 9 厘半的等级。但不论身股有多少等级，伙计顶身股数，总是 1 股者少，几厘者多。据一商户 38 人顶身股数的资料显示，顶身 1 股者 3 人、9 厘者 3 人、8 厘者 1 人、6 厘者 2 人、5 厘者 5 人、4 厘者 7 人、3 厘者 8 人、2 厘者 2 人、1 厘者 7 人，共顶身股 16.5 股。其中，顶身股 7 厘以上者 7 人，占人数的 18.4%，所顶身股数却占 39.4%，顶身股 4 至 6 厘者 14 人，占人数的 36.8%，股数占 39.4%，顶身股 1 至 3 厘者 17 人，占人数的 44.8%，股数只占 21.2%。这说明，顶身股收益最大的是顶身股 4 厘以上的那 55.2% 的人，他们享有股份的 78.8%，尤以 7 厘以上者为优厚。

第二，顶身股者股份数的增加，体现着贤者多增、次贤者少增的区别对待原则。比如，大德通在光绪十五年（1889 年）时，王振铎身股 5 厘，高钰 3 厘，赵调元 2 厘，中间相隔 20 年，光绪三十四年（1908 年），高钰身股 1 股，王振铎身股 7 厘，赵调元身股 4.5 厘。由此说明，高钰身股等于原先的 333%，王振铎等于原先 140%，赵调元等于原先的 229%，区分十分明显。

第三，银股身股比重的变化，显示着东家向伙计让渡利润的多寡。在清光绪中叶以前，各企业的身股占不到银股的一半，而到了清末，各商家身股普遍超过了银股，表明利润的一半多让渡给了员工。比如，大德通在光绪十五年（1889 年），银股 20 股，身股 9.7 股，身股为银股的 48.5%。而到了光绪三十四年（1908 年）银股 20 股，身股 23.5 股，身股为银股的 119%多。银身股份比重的变化，是由银股股数额不变，而身股数额不断变化形成的。而银身股数额变化的结果，表现为利润让渡给员工的也就一年比一年多了。以大德通光绪三十四年（1908 年）结账为例，四年共赢利 743545.25 两，抛除酒席银 665.25 两，用于分红的为 742880 两，按银身股 43.95 股分红，每股分红 17000 两（身股有不及 4 年者少点），银股 20 股分红 34 万两，身股 23.95 股分红 402880 两。

第四，企业的伙计除自辞和铺辞者外，一般是终身制，凡在企业服务而病逝者，均按生前顶身股数额，分别享有不同年限的分红权利，去世后享有的分红权利，叫作“故身股”。“故身段”的设置，既可解除高级员工的后顾之忧，也是商家对为其效劳者死后的报答。有的具体规定是：“号伙故股，一厘至三厘者以三年清结，四五厘者以四年清结，六七厘者以五年清结，八九厘者以六年清结，一股者以七年清结。生意亦一俸，当领袖者（即总经理）以八年清结。如有俸股，请进未有四年而故者，一厘至五厘二年，六厘以上者三年清结。其故之年，在十月初一以前者本年即算一年。十月初一以后者本年不算。”比如，高钰曾是大德通总经理，生前顶身股一股，民国八年（1919 年）去世，民国十四年（1925 年）已死去六年多，该年以故身股一股仍分得红利 8000 两，这点给顶身股者及其家人带来极大的实惠。

上面是那些实力雄厚、实行人力股制企业的办法。至于那些较小企业，由于实力有限，很难依靠上述人力股的办法留住人才，但秉着以人为本的原则，它们也根据自己的情况，有自己的一套关心员工、留住员工心的办法。这就是对离职的经理，按辛金发给赡养金，清巡警部档案中，有光绪三十二年（1906年）八月二十三日一件文书：“山西省文水县人，在京城东四牌楼东路北，开设常馨茂恒姜店，郭宝璋49岁、周占魁45岁。”“周为该店前经理，退店后每年给七十两赡养金至死。”这说明各类店铺有各自不同的办法，用于解决骨干伙计与商家之间的物质利益关系。

晋商顶身股最大的作用是顺应人追求利益的天性，引导骨干、元老员工看长远利益，从而自觉地抵制眼前利益的短视和诱惑，成功地解决了让商家很头疼的“如何提高员工工作积极性，以及留住员工，尤其是有技术、有能力的员工的问题”。

当然，晋商的顶身股制度也有明显的弱点：一是向年老员工倾斜、有明显的论资排辈色彩。它固然是非常好的员工管理方式，但其最大的弱点和辛金制一样，容易形成元老政治 。二是对身股让利没有限制，以致后来的身股分红数超过银股，这加大了银股持有者的风险，是对银股持有者的不公平。这种分红比例上的变化意味着剩余收入的更大部分给了并不承担商家资金风险的身股者，而银股者在剩余收入相对减少的情况下还要和原来一样对商家经营的风险承担无限责任，这种收益和风险的失调会导致一些银股者产生抽走资本的想法，特别是在风雨飘摇、政局不稳的时候，这对于商家的存在和发展不啻是一种巨大的威胁。例如，20世纪30、40年代，许多晋商大族，像渠家、乔家、曹家等之所以抽走资本，宣布歇业，无疑是与承担了过大的经营风险分不开的，毕竟在一般情况下，资本的重新注入比劳动力加入难度要大得多。三是使普通员工凭股份同东家和经理平等分享利润值得商榷。孟子曰：“劳心者食人，劳力者食于人，劳心者治人，劳力者治于人。”一般伙计从事的工作劳动复杂性低、风险小，而高级员工从事的工作劳动复杂性高、风险大。从事工作风险性大的人，在正常的岗位工资之外，应该再得一份风险收入，而且从事的工作风险越大，所得到的风险收入也应该越高，而分红恰恰就属于这样的风险收入。这意味着、晋商的分配应该在岗位工资、分红之外，再加上奖金。一般的员工可得到工资和奖金，不应该有分红；高级员工在工资、奖金外，还要有分红，这样的分配制度才更合理。

六、对员工的管理

在重视员工选拔的同时，山西商人还非常重视对员工的管理。山西商人开设的各类商号，其伙计来源，不外从学徒开始培养或推荐招聘两类。一般来讲，熬成伙计的学徒，推荐招聘而来的，都是东家或者掌柜认为比较好的，否则是不会被任用的。但是，人的品行在不同的社会环境下，是有可能变的，故有“近朱者赤，近墨者黑”的说法。因此，如何管理好员工，就成为兴旺生意的头等大事，也是保证“得人者昌”的必然环节。山西商人管理伙计的内容多反映在号规中，即用号规来规范伙计的行为，塑造商家的形象。从一些资料和学者们的研究成果中可以得知，当年晋商们的章程各家不同，有的商规、号规多次修订，多者能有四五十条，虽然繁杂冗长，却十分细致具体。遇上需要各家商号一致解决的问题时，各号东家或者大掌柜们还要开会面议，集体公决，定出步伐一致的办法来。如果删繁就简，晋商们的商规号规主要体现在以下八个方面：

1. 在外经商不能带家眷，也不能在当地纳妾

之所以如此强调，固然与带家眷难免受枕边风干扰，娶小纳妾会让男人悦情丧志，从而影响商号发展有关，但最根本的还是如果带家眷，或娶小纳妾，容易产生在当地买房置地，安家落户的心理，久而久之会与当地人形成盘根错节的关系网，女方家的各种亲朋故友也可能变为自己贪污腐化的催化剂。

2. 不许嫖妓、赌博、吸毒

男人常年在外，处在无人或少人监督的环境，加上收入高，往往碰到各种各样的诱惑，而人是追求享受的，这意味着人抵制诱惑的能力比较弱，于是嫖妓者有之，赌博者有之，吸食鸦片者有之，而这些恶习一旦沾上，后果不言而喻。所以山西商号无不严正规定，凡有吸食鸦片、赌博、嫖娼者，号规规定一经发现，一律辞退出号。

3. 不论掌柜和伙计，不能在外另开商铺

假若员工偷偷地在外开设商铺，不但精力分散，不能全心全意为本家服务，

更严重的是会与本公司形成竞争关系，那时，该员工的立场将站在哪里？

4. 不能私自放款或私自将号中钱财借与亲友

人都是有感情的，没有感情做不好工作，但感情太浓了，也会违背原则犯错误。晋商就是鉴于这一点，才着重提出这一问题，既让员工牢记，又用铁一般的纪律，规范员工的行为。

5. 不准投机取巧，买空卖空

6. 不准违反号规

7. 不准与有生意往来的客户做私下交易

5、6、7这三条属于员工的敬业精神的范畴，可以视为商人必备的一种人格。

8. 非商号公差，因私请假者，来往费用自行解决

这是针对员工假公济私的行为而言的，与我们今天反对公费旅游、公款吃喝，其性质是一样的。

这些管理规定中，大部分是针对时弊而提出的，说明这些现象在生活中曾普遍存在，其实这也是很正常的。一是人的欲望是无限的，而资源是有限的，因此总会发生有限性的资源与无限性的欲望之间的矛盾，孔夫子之所以提出“仁义”的主张，就是这种情况下的产物。二是山西商号员工的收入是很高的，这就使得其受到外界诱惑的可能大大提高。而且人受到外界不良诱惑的刺激，有时很难自拔。为了继续满足这些欲望，势必要违背岗位职责犯错误。山西商号所以很重视对员工的管理，即由此而来。

为了加强商号的自我约束，除严格号规外，还进行经常性的突击检查。如大德通票号大掌柜、二掌柜（或委派资历较深的伙计）每隔若干年都要到所属各分号进行工作视察，谓之“阅边”。这种工作视察是突然性的，并不预先通知，更不允许分号之间互相通报消息。“阅边”制度对于总号了解分号业务状况、健全各分号自我约束机制和促进分号工作，都起了积极作用。

为了培养出合格的员工，光靠制度是不够的，山西商人还通过多种形式开展对员工的思想教育，其中诚信重义是教育的中心内容。所谓“诚”，指发自内心地尊重别人的利益；所谓“信”，指这种尊重的外在表现。诚信的背后是

"义"。"义"者"宜"也，即合适的意思。它表现在人和人之间的关系上，就是舍弃自己过分的对利益的贪求而让别人得到，最终实现双赢。因此，诚信重义的本质是发自内心地尊重并维护别人的利益，反对贪婪和自私。为了培养员工的这种讲仁爱的高尚情操，山西商号很重视进行商业传统教育。每逢年节，大盛魁都要在财神庙内，对像下的一条扁担、两条麻绳和两个筐子叩头，除夕晚上，必须吃小米粥，纪念以货郎担起家的创业祖宗，不忘创业艰辛，并以此为号规，两百年不改。号内还设有财神股、狗股，也是着眼于对伙计进行信义教育的。曹家商号每年磨豆腐三次，每次磨豆腐，经理必亲自向磨神烧香叩头，以祈求神灵保佑。因曹家是在东北朝阳磨豆腐发家的，以此进行传统教育。此外，还注重寓教于乐，利用员工喜欢听晋剧、崇拜关公的心理，唱大戏，进行忠义教育。当时大的商号，如祁县乔家、太谷曹家、高平赵家、万荣潘家都有自己的戏班。各地商会行社也要在一年内多次演戏，既让员工忙碌中有个休闲的时间，又寓教于乐，潜移默化中形成商号文化。

当一个人的事业成功，收入增加时，外界的掌声不断，人的内心难保不膨胀，进而由此做出种种错误的决定。这个时候，山西各商号是怎么做的呢？

尽管号规上讲得很明白，一旦发现，立即开除，但把有能力的人开除了，工作怎么展开？在这种情况下，山西商号采取了退而求其次的办法。如，大德通号规认为"鸦片一物，危害甚烈"，"况复禁令森严，价渐昂贵"，既有被查禁的风险，又使大量金钱无谓消耗，故严禁员工吸食鸦片。但制度实行了一段时间后发现许多员工已经吸食上，很难戒除，只好放宽约束，要求"已吸者及早戒除，未吸食者万勿沾染"，"如有从此新吸之伙，一经查悉，立即出号，决不宽货"。而且，为此制定奖励标准，"有先染已改者，以血性论；并有未曾习染者，以朴实论；纵有寻常过患，准其以此抵消"。

据山西金融史研究专家介绍，大德通票号的号规确实十分严谨，"但其实这些禁例都是对一般伙友而言，至于各路老板娶小纳妾，吸食鸭片，放货谋私者，比比皆是，不仅受不到惩处，反而以'交际'为名，得到总号的允许与支持"。冀孔瑞先生在《介休侯百万和蔚字号》中也说，山西票号号规甚严，但经理者违背者比比皆是。如，"汉口分庄经理王仲文，赌博一次就输了万两银子；

福州分庄经理张石麟，二十多年给总号上缴利润六十万两银子。他吸大烟、赌博，任意挥霍，总号对之无可奈何”。蔚丰厚驻北京分庄经理李宏龄，见到蔚字号经理的种种腐化作风，曾给当时的财东侯从杰写信说：“近日所见各号情形，大非历代东君手创规则。领事者，腐化堕落，往往各码头号事，未能尽知……日复一日，恐终难以振作。若不及早挽救，为时再久，东君虽有所知，挽救亦无及矣。”后来的事实还真不幸被李宏龄给言中了。

晋商之所以能够屹立商界几百年不倒，就在于它制定了极为周全和严密的商柜、号训，杜绝了可能会造成的疏漏和损害，把业务纳入一个严谨规范的轨道，再加上利益的诱惑，商号的伙计一般都能严格遵循号规行事。

第二节　日本商帮的组织管理文化

日本的商人最早产生于镰仓幕府时期，后来，随着兵农分离，至室町幕府时期，商人的身份渐趋固定。在群雄割据的战国乱世，各国大名为增强领国的军事与经济实力，纷纷在自己的城堡周围建立作为其政治与经济据点的“城下町”，让武士与工商业者集中在此居住，一批敢于冒险的商人乘机聚敛了财富。在近世社会严格的身份制度下，商人属于“士农工商”中的末流，但也正是这种身份制度的存在，使社会其他各阶层加强了对商品经济和商人的依赖，江户时代町人因此势力大增，豪商辈出。当时甚至有人说：“依法说来是武家治人，町人被治，当今之世则如町人治人。”约占总人口5%～6%的商人是近世社会中最具经济实力的阶层。

商人的社会组织也像武家社会那样以“家”为基本构成单位，商人的家业观念丝毫不亚于武士，“商卖繁昌，子孙繁荣”是商人的经营目标。“家”在日本社会不仅仅是以婚姻和血缘关系为纽带的具体家庭。而是在此基础上，超越“个人生命的、祖孙一体的永远的生命体”。近世日本社会的“家”包括有形的家产，比如房屋、生活用品、农耕用具、金钱等；无形的家业，家名相对于武士来说就是政府授予的官职和荣誉之类，对商人而言是指商号和家族名誉；

第三就是家业，家业是指、家业等。因此，有人说“家”是“以保持和继承家产（所领）家业为目的、以家名的连续性为象征、由父——子——孙这样的男子直系亲属继承的独自的社会单位”，家业对于商家来说，不仅包括祖先传下来的财产，还包括积累这笔财产的商贾买卖及经商的经验，甚至包括代表这些东西的屋号，家业是商人的根本。作家、俳人井原西鹤在其作品《日本永代藏》中以幽默的笔调，开了一副名为“致富丸”的“处方”：“早起 5 两，家业 20 两，夜作 8 两，俭约 10 两，健康 7 两，将此 50 两细细研磨，准确计量，仔细配方，早晚服用，定能成为富翁。”在这一“处方”中，家业的分量最重。长崎的町人学者西川如见也在《町人囊》中强调保全家业之重要：“家财乃为子孙永久贮置之物，我身耗费一分于荣华亦大罪人也。保全家业又传于子孙，系将托管之祖先之物又归还于祖先，此乃孝行之第一也。”可见家业在商人思想中的重要地位。在严格的封建身份制度下，属于庶民阶层的商人不能像武士那样拥有家名，商人们便把商号、屋号印在挂于店门口本来用以遮光、防尘的“暖帘”上，作为家族与家业的象征。繁荣家业，增殖家产，子孙代代继承是商人家族成员的责任，并由此构成商人进行资本积累的原动力。

商家的家业是由特定的经营组织来管理的。商家的经营组织既是日本家族制度的体现，又有商家经营自身的特点。

一、家督继承制

家督继承制是日本“家”制度的集中体现，也是商家保全家业的手段之一。由于受中国法律的影响，日本从律令时代起就实行“二元主义”的继承制度，即由长子继承被继承人的身份，而财产继承则实行诸子均分制。但到了幕府统治时期，由于在财产上实行诸子均分制，祖传的财产被一再分割，使许多人变得穷困不堪。实践使人们认识到：“分割父母家产，分配直至末子，乃末代乱逆、子孙不和之基也。”因此，从战国时代起，各大名开始改革继承制度，以家督继承制取代原来的“二元主义”继承制。家督继承制即由一子(一般为长子)继承家长的地位，同时也继承其全部或大部分财产。到德川幕府时期，随着严格的等级身份制的确立，家督继承制得到进一步巩固。该制度对包括商人在内的庶民阶层产生了深远的影响，从而成为整个社会共同遵循的准则。

出于传承祖先家业的考虑，商家对于家督继承制有着更为深刻的理解。家督的本意虽为长子，但在商家心目中，家督“并不只是单纯的家长，他也是作为家的象征或是祖先神的化身的家长，家族成员也并不只是单纯服从家长的统制，而是服从被家长具体化了的家”。由此可知，家督是“家的象征”，是“祖先神的化身”，而并非因其为长子。在商家家业由祖先到子孙继承的这场接力赛中，家督担负着将接力棒传递下去的责任。如果从先祖继承的家督之职不能顺利地传承下去，就是对先祖的不孝，也不会给子孙带来昌盛。家督的责任如此重大，那么对家督继承人的选择就是商家延续家业的头等大事。不少家训对此做了专门的规定。从事制墨与销售的若狭屋的家训规定：“继承家业之人，即使是总领（长子），若不热心商卖，对父母不尽孝行，品性放纵，则在家中协商基础上，令其改名隐居。”不难看出，商家对于家督继承人的选择具有一定的积极性与合理性，即人们首先考虑的是他能否胜任传承家业的责任，而并非定要由长子来担任，如果以无能无德的长子担任家督，便会危及家业，则宁愿以次子或无血缘关系的养子取而代之。

关于财产继承，当时的武家社会实行严格的一子继承制，以维护“奉公”与俸禄的完整。而商家出于自身经营的需要，并未实行严格的一子继承制，而是实行由家督继承人继承大部分，其他人继承小部分财产的继承方式。一般来说，本家继承“从先祖处传承之一切工具、房产”，而其他次子等则应“重新购置住宅，予其适量之资金许其分家”。也就是说，房屋等固定资产由家督继承，其他财产，大体按照被继承人的遗嘱将遗产分配给诸子，但分配时，首先考虑的是本家的稳定，以不影响本家的经营与发展为前提。至于分配的份额，各商家情况有所不同，一般是按照长子六分、长子以下总计四分的方法，或者是长子五分、长子以下总计五分的比例进行分配。比如三井家第一位家长三井高利的遗产分配如下：长子分得家产的41.4%，次子分得遗产的18.6%，三子分得遗产的12.9%，四子分得遗产的10.7%，六子分得遗产的6.4%，长女夫妇分得遗产的2.9%，五子分得遗产的2.1%，七子分得遗产的2.1%，八子分得遗产的1.7%，孙女夫妇分得遗产的1.2%。但也有更为严格者，如《鸿池家家训》规定：“凡事以本家第一为重，财产十之八九归本家之继承人所有，余者次男以下等继承。”

实行这种继承制，保证了商家资本的积累与完整，并在一定程度上，为明治维新后产业革命的发生奠定了资本积累的基础。

二、奉公人的选用和培训

近世商家在商业经营和管理的过程中，逐渐形成了一套较为完善的雇佣体制。这一雇佣制度既对以往的传统有所继承，同时又具有自身的特色，且对以后日本的人事管理制度产生了莫大的影响。

近世初期，由于商家多处于创业阶段，经营规模较小，所需从业人员也不很多，并未形成一套比较完善的雇佣体制，商人与佣人之间也未结成像武家社会那样牢固的“奉公”关系。如商人岛井宗室就把佣人看作单纯的劳动力，像贼一样监视着他们，还在遗书中告诫子女说，“下男下女，皆盗贼也”，反映出他对佣人人格的蔑视。但随着商业的发展和商家经营组织的日益复杂化，到近世中后期，这种关系越来越不利于商家的经营与管理，于是大多数商家开始陆续雇入奉公人或者说是学徒，并逐渐形成一套较为系统的雇佣制度。这就是按照丁稚（学徒）——手代（店员）——番头（领班、总管）——建立别家这样的阶梯升进的制度。

首先，奉公人的选择，是一件大事，要有严格的程序。一般由亲戚或熟人的子弟，或是他们推荐的人，有经客户介绍者，也有经中介雇人者。被雇佣的奉公人的年龄以十几岁者居多。根据鸿池家从元禄四年（1691 年）到元文元年（1736 年）的《万留帐》的记载，可以看出，奉公人入店的年龄以 19 岁以下居多，鸿池家该年龄段入店的人数占全部入店人员的 58.75%，其中最多的是 11–13 岁左右，鸿池家为 41.25%，有的商家也对奉公人人店的年龄有更为具体的规定，如《佐羽家家定》即规定入店者的年龄为 12 岁。

鸿池家佣人入店年龄情况表

入店年龄（岁）	9	10	11	12	13	14-19	20-30	31-40	41-50
人数（名）	1	4	13	10	10	9	21	8	4
所占比例	47.5%					11.25%	26.25%	10%	5%

资料来源：根据安冈重明、天野雅敏：《日本经营史·1·近世经营的展开》，第 173 页数据整理

一般来说，对自己应募或别人推荐来的人，要进行面试。如果主人认为其天资欠佳，将来难以掌握必要的技能，就会在面试阶段将其淘汰。例如在三井家京都吴服店，从1721年（享保六年）到1723年的三年间，前来应募的共有70人，其中共有18人在面试阶段即被淘汰，采用率为74%，经面试合格后，商家与奉公人之间要签订契约。关于契约的内容，各商家大同小异，如学徒的出生地、姓名、奉公年限、薪金、预支、按季节配发的衣服、奉公人的信仰等。在日本独特的“家”制度下，上述主从关系一经确立，商家主人与奉公人之间模拟的亲子关系便因此形成。这种制度是模拟的血缘关系这一日本家族制度的特征在商家的具体体现。

入选成功后，奉公人进入丁稚（学徒）——手代（店员）——番头（领班、总管）——建立别家这样的阶梯升进的制度。

丁稚阶段。一般来讲，商家的佣人从十岁左右起，经别人推荐，保人做保等手续后进入商家“奉公”，首先要从“丁稚”做起，故也称这种制度为“丁稚制度”。在当时的人们看来，“丁稚制度”不仅是单纯的谋生手段，更重要的是为了当一个商人所进行的必要的修业，是“一种商业实习教育制度”，丁稚奉公的时间一般为十年。初进入商家的“丁稚”主要做些看孩子及清扫擦拭等杂活。等到稍大一些后，就会经手一些商业往来上的事情。到十五六岁“半元服”时，就开始从事帮忙包装货物以及货物金钱的收受等属于手代的业务，但此时仍兼做其他杂务。主人对丁稚的衣、食、住以及教育、疾病的治疗等负有一切责任。在晚间或业务闲暇之余，丁稚还必须进行读书、写字以及练习打算盘。因此，这并不是简单、纯粹的以薪金为纽带而结成的雇佣关系，而是一种商家主人为了自身家业的发展，让奉公人掌握商业上的知识和经验的一种实习教育制度。这一制度既保证了商家经营和管理的顺利进行，又培养了奉公人的为人之道及商业知识，可谓是一种双赢制度。

手代阶段。丁稚到十七八岁时，就为其举行成人仪式——“元服”了。通常主人会为“丁稚”举行晋升手代的宴会，从此晋升为“手代”。手代的奉公年限通常也为十年，最初同半成人的丁稚一起从事一些杂役，随着奉公年限的增加，便在番头的指导下，开始担任出纳、记账、商卖等事务，偶尔也允许其以个人的意见进行一些商业活动。手代虽然在番头或支配人的手下干活，但未经主人允许，是不能随意被处置的。

番头阶段。如果没有什么问题，当手代的奉公年限结束后，即可晋升为番头。番头是商家奉公人经丁稚、手代之后达到的最高阶梯。番头有“一人制”与“多人制”之分。多人制时设置首席，称之为“支配人”（经理）。“支配人”代替主人管理店内一切事务，拥有商卖与家政上的处理权。一人制时番头即为“支配人”，统率手代及其以下的人员。番头大多可以另建居所，称之为通勤番头，即成了商家的终身雇佣人，常常是代代奉公于商家。

丁稚、手代、番头在身份上虽同属于奉公人，但却受到严格的等级制度的约束。如《市田家则》规定，“店家之人，皆应幼从长，手代服从番头的命令，番头要在支配人的指挥下处理有关商卖的一切事务”。

建立别家阶段。奉公人如果长期服务于商家，且事主忠诚、工作勤勉，到一定年限之后即可允许另建住宅居住，称之为别家，实际上别家是长期服务于主家的佣人经主人允许后依附于本家建立的商家经营的分支机构。一般来说，别家以番头建立者居多，对于佣人来说，数十年的奉公生涯是十分艰苦的，往往有人经不起苛酷的环境或不堪主人的虐待而中途告退。加上其他一些原因，能够成功的只是少数，“善始善终达于别家者，十人中不过二三”。尽管如此，在有着严格身份制约束的社会内，与没有家族背景就不能出人头地的武家和被束缚于土地、生活贫困的农家相比，商家奉公可谓唯一的、充满希望的立身出世的阶梯。

三、商家对奉公人的管理

丁稚奉公十年，手代奉公十年，前后约二十年，这是通常情况下商家奉公人的奉公年限。奉公人几十年的生涯都将在所奉公的商家度过。在此期间，为了店铺的繁荣与发展，以及培养服务于自身的经营人才的需要，主人会对奉公人进行严格的管理和教育，以求能达到自己所希望的标准。下面着重谈谈商家对奉公人的管理。

首先，商家要求奉公人必须遵守各种法度。在近世严格的等级制度下，作为四民之末的商家，为了自身的生存，不得不严守幕府的诸般法度。除此之外，为了自身家业发展的需要，很多的商家制定家训和店则，对商卖往来、店铺经营以及奉公人的管理等有诸多规定，要求奉公人必须遵守，有的商家还会在规定的日子，召集奉公人朗诵家训或店则。

奉公人的奉公生涯是极其艰辛的，他们必须绝对忠诚于主人，严守主从关系，辛勤劳作。在学得技能的同时，还必须做大量烦琐的家务劳动，在《松翁道话》（江户后期心学者布施松翁著）中这样描述奉公人的生活："每日尽心工作，暮归，则汲水、烧洗澡水、洗衣做饭四项夜业。晨亦早起，则炊食、扫除。"相对于率公人的辛勤劳作，商家则负担奉公人的衣食住和其他杂费，将其当作家的一员对待，在商家的家训、店则中，也有对于奉公人、店员生病的情况如何处理的规定。对于忠实勤恳者，商家会将一年来所得利润的一小部分奖赏给奉公人，让奉公人感受主人的温情与慈爱之心。

除进行日常的劳作外，奉公人必须全身心地忠实于主人，对惩罚也必须服从。如果丁稚或手代在奉公年限内有不良行为就会被处以禁闭、没收财产、解雇等处罚，如果被解雇，一般不会再被其他商家所雇佣，即便其他商家要雇佣时，也要与原雇主进行照会，以求得到谅解。

商家在对奉公人的管理中，还非常重视其中有才能者。商家实行的晋升制度，虽具有传统主义色彩且略显僵化，然而商家注重人才的举措则恰好弥补了这方面的不足。如《住友家家训》中这样规定："近年来采用者，如若工作出色，亦可与自幼雇入之手代同样获晋升机会。"这种敢于选拔新人的措施，在当时的社会体制下，无疑是一种进步。这里需要强调的是，在上述晋升制度之外，还有一类被称为"中年"的奉公人，"中年"并非作为正规学徒的店员，而是成年之后才受雇于商家的店员。根据美国学者罗伯特·N. 贝拉的观点，商家一般都认为"中年"不如从幼年时就开始培养的当正规学徒的人可靠，在商家中威信低下，一般都不会被委以重任。而根据笔者所查阅的资料，事实并非如此，在幕末混乱期间，商人三井家重用三野村利左卫门，小野组重用古河市兵卫，二人均是所谓的"中年"而非"子饲"。必要的时候，在采用子饲的同时，也重用其他人，体现了商人合理主义的一面。可见，无论是普遍主义的等级晋升制度，还是特殊主义的对"中年"的重视，商家的目标只有一个，那就是为了家业的发展与商家经营的繁昌。

四、经理人（番头）的任用

日本近世商人在经理人的选拔上，更倾向于从自小就在自家当学徒的奉公人中选拔。一般奉公人进入商家，经丁稚、手代阶段后，若表现良好且具备一定的管理才能，即会被晋升为番头。番头有一人制与多人制之分，多人制时设置首席，称之为“支配人”，一人制时番头即为“支配人”，也称作“大番头”。因此，所谓的经营权委任制度，就是将日常的业务管理委任于支配人，让其代行主人之职。这过程往往需要经历十数年以至二十多年，其间许多意志薄弱者、身体不适者，或在一定期间内不能掌握所要求之技能者，也将被淘汰。加上其他一些原因，能够成功的只是少数。比如近江商人要选拔一个番头，大致要经过 20 年以上的考验。10 岁左右，以丁稚的身份进入商家，开始打扫整理店铺，以培养小学徒的毅力和耐性。之后等到时机成熟，近江的店主就会把丁稚送到寺子屋（学校）学习。一般做丁稚的年限是 6–8 年。等丁稚掌握店铺的经营模式后，会晋升为 “手代”（伙计、正式员工），开始学习售货业务。手代的晋升一般在 20 岁左右的时候，为分出与丁稚的区别，晋升的时候会把刘海至头顶的头发全部剃掉。手代一般做货物的进出、记账、售货等工作，并且有薪水，薪水一般不直接发放，而是等手代可以独立开店或者离开时一并支付。等以手代的身份在店铺磨炼成熟以后，就会晋升为番头，全权负责店铺的经营、管理、手代的培训等等。一般手代晋升为番头的年龄在 30 岁左右。番头工作一定年限后，一般会在 35 岁左右的时候选择引退。此时，店主会给番头店铺的暖帘、一大笔资金和常年累积的薪水，并且会免费给他们开设新的店铺。这个新开设的店铺就是“别家”。引退的番头要与前面的店主签订持续主从关系的契约。

由于支配人的职位非常重要，因此对支配人的选拔非常慎重，要经过多年的考察和历练方能令其就任该职。选拔原则大致有如下三个步骤：经过各方面的观察，物色有才能的年轻人，将之视为候选对象；将经过考察后的年轻人逐步向上提升，并在此过程中继续磨炼并接受主家的考验；对有能力者最终委以经营权。被委以经营权的支配人，拥有管理大部分日常事务的权利。其职权范围大致包括：管理和安排店内日常事务以及管理其他奉公人并具体安排事务。

支配人虽代行主人之职，但其职权范围毕竟是有限的。支配人作为实际的经营管理者，必须以主人家业为念，不可将商家之财产视为己身所有之物，而要以治家为第一要务。此外，商家还通过各种机制加强对被委以经营之责的支配人的约束和监督。许多商家都通过制定“店则”的形式对支配人进行约束。支配人必须严格按照店则的规定来行事。经营权委任制度是商家经营的一大特色，事实证明，凡是经营得好的商家，都得益于这些支配人的鼎力相助。比如石田梅岩，出生于1685年9月15日，出生地在丹波的桑田郡东县村（今亀冈市东别院町东挂），是一个距离京都大约十六英里的农庄。梅岩不是家里的长子，不能期望去继承财产，因此，为了谋生，1692年他到京都商家当“奉公”（学徒、小伙计），15岁时，由于这家商家经营不善，以及梅岩个人的原因，中断了学徒生涯，回到老家继续务农。1707年再度上京，在吴服商黑柳家当学徒，他在黑柳家服务了多年，成为一位值得信赖的雇员，并成为主人母亲一生尤为亲密的朋友。最后，梅岩做了黑柳家的“番头”。直到42岁，辞去职务，专心于心学的研究。另外还有山片蟠桃，本姓为长谷川氏，初名有躬。1748年出生于播州（兵库）农村，13岁赴大阪的特权米商兼大两替商升屋（山片）平右卫门家“奉公”，后升任升屋的“番头”。因为其使升屋发展为仅次于三井、鸿池等的豪商做出巨大的贡献，所以在1804年，被授予“升屋小右卫门”之名。翌年主家授予“山片”的姓，作为别家，掌管“升屋”的经营。草间直方1753年出身于下层町人家庭。10岁时，被送入怀德堂学习，并同时成为大阪的豪商鸿池家的“丁稚”。由于直方在金融方面具有优秀的学识和才干，为鸿池家的两替事业做出巨大的贡献，所以，1805年被正式收为尼崎鸿池家的养子，称“鸿池伊助”，作为鸿池家分号的老板，负者经营“两替商”特别是“大名贷”业务，并担任肥前、肥后、南部藩等好几家大名的财务顾问。

日本近世商家也有从外引进经理人、番头的情况。比如三井家在1867年遭遇财政危机时，破格聘用当时已经45岁的三野村利左卫门为番头。但是这种引进人才的方式并不多见。在日本的商家有一种人叫作“中年”，是指非自小而来的店员，对于这些人，一般不会被家主委派重要的工作和职位，他们只能做一些外围的工作。鉴于此，家主就更不会把经营管理店铺，决定家业繁盛的经理人的职位指派给非自家培养出来的人。日本的商家不屑于聘任从别家而来的经理人。首先是，认为自己把别的商家辛辛苦苦培养了20多年的人才，用重金聘用到自己店铺，是对行业规则的破坏，是对自己品行的玷污。二是，认为这样的人既然不能忠心于原来的家主，那就肯定也不能忠心于自己。三是，从上文可以看到，日本的商家采用模拟血亲、家族式的经营方式。家族内家主，家主之下的丁稚、手代、番头都是有十几、二十年的，经年累月，同甘共苦积攒下来的感情，在他们内心已经认定是一家人。所以，会非常排斥空降的、外来的经理人，而外来的经理人也很难与丁稚、手代有一家人的命运共同体感。

五、商家对奉公人的教育

商家除要求奉公人竭诚尽心为商家服务之外，在奉公期限内，也对其进行各种教育。主要体现在思想意识教育、人格品德教育、基本文化知识与专业知识教育等方面：

思想意识教育　商家对奉公人的教育，其主要的目的是让奉公人能够更好地为商家服务。因此，商家首先要从思想意识上让奉公人明白这一点。进入商家后，商家首先强调的就是奉公意识。商家所强调的奉公，又分为对外的奉公与对内的奉公。对外的奉公，主要指对统治阶级的奉公，也就是对幕府的奉公。在近世社会，仅占人口十分之一的武家居于统治地位，将军即是事实上的国君。因此商家对于武家的服从，亦即对朝廷和幕府的忠诚，多数商家家训都将“坚守武家诸法度”之类的内容作为第一条。商家遵守武家法度、服从于武家，是在严格的身份等级制度下做出的无奈选择。无论商人的经济实力如何强大，也是被统治者，社会依然是武家之天下，不要说与武家发生正面冲突，即便稍有不恭，也会招致全家之覆灭。不少商人，正是因为触怒幕府，而被没收财产或被流放的。商人很清醒地认识到自己是无法与武家相抗衡的，只有遵从武家的政策和法度，严守封建统治的种种规约，才能立身于社会。如果说服从武家的统治是商人在不平等的社会条件下被迫做出的选择的话，那么对内部主从关系的强调，则是商家为了自身的发展而采取的积极而主动的措施。商家要求奉公人把商家作为自己的家，把主人当成自己的父母。由近江商人白木屋一名“番头”所撰写的《独慎俗话》（又名《白木屋管店书》）中这样解释“奉公”二字：“何为率公？即以吾身奉公，身体发肤，受之父母，要将受之父母之吾身奉于吾主君。”许多商家家训都强调对奉公人奉公意识的培养，如《住友总手代勤务心得》特别指出：“有些手代、丁稚认为大致能读、写、打算盘便可工作，然若不明道理，不懂向主人奉公之本义，即便于读、写、打算盘上下功夫甚多，也不能说具有作为手代的觉悟，故下至丁稚，皆应认真思量，如何忠勤奉公。”

商家的奉公与武家的奉公虽对象不同，但其实质并无二致，即忠诚于特定的主人。商家对奉公人的培养和对奉公意识的强调，使商家获得了经营所必需的人才。长年的奉公生涯造就了奉公人的忠诚品格，他们把自己的一生融于商家的家业之中。事实证明，凡是经营得好的商家，都与其有得力的伙计或管家有直接关系。

人格品德教育。奉公人从十岁左右进入商家，一般都要经历丁稚、手代以及番头等阶段，可以说，奉公人的青年时代都是在商家度过的。这不仅仅是奉公人塑造人格、养成做人的基本素质的关键时期，而且是商家培养适合商家经营管理的德才兼备的人才的重要阶段，因此，对于奉公人的人格品德教育历来为商家所重视。

首先，要求奉公人要做到诚实、讲求信用。作为以商卖为中心的商家来说，如果不具备良好的人格和品德，其商卖是不会繁盛的。由于奉公人常常接触顾客，不仅要求奉公人要忠诚于主人，同时也强调“仅对主人诚信，是不合道理的，对他人之态度与对主人之态度相同”。在接待顾客时，要求奉公人不要因其所购货物的多寡而态度有异，“即便购买少额货物者，也不应怠慢”。可见，商家要求奉公人要学会平等地对待他人、尊重他人，以诚信之心应对商业经营。

其次，商人虽是近世较为富有的社会阶层，但许多腰缠万贯的商人，仍始终将“俭约”作为自己崇奉的信条，商家在自身做到厉行俭约的同时，也教育和严格要求奉公人做到“俭约”。由于商家经营与衣食、采买等日常生活几乎都由奉公人来安排，他们掌握着商家经营、生活、消费的重要环节。把住奉公人这一关，才能做到真正的“俭约”。因此在这方面，商家家训中多有对奉公人的专门规定。如有的家训对丁稚的着装规定“分夏冬两季，只许使用棉布和麻布”，要求手代“平时只许使用棉布织的宽腰带”，显然，是因为棉布与麻布耐用而又廉价才做出这类规定的。商家之所以对佣人的规定如此之细，一方面是培养佣人养成良好的节俭习惯，另一方面也是从维护家业的角度出发的。

再次，培养奉公人相互协作的良好品德。奉公人之间能否同舟共济，相互协力，共同致力于商家的家业经营，也是十分重要的。因此商家不仅要求包括奉公人在内的全体商家成员要齐心协力共同繁荣家业，而且也要求奉公人在经营管理的业务上相互协力，这在商家家训中也多有规定。如近江商人市田家规定，“店内师兄弟，要以和顺谦逊为旨”，住友家家训规定“在卸货之时，手代等应同心协力验货并接收”，还有的规定为了保证所售商品的质量，“（奉公人）各人在工作之时，要观察其工作情况，相互检查商品之良否”。通过这样的规定，培养了奉公人团结协作的精神，有利于商家家业的繁荣发展。

基本文化知识与专业知识教育。在二十几年的奉公生涯中，奉公人除接受基本的品德教育之外，还必须学习文化，接受商业技能训练。

奉公人进入商家之后，商家便利用业务及闲暇时间，教授奉公人基本的文化知识。商家对此非常重视，在商家家训中对奉公人的教育以“习字与练习算盘”为最多，将其视为最基本的文化教育内容。如经营衣料的小川家水口屋规定，“每晚，手代三人交替教授丁稚算盘和习字”，堺市柴田家经营的绘具屋“日落至晚上十点，为丁稚习字与学习算术的时间”，鸿池家则“遇有良师，可聘至自宅以为讲义，手代全员皆应听讲”。等到丁稚升为手代以后，便教以有关商家经营管理方面的专门知识，例如迎送顾客的礼仪、鉴别商品及金银的知识等等，有的商家还针对自己所经营的业种，教授奉公人有关的业务知识，如以经营铜矿而发家的住友家即规定：“对铜的贩卖与精炼之法毫无知晓，碌碌无为度日，皆因不用心所至。今后手代亦须进入炼铜所，学习有关铜的知识。可就此突然向手代提问，故平日要认真学习。”实际上无论是教育奉公人读书和学习算盘，还是教以经营管理的方法，都是出于商家自身实际的家业经营而考虑的，目的是让奉公人更好地服务于商家。

从上述内容可见，近世商家的雇佣倒度，主要是出于商家家业规模扩大的需要，商家雇佣奉公人为其服务，并对其进行管理和培养教育的一种制度。商家的雇佣制度，较之契约关系，更注重模拟为亲子关系的主从关系。而商家着力培养和教育奉公人，其原因主要是因为当时日本的行会制度还未充分发展起来，优秀的经营管理人员无法从外部进行调配，只能在商家内部自行培养产生。这种雇佣制度业已出现了近现代终身雇佣制、年功序列制以及企业内教育培训制度等的萌芽。明治维新后，商家纷纷投身于近代产业，比之近世，其经营业种和规模都发生了很大变化，但近世雇佣制度经过与近代因子的整合，发展成了近代日本企业雇佣关系的核心。

第三节　晋商和日本商帮组织管理文化比较

一、对继承人的选定方面

晋商在继承人的选定方面，最典型也是最普遍的一种形式是实行多子分承、各自为政。这种诸子平均析产方式早在私有制社会之前就已经存在，于春秋战国时期开始正式形成，唐代已有正式法律规定“应分田宅及财务者，兄弟均分”，《宋刑统》照抄并详解了这则令文，明代又进一步规定“其分析家财田产，不问妻妾所生，只以子数均分”，《大清律例》的条文也与之相同。因此，山西商人按照当时所属朝代的法令制度、风俗习惯也采用多子分承的分家析产制度。山西商人家族多在当家人去世后才对家产进行分制，一般采取平均分割的方式，山西商人大族分家析产后，各家在分得财产的基础上开始朝着各自不同方向独立发展，呈现不同特点和结局。但有一点是共同的，即分家析产使家族整体实力削弱，而且门户的增多使得家族消费总量有显著增加。第二种方式是，自立门户，合股经营。商业组织规模的扩大最重要就是资金投入，分家析产后，使家族无论在经营规模、资金调配、人员调动等方面的整体实力均会大大降低。如果经营不善，单个族系还会有衰亡的危险。山西商人许多大家族在分家析产后，虽名义上已各自为政，而实际上在商业经营方面还是合伙经营。有些家族的“合营”由前任当家人指定的最有经营能力的人担任最高领导者。例如介休侯氏家族，发展到清乾隆年间第十九世侯兴城时，已经是外有商号数十处、内有大量房产土地的赫赫有名的“侯百万”。兴城生六子。清嘉庆十三年（1808），侯兴城已年过花甲，便将其家产，除留一部分自己养老之外，余皆分作6股，分给6个儿子。六兄弟虽是分立门户，但商业经营仍在一起，由于长子泰来、次子恩来去世较早，三子庆来成为家长，统管侯氏六门生意，后来又由庆来子荫昌、孙从杰掌管。具体办法是各门在各号均有股份，年末按股份分红。

日本的商帮，家长是家业的管理者，被称作“祖先的手代”，家长的品行和继承人的选择关系到家业的兴衰。这一点在江户时代就已经引起人们的重视。近代家宪也多有约束家长的规定，例如：

主人乃一家之模范，我勤众何怠，我俭众何奢，我公众何私，我诚众何伪。（《安田家家宪》）

继承住友户主者为家长，勤俭处世，诚实励业，厚祭祖宗，以身率家，统督一家之全部，是家长当然之责任。（《住友家家宪》）

主人是一家之模范，要比他人多勤劳。（《上仓家家宪》）

家庭风波多生于主人的邪，不溺酒色则身家共全，故应尊率。（《爱知县伊藤家家宪》）

主人要与雇人共同劳动。（《嘉纳家家宪》）

身居家长之位，并不意味着可以实行“终身制”，这是家对家长的最现实的约束。作为家长，如果品行不端，或因种种原因不能胜任家长的角色，随时都有“离任”的可能。如三井家早在《宗竺遗书》中就规定，无能者虽为总领（家长），也要与其断绝关系，令其出家。近代以后，不少家族在家宪中做有这样的规定，例如：

继承家业之人，即使是总领，若不热心商卖、对父母不尽孝行品性放纵，则在家中协商基础上，令其改名隐居。（《若狭屋家宪》）

主人如果品行不端，行为不轨，或有不守家法之事时，要集中全店人员进以忠言，如若不听，则要召开家族会议，对主人予以罢免。（《京都矢代仁吴展店家训》）

不堪维持我一家之任者，虽嫡子亦废之，而以次子负其责并继承家业。（《住友家宪》）

谨言慎行，如行为不轨，不接受训诫又不知悔改，不妨废其继承资格。（《京

染之安国多七家训》)

以发明清酒而闻名的关西富豪鸿池家甚至有罢免家长的实例。在明治维新后，身为家长的第十代鸿池善右卫门不思进取，整日沉湎于俳句与风流之中，不仅影响了家业经营，也损害了自身的健康。鸿池家经过集体决定，不得不让其隐居，并在稍后制定的《鸿池家宪法》中写入了“如果蔑视家名或损害了家产，可依据书之明文，废除家长之名义，并使其退身”的条文。

为了培养家长的才能，陶冶其品格，有的家宪还做出了一些特殊的规定。比如山形县富豪本间家家宪规定：“了解世态人情以修养身心乃治理一家之要事，故宗家之子必须漫游全国。”之所以做出如此规定，是因为本间家家业的开创者本间久四郎曾长期在外漂泊，从中体察到人情之微妙和处世之艰难，深感外出旅行对于人生的教益，故在其订立家训时，便立下了这样的规定，要求有可能继承家业的子弟，要在值得信赖的亲戚或家庭教师的陪同下漫游全国，当然这种漫游不是游山玩水，而主要是进行社会调查，从中了解世态人情风俗，体验百姓生活之劳苦，知人生之艰难，以积累经验，提高判断、处理事务的能力。有了这种经历，再有长期的家业经营的见习和熏陶，在充分检验其能否胜任一家之家业管理后，才能成为新任家长。实际上是以这种方式促使家长增长经营才干。

商家在家业继承人的选择上，为了家业的延续，与其选择无能不才的长子，莫如选择德才兼备的次子，甚至抛弃骨肉之情，择养子或女婿继承家业。在东京马喰町经营纸业的中庄家在家宪中甚至规定：“自家的男子应建立别家或遣他家当养子，与佣人同等使用，永远不许儿子继承家业，家的继承只限于养子。”据此，中庄家的继承人全部是养子或婿养子，而自家的男子或隐居、或当养子，皆与家业无缘。这样的事情在中国人看来似乎不近人情，但在日本却不足为奇。当然，将自家男子全部排斥在外，只以养子和婿养子继承的做法不免有些绝对。但是它体现出家业重于血统的思想理念，对于企业和家业的经营显然是有利的。

从上文的分析可以看出晋商和日本商帮在继承人的选择方面：晋商优先考虑血缘，日本方面相较于血缘，更加重视能力，为了家业的存续，可以选择养子或婿养子来继承家业；晋商的家产实行均产制，日本的商家，家督继承，即家督可以全部继承家产；晋商的继承人没有被罢免的情况，日本商家的继承人有被取消的可能性。

二、其他

在员工待遇方面，晋商倾向于通过辛金、顶身股等物质利益来留住员工，增加员工的岗位责任心。顶身股制度对于已经顶上身股的伙计或尚未顶上身股的伙计都具有极大的诱惑性。这种诱惑力表现在已经顶上身股的希望身股的份额能不断增加，尚未顶上身股的希望有朝一日也能获得身股。因此，晋商的伙计的工作热情十分高涨。顶身股制度引导伙计自觉抵制短期利益的诱惑，追求长远的利益，解决了如何保持伙计工作热情的难题。日本的商帮也支付员工薪水，但更加倾向于通过精神教育以及建立别家来增强员工对商家的忠诚意识。另外还有一点不同的就是，日本的商家会在番头奉职年满后，一次性给予将要建立别家的番头一大笔钱，允其使用商家的暖帘（商家的标识）营商。

在聘用方面，晋商和日本商家的相同之处在于都要求聘用本乡本土、品德端正的人，并要求由保证人作保。聘用年限上一般都采用终身雇佣制，只有在员工犯错或主动申请辞退的情况下，才会与员工解除雇佣关系。不同之处在于：晋商一般聘用 15 岁左右的学徒，要会写字、算数等基本的技能。好早日进入状态。日本商家大都愿意招收 10 岁左右的少年，以便更好地向学徒灌输忠诚观念，强化主从关系和模拟血缘关系。比如鸿池家在 1691 年到 1736 年间招收的 80 名学徒中，大概有一半以上在 10 岁上下。近江商人雇佣的学徒也多为 10 岁左右。商家对这些从小培养的学徒较为信任，视其为忠诚的准家族成员，待其长大后，会安排给这些学徒重要的职位。

在经理人的任命上，晋商和日本的商帮都重视对方的品行，除此之外，晋商倾向于取才，不拘泥于是否是自家的学徒，常会四处延揽人才，高薪聘用。财东与经理人之间是“合则留，不合则去”的原则。经理人因为各种原因离开原先的财东，还可以到其他的商家应聘。日本的商帮倾向于聘任由自家培养的奉公人，不太愿意从外面聘请番头。比如 1866 年，幕府要把历年存在三井家的钱币一次性都取走，三井家族遇到空前的危机，当时的三井家族江户店的大掌柜齐藤专助向掌舵人三井高喜推荐 45 岁的纪伊国屋利八出任总番头，希望凭借纪伊国屋利八和幕府财政大臣小栗上野介忠顺的亲厚关系帮助三井家度过此次危机。但是，三井高喜以祖训——“中途采用”的人不能为大番头为由，拒绝了齐藤专助的提议，只给了纪伊国屋利八一个“通勤支配”的职务。

第四章
晋商和日本商帮经营理念比较

经营理念在企业的营销活动中居于至关重要的地位。它是企业开张具体经营活动的指导思想和终极原则。企业只有树立正确的营销理念，才能顺利完成经营活动，赢得市场，获得利润，塑造良好的企业形象，在激烈的市场竞争中立于不败之地。

第一节　晋商的经营理念

经商与儒家学说似乎相距甚远，而晋商却把儒学与经商很好地融合在一起。他们经商讲诚信、仁义、中和，用儒学的伦理思想指导经商实践。正是有儒学伦理的支撑，晋商在经商活动中爱业敬德、先义后利、履和蹈中。在经商过程中体现了儒家的价值理想，也体现了一种超越功利的道德追求和历史责任感。

一、儒贾相融

晋商贾而好儒，被称为“儒商”。什么是儒商呢？所谓儒商，就是在从事商品经济活动中，以儒学伦理为指导思想，讲诚信，履中和，利以义制，受到广泛尊重的商人。商业活动同其他活动一样，既需要敬业精神，又需要敬德精神，儒商在经商活动中体现了儒家的价值理想，这种理想正是民族精神之所在。因而“德业并重”“诚信仁和”“先义后利”等原则，是儒商所遵循的重要原则。儒商以诚信为本，重视商业道德，文明经商，不取不义之财，他们取之于社会，用之于社会，具有超越功利的道德追求和历史责任感。儒商在更广泛的含义上说则是泛指有文化、有知识、有道德的商人。儒商的特征可以概括为以下八个方面：

第一，以德经商。经商者应具备人君之德，亦可成为圣贤之人，将儒学的伦理作为行商的指导思想；用儒学教育员工，以儒德统御员工思想。

第二，诚信笃实。经商以诚信取信于社会，以至诚服务于顾客；不自欺，更不欺人。

第三，以义为上。取利以道德信义为依据，坚持“仁中取利，义内纳财”，“利以义制”。

第四，履和蹈中。经商致中和，不偏激，“使无事不达和谐的境界”，为自己经商创造和谐的人际环境。

第五，善待相与。对合作伙伴，以诚相待，当合作者遇到困难时，主动帮衬，共渡难关。

第六，爱国恤民。国家有难，慷慨解囊，致富不忘国家；赢利致富与善举结合，民众有难，乐善好施，广结善缘。

第七，精打细算。在经营上，善于捕捉商机，斤斤计较，薄利多销，精于核算。

第八，宽严相济。对待员工，既关怀体恤，又铁面无私，功过厘清，赏罚分明。

先秦的子贡、范蠡，即为“儒商”的先驱。明清的晋商也是显赫一时的“儒商”。他们曾为国计民生，为资本的原始积累，做出了很大的贡献。明清晋商修儒学，明人伦，在经商过程中，塑造了诚信笃实、义乎天下的商人形象。正是他们把儒学的诚信、仁义、中和思想的精髓融入商贾活动之中，才造就了500余年的繁盛。

明代蒲州（今永济）商人杨光溥，“生而秀慧，有立志，幼治《周易》，日夜思考，用心甚苦，以家累不获卒业，然志在是也，虽挟资远游，所至必以篇简自随，遇贤嘉言则手录之，久久成帙，题之日《日用录》”。

展玉泉是明代山西蒲州人，聪敏而豪爽。从小跟随其父经营盐业，长期耳濡目染，精通经商之道。他办事讲究效率，精打细算，但不斤斤计较刀锥之利。在做生意时，别的商人和他销售的货物相同，往往赢利比他多。尽管如此，他毫不吝啬，为乡里筑桥修路，捐资兴学，乐善好施。明朝政府为了补充财政收入，有鬻官制度，即按入资多少授予一定的官职。展玉泉经商致富后，便入资数百银两，得授河南商丘驿丞。展玉泉虽然入资做了官，但蒲籍商人却很器重他的为人，并称赞他“荣其贾而能仕，仕而不失其世业”。

河曲商人常怀礼“始而业儒，孝友成性；继而服贾，信义孚人。纵鲍叔之宏通，幕弦高之豁达，贸易中罕有其人”。

渠本翘以儒入仕，以官经商，最终走上继承祖业的道路。渠本翘自幼天资聪颖，勤学不息，精通经史。光绪十八年（公元 1892 年）中进士，任内阁中书，实现了科举时代“琼林赐宴”“春风得志”的愿望。光绪二十九年（公元 1903 年）以外部司员派往日本横滨领事。他吸取了儒学治人、治事、治国的道理，多谋善断而应变自如，以信义诚厚而深孚众望。特别是在 1906 年清政府将山西阳泉、潞城等地的煤矿开采权出卖给英国英福公司时，他团结商界，出面筹措白银 150 万两，赎回矿权，挫败了英福公司掠夺山西煤矿资源的阴谋，彰显了晋商的爱国反帝精神，在西方银行与票号争夺汇兑业务时，晋商票号遇到了前所未有的危机，渠本翘与李宏龄力主改革票号，组建晋省汇丰银行，因遭到晋商保守势力的阻挠，改革计划未能实现，因而使晋商失去了发展的机遇。渠本翘在开创民族资本工业、挫败英福公司掠夺山西煤矿阴谋、票号改革方面都做出了卓越贡献。

李宏龄先以业商致饶，后遭战乱中落，同治年间，李宏龄学贾于平遥县某钱庄，学成而钱庄败，同治七（公元 1868 年），经同乡曹惠林推荐，入蔚丰厚票号，以他的才干，渐为主事者所器重，先后担任过蔚丰厚票号北京、上海、汉口等分庄的掌柜。李宏龄是晋商票号改革与管理的一位杰出人才，“虽治商，而好读儒生性理诸书，有所得，服膺而躬行之”。甲午战争、庚子之变，他运筹帷幄，权宜应变，其主管之票号，不仅能免遭损失，而且能赢利，用他自己的话来讲，尚可“聊以自慰”；当清末社会经济发生激烈变化，以汇兑为主要业务的票号发生危机时，李宏龄针对票号业的弊病，率先倡导票号改革。后来，他的票号改革思想和计划，因被守旧者极力阻挠而未果，愤而著述《同舟忠告》《山西票商成败记》，详细记述了票号改革的计划以及选贤任能、知人善任的管理思想。他将儒学思想融入票号的管理之中。李宏龄虽然是个商人，但他不是一般的商人，而是一位具有儒学底蕴的商人。

传统观点认为，“儒为名高”，“贾为厚利”，二者追求的目标根本不同。但晋商则认为儒贾相通，贾可习儒，儒亦可贾，贾可仕，仕可不失贾业。因而他们以子贡、范蠡为楷模，努力将自己塑造成通晓儒学伦理、践行儒学伦理的商人。儒学、商贾虽然二者界限分明，然而在晋商这里将儒家文化融入商贾之中，实现了儒贾交融。

为什么晋商经商还要修儒学呢？在封建社会里，士、农、工、商，把商人排在最末一位。尤其在秦朝商鞅变法之后，重农抑商的思想，在农耕社会的中国根深蒂固。他们认为，商人之所以不事生产却能占有份额较多的社会财富，是因为商人盘剥农民和手工业者之故。这也就是他们重农抑商的理论依据之一。重农抑商的思想在封建社会流衍很深，以致人们长期鄙视商人，把商人看成是“唯利是图”“导奢长贪”“损民害国”的小人。晋商认为，商人像所有的职业人一样，追求自身利益的最大化，应该是天经地义的，只不过是这种取利必须合乎道义，即“君子爱财，取之有道”，“仁中取利，义内纳财”，要“见得思义”，“见利思义”。晋商认为，只要取利合法合道，照样可以成为真君子。与王阳明同一时期的晋商王文显曰：“夫商与士，异术而同心。故善商者处财货之场而修高明之行，是故虽利而不污。善士者引先王之经，而绝货利之径，是故必名有成。故利以义制，名以清修，各守其业，天之鉴也。”士与商，“虽异业而同道”，商人亦可遵从儒道而成为圣贤。任何一项伟大事业的背后，都必然存在着一种不易被觉察的、无形的精神力量，它激励人们不懈奋斗，鼓励人们孜孜不倦地去开拓。儒学伦理便是支撑晋商的精神力量。儒学的精髓——仁、义、礼、智、信，浸润了晋商的精神世界，构成了晋商力求将自己塑造成为圣贤之人的精神动力。

作为商人要明辨义利之道，正确处理义利关系。“义利之辨”本质上是一种价值观之辨。任何价值观都是一种“人观”，因面，“义利之辨”在深层意义上是一种人生观之辨。“义利之辨”需要有深厚的儒学底蕴，晋商义利价值观的确立即以儒学的人学伦理为底蕴，晋商在儒学伦理的指导下，形成自己的义利价值观。当二者不可兼得时，则先义后利，舍利取义。因此，晋商认为，经商以营利为目的，但凡事要以道德信义为依据，损人损德的不义之财不可取、明清晋商创造的显赫业绩，皆源于仁义之道。晋商修儒学，就是要在经商活动中以义为上，不取非义之财。

儒学本身并不是为商人而创造的经商理论，但是，晋商把儒学作为商人的必修课，如乔家大德通票号的大掌柜高钰，要求全号员工都读《中庸》《大学》，襄汾刘家、榆次常家等商家创办号内学校，聘名师讲儒学，目的在于培养员工的道德素养，盖取正心、修身，而杜邪教之入。商号招收学徒，必须经过三年的培养历练，三年中以修身养性的品德教育为主要内容，“忠诚”“仁爱”“信义”的教诲可谓是铸魂塑心的教育。美国理学家德鲁克曾说过，管理越能利用社会的传统、价值与信念，则管理成就也越大。晋商崇尚儒学，就是发扬儒家道德教化传统，把儒学的伦理思想转化为以德经商的价值观，进而内化为员工的坚定信念。

商号的管理与运作主要依于员工的“内在控制”（德治），即通过提高全体员工的道德素养达到自我控制、自我管理的目的。明清时期，票号遍布全国各地，由于当时的交通条件、通讯条件的限制，总号的掌柜或东家不可能具体管理到各地分号，分号的员工如果有贪图私利之念，暗里中饱私囊、胡作非为那也是很难监管的。因而员工的自我控制就显得非常重要。自我控制就需要道德自律——慎独。儒家德治思想的核心是倡导人的道德修养，重自律、轻他律；重教育、轻监督。因而，晋商培养员工以儒经商的价值观，就是要把儒学的德治精神转化为员工自我控制的内部动力，使品德修养与经商水乳交融。

儒家从“人性本善”出发，执着地追求“内圣外王”，通过修身教化，通过儒学的学习，可以“致良知”，可以做到“非礼勿视，非礼勿听，非礼勿言，非礼勿动”。晋商相信通过德治学说熏陶教化出来的员工，能够做到“富贵不能淫，贫贱不能移，威武不能屈”，能够杀身以成仁，“舍生而取义”，更能做到先义后利，临财不苟得，临利不苟取。通过“吾日三省吾身”，就能做到克己奉公，知荣辱，明廉耻。

晋商还认为，经商活动实际上是人与人的交往活动，凡是人际交往，就有一个形象问题，人的形象有时决定着人际交往的成败，进而影响着商品交换。晋商修儒学，就是要把自己打造成具有儒学修养的商人，处理人际关系以儒学的伦理道德为行为准则，善待人与事。因而，晋商把儒学与经商很好地融合起来，把儒学的伦理品格纳入商人的职业道德之中，晋商通过对儒学伦理的继承、弘扬、开发、筛选、利用，使其成为指导自己经商的思想武器。

“学而优则贾”是晋商的一大特征，这与儒家的“学而优则仕”背道而驰。晋商学而优则贾，造就了一个个世商巨贾，也造就了精明、诚信的晋商群体，晋商之所以能雄霸商界 500 年，无疑是“学而优则贾”之功。凡成功的晋商，一部分人从小读私塾，受儒学熏陶，思想带有浓厚的儒学色彩，经商之后，其行为自觉不自觉地受儒家思想的约束和支配。另一部分人，则是其父辈凭着艰苦奋斗的创业精神，奠定了坚实的家业，为其子弟创造了读书的条件，读书明理，而后继承父业，进而实现家业大兴。在以商为末的社会里，晋商敢于学而优则贾，将儒学引入商道，“舍儒就商，用儒意以通积贮之理”，是他们对儒学的大彻大悟。《山西通志》和一些县志，记载了清代一些弃儒经商的人物，如临汾县刘珍，字宝光，太学生，为人长厚，少以家计，弃儒就商。刘先觉，庠生，弃儒就商，每有盈余，与诸父兄分之。曲沃县仇云，太学生，幼习儒，后弃儒就贾，客陕西凤翔，建三晋会馆。平遥县郝文明，幼业儒，以父命，辍读习贾。稷山县监生段景芳，聪敏嗜读，为境遇所迫，托业服贾，而持身处世有文士之风。明代，山西大同府天城卫有薛氏三兄弟，他们分别务农、做官和经商，各尽其业，最后成为当地著名的大户。薛纶在长兄自我牺牲精神的舞下，发愤读书，在隆庆二年（公元 1568 年）登进士第，进入仕途。万历十年（公元 1582 年），任陕西按察司复使。不久，辞官回乡。有人很惋惜他的离职，他却说：“我有幸继承先辈之产业，兄耕弟贾，助我求学，才有今日之位，我愿已足矣！”

“生子有才可作商，不羡七品空堂皇”的民谚，反映了明清晋商学而优则贾的价值取向。

二、诚信第一顾客至上

明清时期，晋商由于经营盐业、茶业、票号等获得巨大利润，晋商以资厚、善于经商而享誉海内外，雄踞十大商帮之首。晋商究竟是怎样创造了如此辉煌的业绩？其秘诀就是晋商坚持诚信经商。

儒学是中国传统文化的核心，这个核心始终统御着中国人的行为。晋商崇尚儒学，将儒学作为自己经商的指导思想。诚信是儒学倡导的重要的道德内容之一，晋商将诚信笃实始终作为做人、行商的价值取向。诚信作为儒学中重要的道德规范，在长期的发展和演变过程中有着极其丰富的内涵。

儒家将诚信作为人的道德品格，立身基础。“人而无信，不知其可也。”儒学的创始人——孔子，一贯强调做人以诚信为本。“子以四教：文、行、忠、信”，信被列为四教之一，可见他对诚信做人的重视。何谓“诚”？诚就是对他人要“言而有信”，不可“口惠而实不至”，做事要“言顾行，行顾言”。他要求人们说话要诚实可靠，办事也要诚实可靠，只有这样，才能“信以成之，君子哉!”因面，把诚信看作君子人格的重要内容。

孟子推崇至诚，认为“诚”是天的法则，追求“诚”是做人的原则，他说：“诚身有道，不明乎善，不诚其身矣。是故诚者，天之道也；思诚者，人之道也。诚不动者，末之有也，不诚，未有能动者也。”朱熹说：“诚者，真实无妄之谓，天理之本然也。”二位先哲认为，天道的本质特性是“真实无妄”，人作为天地的产物，在德性上也保存了天道“真实无妄”的本质特征。因而，诚信是人的真实本性，朱熹进一步阐述了什么是诚，他说：“诚者何？不自欺，不妄之谓也。”

对于“信”的释义也很丰富。《左传》以“信”为“国之宝”，孔子认为，一个国家可以去食、去兵，但不能失信，只有“以信接人”，才能“天下信之”。信的本质要求是诚实不欺，忠于他人。在孔子看来，信、诚、忠是一致的，“言忠信”。何谓“信”呢？就是“不食其言”。孟子在《孟子•尽心下》中说：具备善德者称为“信”。朱熹进一步发展了孔子的思想，他说：“信不足以尽诚。”“忠信只是一事……忠是信之本，信是忠之发。……有于己为忠，见于物为信。”“未有忠而不信，未有信而不忠者。”“信非忠不能，忠则必信矣。”

北京大学著名学者宋伯昆教授在解释儒家伦理中的“信”时说：“信有二义：信任和信用，其内容是诚实不欺。”

我国历来有“商道即人道”的说法，“商道”与“人道”有相通之处，其相通之处就在于讲诚信、守信用。在中华民族优秀传统文化，尤其是儒家思想的熏陶下，晋商自觉地将诚信笃实的道德规范转化为自己的经营价值观。“君子爱财，取之有道。”恪守诚信至上，信誉第一，不赚昧心钱。他们通过诚实的劳动、正当合法的经营获取利益，反对不择手段捞取“黑钱”。他们明白，人人都想要利益的回报，但是只有主客双方都能获益的情况下生意才能做得长久。否则，将是无生意可做。“若有一人失足，则为同行所耻，乡里所鄙，亲人所指，并失却营生，再业无门，也无颜再回故土。作弊即自缚，故人人戒之。”晋商均供奉关羽，甚至尊崇关羽为行业神、保护神，通过祭祀、迎神、献戏等活动表达对关羽的信仰，而把关羽与商人联结在一起的关键因素是，关羽的“敦信义”“崇信行”为晋商注入了精神魂魄。那些披荆斩棘、白手起家的山西商人，借助于关羽在人们心目中的完美人格，忠义神话，再造了晋商的商人人格。

晋商各商号在号规中均规定了“重信义，除虚伪”，“贵忠诚，鄙利己，奉博爱，薄嫉恨”，反对以卑劣手段骗取钱财。要求商人恪守“诚信仁义，利从义出、先予后取”的正道。先义后利、以义制利以及舍利取义是儒家伦理思想的内核。晋商身入财利场而不污，守信耐劳，以诚信取胜。明代晋商王文显训诫其子曰：“夫商与士，异术而同心。故善商者处财货之场而修高明之行，是故虽利而不污。善士者引先王之经，而绝货利之径，是故必名有成。故利以义制，名以清修，各守其业，天之鉴也。如此则子孙必昌，自安而家肥富。”清代晋商乔致庸曾反复告诫子孙：“经商之道首重信，即以信誉赢得顾客。次讲义，不以权术欺人，该取一分取一分，昧心黑钱坚决不挣。第三才是利，不能把利在首位。”“宁可少赚钱，不能失信；宁可不赚钱，不能失信；甚至宁可赔钱，也不能失信。”可见诚信至上的价值取向，对晋商的影响有多么深远！

祁县大德通票号，存款户以山西本省最多，放款却多在外省。1930 年蒋阎冯中原大战后，晋钞大幅度贬值，约 25 元晋钞才能兑换一元新币。当时大德通如果对存款户以晋钞支付，票号可以趁晋钞贬值之机发一笔横财。可是，大德通没有这样做，并且不惜动用历年的公积金，不让存款户吃晋钞贬值的亏。结果大德通票号的信誉益著。

旅蒙晋商大盛魁为了多做买卖，精心研究蒙人生活要求，尽力迎合消费者的心理。鉴于牧民不长于算账，他们就把衣料和绸缎拉成不同尺寸的蒙古袍料，大人有大人的尺寸，小孩有小孩的尺寸，任蒙人选购。蒙医治病用的药，习惯用药包，分 72 味、48 味、36 味、24 味四种，大盛魁就将中药按此分包，药包上用蒙、汉、藏三种文字注明药名和效用。甚至每年冬至以后，用白面和羊肉加工大量的饺子，自然冷冻，运往蒙古包销售，作为春节的应时商品。不论什么商品，只要蒙人需要，他们就经营，应有尽有。有时遇到不了解大盛魁经营作风的新顾客，售货人若发现对方怀疑商品质量，例如怀疑布鞋鞋底内用的是布还是草纸，他就当着众人的面，用刀将鞋底砍为两段，借以宣传，扩大影响，从而增加营业额。至今，蒙古人提起大盛魁，对它的服务态度，很是赞赏。

晋商在其商业贸易中以诚为基，立信为本，利以义制，守信为用，崇尚信誉，诸如其所遵循的四个第一：货品质量第一；货币成色第一；待客诚敬第一；赊销信赖第一。这几个第一，集中地体现了晋商的传统诚信观念。

清人郭松焘在评价晋商时说“中国商贾夙称山、陕，山、陕人之智术不能望江、浙，其推算不能及江西、湖广，世守商贾之业，唯其心朴而心实也”。这里“心朴而心实”，就是诚实不欺，笃守信用，珍视信誉。晋商能长期取胜，靠的就是诚实守信、信誉至上的商人人格魅力。近代思想家、文化巨匠梁启超在评说山西商人的经营之道和制胜法宝时，更是浓重笔写下“晋商笃守信用”六个大字。正是由于一代又一代的山西商人执着地践行“诚信至上”的准则，才使晋商在激烈的商海博击中能不断地抓住商机，拓展市场，发展壮大。

三、利以义制

商人取利，天经地义，关键要看如何取利，所取之利是否合乎道德伦理，晋商普遍受儒学的影响较深，对儒家的义利价值观有深刻的理解。他们在义利关系的处理上以义为上，坚持利以义制的价值取向。

中国传统社会和传统思想中有重义轻利之说、重利轻义之说和义利并重之说等，何谓“义”“利”呢？所谓“义”，就是指天下的道义、正义、公理，一般指道德准则、道德规范、精神文明、整体利益等。所谓“利”则是指利益、功利、名利，一般指物质生活、物质利益、物质文明、个体利益等。义与利的关系，说白了就是道义与利益的关系。人们在社会生活和社会活动中，始终存在着道义和功利、共同利益和个人利益及其相互关系的问题，如何看待二者的关系，并据此形成不同的义利价值观。

历史唯物主义原理告诉我们，道德是经济基础的反映，是在一定经济基础和利益关系上产生和发展的。道德对经济基础又有一定的反作用。义的基础是利，义对于人们的利益关系和利益行为具有规范、协调和导向作用。利，是人之所欲，对商人来讲更是不可缺少的。企业不谈利，就不可能有和谐发展，也就谈不上任何竞争力。但是对利的追求应该有一个准则或规则，如果毫无约束，任由每个人去追逐个人利益，社会秩序就无法维持，社会生活必然混乱。因而，社会就要制定出一些维护社会、大众利益需要的规则，个人对欲利的追求应该遵守这些规则。这个规则，就是中国传统文化中强调的“义”，用“义”来制约欲利的追求，这就是“以义制利”。

“义”在中国传统文化中，可以理解为德之宜（道德的准则）、事之宜（立身处事的依据）、天理之所宜（顺乎天道自然的法则）。由此可知“义”乃一切道德之根基，也就是利的取舍的准则。以义制利是给欲利的追求提出一个标准，也就是说，对个人利益的追求有一个正当与不正当的问题；对私利的追求，凡符合“义”的要求的是正当的，凡不符合“义”的要求的就是不正当的，这就是所谓“取之有道”。在对利的追求上，问题不在于是不是追求私利，而在于对私利的追求是否合理；不是要笼统地反对追求利欲，而是要对利欲的追求提出一个正当与否的标准。只要符合“义”的要求，就是合理的，相反，如果所求不符合“义”的要求、那就是不合理的。

义与利是中国古代哲学的一对范畴，是古往今来的哲学家、思想家所思辨、争鸣的一个课题，同时也是商人在经营活动中不可回避的一个重要问题。义利之辨或曰义利之争，从封建社会发端的春秋时期就已经开始，而以儒家为代表的义利观占据着优势主导地位，构成了中国传统文化的重要内容。关于义利关系，儒家积淀了丰富而精辟的论述:“德，义、利之本也，利，德、义之和也。”“义所以生利也……不义则利不阜。”荀子对于儒家的义利观做了更明确的阐述，他说：“正利而为谓之事，正义而为谓之行。”他说的“事”，是指农工商业等等，“行”是德行的实践。荀子这句话，非常简明地说明了成就德行和成就事业的关系，进而确立了义利荣辱观，“先义而后利者荣，先利而后义者辱”，“天之生人也，使人生义与利，利以养其体，义以养其心。心不得义不能乐，体不得利不能安。义者心之养也，利者体之养也”。义和利对每个人来讲，都是不可或缺的，也是非常重要的，只是在言利的时候，不能以利害义，要见利思义。凡事合于义则做，不合于义则不做，“不义，虽利勿动”。真正说来，儒家重义并不排斥利，而是要求人们“利不背义”，并且坚决反对“见利忘义”。两千多年来，儒家的义利观深刻影响着中华民族的思想和行为，同样，也影响着山西商人的思想与行为。

儒家以“义”为做人做事的根本，“君子义以为质”。君子应该把“义”这一道德原则放在首位，“君子义以为上”。“义”是立身之本，也是行为的最高标准；“义”不仅是思考问题的出发点，而且是评判人们言论、行为是非的标准。因而，是“义以为上”，还是“利以为上”，这是分“君子”与“小人”的试金石。这就是孔子所谓“君子喻于义，小人喻于利”。在孟子看来，只有讲仁义，才能无敌于天下，所以“义，人之正路也”。

晋商的义利观是“利以义制”，重利而不忘义，信义是他们奉行的重要信条。“宁可少赚钱，不能失信；宁可不赚钱，不能失信；宁可赔钱也不能失信。”这是晋商经商长期坚守的道德准则。因而他们构筑起了无形的财富——信誉。信誉和顾客对经商者来说都是极为重要的，用今天的眼光来看，它是一种无形资产，而信誉必须凭借信义来建树。商号要争取和吸引顾客，就必须对顾客讲信义。在这一基础上才会让顾客盈门，生意才兴隆，达到“人己两益”。晋商强调信义先于利，很大程度上正是看到了它可以赢得顾客的信赖。介休县商人范永斗，就是因为“与辽左通货财，久著信义”，从而受到朝廷赏识，使范家成为清代著名的皇商大族。

晋商在处理义与利的关系上，讲究利以义制、不发不义之财。“仁中取利真君子，义内求财大丈夫”，晋商恪守“诚信仁义，利以义出，先予后取”的经商原则。盐商王文显训诫其子曰："夫商与士同心，故善商者处财货之场而修高明之行，是故虽利而不污。善士者引先王之经，而绝货利之途。是故必名而成。故利以义制，名义清修，恪守其业，天之鉴也，如此则子孙必昌，自安而家肥富。"显而易见，晋商把先义后利，以义制利作为经商的价值取向，他们创造的显赫业绩皆源于行仁义之道。

信义对于票号业来说，显得更为重要。当时社会几乎没有什么保障机制，晋商能把几乎全国的金融汇兑业务运转起来，凭的就是他们的人格和信誉，凭的就是信义，"甚至深宫之中亦知西号之诚信相符，不欺不昧"。可以说，明清晋商这座大厦，就是建立在信义的基础之上。

作为一种价值观，义与利几乎渗透到晋商的一切经营活动之中。晋商认同了儒家的义利价值观，多以义为准则，非义不取。明代曲沃的富商李明性"尤善导人于善"，家族中有人放高利贷，他"召而责之，手裂其券，自是举宗凛凛"。乔家不售劣质油，宁肯把劣质油废掉，自己蒙受损失，也不坑害顾客而赚昧心钱。庚子事变，八国联军进入京城前夕，设在京城的晋商票号纷纷撤资回晋。平遥的蔚丰厚票号在回撤之前，对各存款户如数兑付了现银。蔚丰厚票号伙友在携带巨万现银撤退时，于彰仪门遭劫，携款尽失。次年，蔚丰厚重新回京设庄，因其危乱之际仍行大义，故而身价倍增，深受各界推崇。从某种程度上说，诚信义利已经成为明清晋商的金字招牌，并内化为其经商的精神之魂。"先义后利"的精神理念贯穿于晋商的经营过程之中。

面对利与义的两难选择，晋商往往以后者为重，坚持"以义为上"。他们不惑于眼前小利，看重的是商业的最终成就，以此赢取顾客信任。庚子事变，京城陷落，部分京城官员逃往上海，持京师票券在沪兑换银两，而上海诸商皆不予兑换，而此时任蔚丰厚上海分号掌柜的李宏龄以事出寻常，应当照顾顾客利益，便力排众议，予以兑换。这就是儒家义利观指导下的儒商的气魄，宁肯钱财散尽，也绝不违背信义，不会为了私利丢弃自己的商业精神。正是这种"重义轻利"的精神，使得晋商成了一块金字招牌，以至于各地顾客购买晋商商品，只认商标，不还价格。正是在这样的经营过程之中，晋商实现了义与利的统一。

晋商高举"以义为上""利以义制"的旗帜，在商品交换过程中减少了许多不可预知的经营风险，最终在商场上成就大业。晋商这种“以义为上”“利以义制”的义利观，已超出了经济学意义上的利益关系范畴，它们对社会的稳定与发展、人际关系的和谐、精神文明的进步都做出了卓越的贡献。

晋商对儒学的崇尚，使其养成了积德行善、急公好义的优良品质。大多数人在致富后，富而不骄，一般都乐善好施，积德行善。每当国家遇难，民族危亡之时，往往能慷慨解囊，捐款助饷；平时也能兴学赈民，修桥筑路，分其余润以施人。

美善之人、吉祥之人是晋商追求的理想商人，他们以善念存于心中，使身心互得其益：以善德施之他人，使众人各得其益。榆次常家，曾积极为社会做慈善事业。例如道光十七年：公元 1837 年：捐助榆次书院，知县赠匾额一块，上面写着“崇文尚义”；光绪五年：公元 1879 年：捐助山西官书局刻书，巡抚曾国荃赠匾额一块，题字：“义关风雅”。光绪三十三年（公元 1907 年），常氏十四世常赞春以藏书捐赠榆次学堂，山西巡抚恩寿赠匾额一块，文曰：“士诵清风”。在山西遭受自然灾害时，常家赈济灾民。光绪四年：公元 1878 年：山西灾荒，捐输 3 万余金，巡抚曾国荃赠匾额一块，文曰：“好行其德”。庚子事变后，因清政府经费拮据，常家慷慨解囊，捐助善后经费，光绪二十九年：公元 1903 年：山西巡抚赵尔巽奏请，奉皇上旨意赐匾一块，文曰：“乐善好施”。晋商认为，一生中，若能将多余的钱财嘉惠布施于世，造福乡梓、社会，都是最佳的义行。如乔家、曹家、渠家等为了国计民生都曾经慷慨解囊，赈济灾民，凸现了晋商“以义为上”的理念。

晋商从长期的实践中，悟出了儒学义利取舍的真谛，也掌握了司马迁总结的义利互动之奥妙。因而选择了既不违背仁义之道、又不影响获利的两全之策，体现了他们在行商过程中表现出的公平交易、互惠互利、乐善好施，这样做既顾全了仁义之心，又可开辟更为广阔的商业市场。乐善好施既可以满足晋商积德行善的心理欲望，又可以借此带来社会效益，为其赢得良好的声誉。

儒商的一个共同的特点就是崇尚信义，在“义”“利”问题上主张“君子爱财，取之有道”，这一点，作为儒商的晋商表现得非常突出。晋商为了强化“以义为上”的理念，运用各种方式教化自己的团队，在驻地建立会馆就是其中之一。

明清晋商在全国各通都大邑都建有会馆，山西人在异地建立会馆，最早始于明朝万历年间。建会馆的目的，是给远离家乡的晋商们创造一个“敦亲睦之谊，叙桑梓之乐”的场所。会馆里大多成立有商会，推举会首，管理会馆。会馆成为山西商人联络感情、增进乡谊，公议规约、解决纠纷，筹划义举、互助互济，商业议事、娱乐宴会，交流商情信息，共谋商业发展的活动园地。建立会馆还有一个更重要的目的，就是要在商界弘扬关公“精忠贯日”“大义参天”的精神，使“以义为上”的理念发扬光大。晋商会馆在许多地方称关帝庙。因为大多会馆是在关帝庙的基础上改建和扩建的，并且在新建会馆时，正殿中都供奉着关公的塑像。关公被后人推举为“忠”“信”“义”“仁”“勇”集于一身的道德楷模，并成了中国封建社会后期上至帝王将相，下至平民百姓广泛顶礼膜拜的神圣偶像。大多数晋商会馆建筑巍峨壮观，布局严谨，装饰华丽，尤以砖雕、石雕、木雕精美绝伦，造型生动优美，栩栩如生，堪称雕刻艺术之精品。会馆内雕刻的内容有“关公斩蔡阳”“关羽封金”“脱离曹营”“过五关斩六将”等。山西商人把乡土题材融于建筑艺术之中，使人触景生情，亲切异常。而且每逢庆典节日要演有关关公题材的戏，颂扬关公忠、信、义、仁、勇的精神。三国时的关公既不经商，又非豪门巨贾，更没有范蠡、管仲的经商理论或实践经验可资效仿和借鉴，为什么晋商对关公如此崇拜呢？这不仅是因为关公是晋商的山西同乡，更重要的是因为关公以信义为上，山西商人都以这位中国历史上最具信义的老乡为榜样。关公具备了中华民族“信义昭著”“言必忠信”的传统美德，是山西人当中讲诚信、守诺言、重信义的典范。故而晋商以“信义”来团结同仁，凝聚同乡，摈弃见利忘义、背信弃义的商业欺诈行为。他们从关公身上，汲取了“信”和“义”的道德精神，提出了“诚信为本”和“利以义制”的带有浓重中国传统道德色彩的经营原则，遏制了利欲对道德的吞噬。借武圣之威，镇邪惩恶，消灾避祸；靠武圣之义，以诚信为本，取义成仁；托武圣之福，财源滚滚，惠及后代。

在“以义为上”的理念支配下，先义后利、利以义制，成为晋商的经营哲学基础，成为晋商精神的核心。清初，社会较为安定，经济繁荣昌盛。因此，必须增加通货以应对日益频繁的商品交易，尤其是铜钱，急需补充。著名皇商范毓馪与另五位皇商共同从日本为清政府采办“洋铜”。另外五名合伙的皇商，奢侈无度，亏损甚多。据嘉庆《介休县志》记载：“初运铜六人，由王刚明最长而性怙侈，同类相效。积十余年，亏帑八十三万两。刚明既死，四人咸欲卸罪，毓馪一力担荷，按期完纳，不累同事，天下称为长者。”从康熙到乾隆初年，是范氏家族在经济上和政治上发展最兴盛的时期。范毓馪兄弟不仅经商有方，而且与朝廷关系非同一般。他们曾在清王朝平定准噶尔叛乱中运送军粮，立下赫赫功绩。范氏在康雍乾三朝，曾为清王朝大量输送军粮计百万余石，并出私财支援军饷，为清政府节省费用600余万两，从中不难看出，晋商以关公为楷模，忠诚守义、以义制利的高尚风格。可以说，他们用自己在经商过程中的信义行为捍卫了自己的信仰——儒家的义利观.并且他们以义为上的经商行为赢得了人们的信赖，收到了取信于社会的良好效果。

日升昌票号的二掌柜梁怀文也是一位以义为上的楷模。梁怀文素以勤恳、聪颖、宽严有度、刚柔相济而著称。梁怀文曾任北京分号的掌柜，在京十余年，不负众望，巩固和拓展了日升昌业务经营领域，在京都留下了美名。

到光绪末年，梁怀文回到总号，接任二掌柜职务，负责全号督察工作。他成年累月奔走在全国各地的日升昌分号之间，有“巡边老帮”的雅称。每到一地，他都要详察号章号规，细查各项业务，了解伙友业绩。对违反号章号规者，他从不姑息迁就，对敬业号事伙友，又都能体贴关怀，号内伙友真心拥戴梁怀文二掌柜。但是梁怀文为人耿直的作风并不得李财东的喜欢，在聘用大掌柜时，东家违背民意选择了郭斗南。

李财东乱搅号事，梁怀文曾多次秉公相劝，无济于事，只好在民国二年(公元1913年)以年老体迈为由告辞回乡。梁怀文回到家乡后，拿出多年积蓄，开河引水，灌溉全村土地，深挖井孔，打成甜水井供村民食用，积极兴办善事。

1914年在日升昌票号危难之时，大掌柜郭斗南逃之夭夭，与之相反，梁怀文感于东家往日关照，主动回到日升昌主持事务。梁怀文回京，受到商界朋友和债权人的欢迎。他开诚布公地表明心意，提出解决债务的办法，很快取得众债权人谅解。北京地方厅、北洋政府司法部同意日升昌暂免破产，由梁负责，以收账来还债。

从民国四年（公元 1915 年）到民国十二年（公元 1923 年），梁怀文具体负责清理号事，并取得成效。经债权人同意，债权以二折入股，保留日升昌牌子，从此日升昌改为由原债权人合伙经营的新型票号。民国二十年（公元 1932 年），年已 75 岁的梁怀文告老还乡，结束了他长达 60 余年的票号生涯，也就在这一年，中国第一家票号日升昌完成了自己的使命，不情愿地合上了自己历史的最后一页。

对于日升昌的破产，梁怀文完全可以不管，因为他已离开了日升昌票号。可是梁怀文没有忘记东家的恩泽，怀着对日升昌的情感，大义凛然出面解决日升昌的危难，实为一位罕见的义士。

与“相与”讲义，所谓“相与”，就是在业务上有相互往来的商号，在晋商中，不随便建立相与关系，而一旦建立起来，则要善始善终，同舟共济。对于“相与”，晋商尽心竭力相互帮助，即使无利可图，也不中途绝交。祁县乔家的复字商号，尽管资本雄厚，财大气粗，但与其他商号交往时都要详细了解，确认该商号信义可靠才与之成为“相与”，否则，均予以婉言谢绝，对于已经建立起“相与”关系的商号，均给予多方支持，即使对方中途发生变故，也不轻易催逼欠债，不诉诸官司，而是竭力维持和从中吸取教训。广义恒绒毛店曾欠乔家复字号五万银圆，仅以价值数千元房产抵债了事，至于复字号下属商号，一旦停业时，则要把欠外的债务全部结清，外欠的能收多少算多少。复字号的上述做法，使它在同业中威望很高，影响甚大，故许多商号均以能与复字号建立“相与”的业务交往关系为荣。又如常家天亨玉掌柜王盛林，东家为了还债，要抽回天亨玉的投资，此时，王盛林向其“相与”大盛魁借银三四万两，让东家渡过难关，天亨玉毫无资本，全凭着王盛林掌柜的人格信用支撑，使商号照常营业，未发生倒闭。1929 年大盛魁危机时，王盛林认为该号受过大盛魁“相与”的帮助，不能过河拆桥，他不顾一些人的反对，主动派人送去两万银圆，设法从资金上、业务上支持大盛魁，帮它渡过难关。

光绪二十六年（公元 1900 年），京都的瑞蚨祥绸缎庄，被八国联军一把火烧成灰烬，瑞蚨祥财东掌柜在绝境之中找到日升昌的北京分号，分号掌柜梁怀文热情接待，一次性给瑞蚨祥放款白银 4 万两，使瑞蚨样二次创业成功。

商号的生存与发展，很大程度上还取决于东家和掌柜能否调动员工的积极性，带领员工去创造更多的利润。员工积极性的调动，又往往体现在东家和掌柜对员工的仁爱上。“渊深而鱼生之，山深而兽往之，人富而仁义附焉”。也就是说东家和掌柜对员工只有施行仁爱之心才能赢得员工对商号的爱心。要赢得员工对商号的爱心，除了对员工进行以义为上的教育之外，更重要的是满足员工对“利”的需求，只有这样，员工才会对商号有感情，才能引导他们去为商号创造更多的利润。乔家的始祖乔贵发是一个孤儿，童年受人歧视，对为富不仁者深恶痛绝。所以，在他致富后怜贫惜弱，经常接济穷人。特别是对自己的员工，一旦有员工家人病了，他就给银子看病；若有员工的父母亡故买不起棺材，他便给几十两银子让其料理丧事，乔家从不克扣员工的薪金，不侮辱员工的人格，这已成为乔家的一贯做法。乔家的义举，为自己的常福久安创造了一个和谐的环境。

四、履中蹈和

明清晋商奉行“中和”之道。他们对顾客和颜悦色，与“相与”和睦相处，在生意上始终坚持履中蹈和的原则。他们的兴盛得益于“中和”，因而，格致中和，这是明清晋商经商之道的又一大特色。

何谓“中和”之道呢？“中和”之道就是说，“喜怒哀乐之未发，谓之中；发而皆中节，谓之和”。简言之，“中和”之道就是“中庸之道”与“和为贵”思想的融合。“中也者，天下之大本也；和也者，天下之达道也。致中和，天地位焉，万物育焉”。“中”是天下万物的根本，“和”是天下通行的准则，达到“中和”，天地就各居其位，万物也就可以成长发育了。“中和”强调适度，凡事“过”和“不及”都不合乎事物的标准，过了“临界线”，有损于事物的稳定性和连续性，当然“不及”，也不利于事物的发展。“中和”的目的是使万物达到平衡和稳定，平衡和稳定是万物生存与发展的基石。

所谓“中”，就是中国传统文化中的“中庸”。宋代大儒程程颢解释“中庸”时说：“不偏之谓中，不易之为庸。中者，天下之正道；庸者，天下之定理。”“中”就是不要偏激，不要走极端；不要不及，也不要过头，“中”就是恰到好处，合乎度。“庸”就是保持一颗平常心。

中庸之道是中国传统文化重要的组成部分。孔子“五美”之说，就讲的是中庸之道。“五美”就是“君子惠而不费，劳而不怨，欲而不贪，泰而不骄，威而不猛”。也就是说，君子要经常做到广施恩惠而不浪费；安排适当的劳动而使百姓无怨言；心有所欲却不贪婪：追求安适却不骄横；庄重威严而不凶猛。“中庸之为德也，其至矣乎！”中庸被孔子看作是道德的最高标准，可见中庸之道是做人非常重要的准则。

既中且庸，则为中庸之大道，凡此种种，可推而及于所有事物之中。早在几千年前，我们的老祖宗就已了解到事物是个矛盾的统一体。事物的发展也是矛盾发展的结果，关键是要找出消弭矛盾的平衡点，这才是一种稳健的思想。偏袒某一方，就会激化矛盾，事物就会发生巨大的变化，所以说，中庸之道是一种稳健的思想。对每个人来讲，修身、齐家、立业、治国、平天下，得其中庸之道则必有所成，失于中庸之道者必难得其功。

明清晋商要做的就是稳定而长久的生意。在经商过程中始终坚持中庸之道这一准则，不为拘泥，不为偏激，寻求适度、适当地解决问题的途径，在这种信念的支撑下，最终创造了一个和谐的发展环境，为自己致富铺平了发展道路。

晋商与同业往来中，既保持平等竞争，又保持相互支持与关照，对待“相与”，明知无利可图，也不中途绝交。民国二十五年（公元1936年），财东杨志武的双字号欠乔家复盛全白银五万六千两，无力偿还，杨志武的儿子去乔家求情，向掌门人乔映霞陈述衷情。了解到双字号自杨志武去世之后，后继乏人，又遇时局多变，导致连年亏损，已无力偿还债务，乔映霞对他的遭遇十分同情，竟当面答应将欠款一笔勾销，杨志武的儿子感激涕零，立即伏地磕头。于是，“一头”清欠五万六千两银子的故事就在包头城流传开了。大顺公绒毛店欠复盛公现洋一千元，还了一把斧头、一个箩筐即算了结。从这种恢宏气魄，宽容大度的精神中，不难看出中庸之道对晋商的影响。乔家的这种行为正是践行了中庸之道，不激化矛盾与人和睦相处，宽厚待人，这是乔家数百年久盛不衰的重要原因。

乔家非常重视儿孙的品德教育，乔致庸将《朱子治家格言》写在屏风门扇上，儿孙启蒙时必读。乔家的家规很严，要求其子孙，一不准吸毒，二不准纳妾，三不准虐仆，四不许赌博，五不准冶游，六不准酗酒。乔家的始祖乔贵发留下祖训：我本是穷人，受尽别人歧视；后人切不可为富不仁，欺压穷人。乔家后人代代谨记祖训，善待穷人，不欺压、不歧视穷人，常常扶困济贫，乔家乐施好善、急公好义的美名，周围百姓有口皆碑。

没有规矩，不成方圆。晋商数百年长盛不衰，严密而切实可行的号规是一个重要原因。晋商制定号规是为了经营好自己的商号，在号规的执行上，东家严以律己，宽以待人，他们制定号规首先是约束自己。东家对员工是态度宽和、待遇丰裕，体现的是一个“宽”字；掌柜对员工要求很“严”，体现的是一个“严”字。东家施宽，激发了员工爱号如家的热情；掌柜施严，调度了员工的责任心。宽严结合，一张一弛，晋商的管理巧妙地体现了中庸之道的原则。

中庸之道何以受到晋商的推崇？这是由于它蕴涵了一种合情合理的精神，按中国儒家的看法，就是它能“致中和”，达到中正和平，而“使无事不达于和谐的境界”。历史经验证明，实施中庸之道，避免过激和片面，有助于人际关系的改善和问题的正确处理，而搞“反中庸”，“矫枉必须过正”那一套，则会给社会、给个人带来非常不利的后果。

照中国传统说法，讲中庸之道的人，在处理一般人际关系中，应该要讲厚道，注意与人为善，以诚、以宽、以礼待人。要具有不计较个人得失恩怨的广阔胸怀，能够容纳各种不同意见，团结甚至是反对自己的人，共同把事情办好。

千百年来，中庸、和合文化，深深地影响着中华民族，也影响着晋商。明清晋商受中华民族文化的熏陶，对“和”有着更深刻的理解，并恰如其分地运用在实践中。晋商读本《贸易须知辑要》，介绍了坐贾培养学徒伙友的基本常识，其中要求“做生意须平心定气，执执一一，和颜悦色，下气怡声，婉转相达，此乃生意乖巧第一”。乔家复盛公，为富而求“仁和”，“为富者仁，则和气生，则共存，则富可久富；为富者不仁，则敌意生，则斗争，则两败俱伤或贫富易位，则富者难以久富”。乔家视“和”为久富之术。儒商常家，崇尚儒学“中和”之道，也得易于“中和”。以“和”字当头，起宅建堂时均以“和”字命名，用“和”字命名的堂宅达29处之多。“和”是晋商长期遵循的商业行为准则，他们不但追求“家和”，而且追求“人和”。在晋商看来，“区区商号如一叶扁舟，浮沉于惊涛骇浪之中，稍一不慎倾覆随之……必须同心以共济”。因而，晋商也非常注重与社会各界的和睦相处，尤其是与同行既存在平等竞争，又保持相互支持和关照，同舟共济。“和”是晋商生财之道，也是商号持续发展的根基。

大德通票号规定：“各处其位，皆取和衷为贵，在上位者，宜宽容爱和，慎勿偏袒；在下位者，亦当体量自重，勿得放肆。”可以看出，大德通票号倡导和衷共济精神。“和气生财”“和为贵”等商谚俗语，已成为晋商立身行事的规范。这种团结相与、宽容相与的协作精神，也是晋商出奇制胜，数百年久盛不衰的重要原因。清光绪初年，山西连续遭灾，乔家财东乔致庸不以富家坐视自傲，而是约束家人“禁肉食，着粗服”，降低生活标准，同时又开仓放粮，广设粥棚，捐银赈灾。在他的带动下，祁县富户群起效仿，拯救生灵于水火之中，为此，光绪皇帝令山西巡抚曾国荃赐赠“仁周义溥”匾额，悬挂于乔家老宅门上。

类似乔家兴义举，赈灾民的事，在晋中的富商大户中屡见不鲜，几乎家家都有。据史载，光绪三年，山西大旱，灾民无以生计，四处逃亡，曾国荃号召山西各票号募捐，各票号财东慷慨解囊，捐银近 20 万两。介休财东侯荫昌捐银 1 万两，榆次常家一次捐助 3 万两白银，曾国荃特赠“好行其德”和“乐善好施”两块牌匾，以褒其义举。清光绪二十八年(公元 1902 年)太谷县遭受旱灾，庄禾尽枯，村民食不果腹，富商曹家开设粥棚赈济饥民，时人惊其豪而戴其德。曹家又出巨资整修河道，开凿新渠，筑河堤以防水患，村民大得其利。1919 年，渠本翘侄子渠晋山出资两万多两，在祁县城内建立新学堂，对于家庭困难的学生设有专门助学金，培养了大批品学兼优的人才。

孔子曰：“天地之性人为贵。”晋商推崇以和为贵的经营思想，认为人与人之间团结相与，发挥群体智慧是力量之源泉。因此，他们在商务活动中特别注重商场义气，靠团结相与，互相帮衬，解决商号事务和人际纠纷，协调与官府和地方士绅之间的关系。这种习俗由来已久，明清以来逐渐演变成一种为人熟知的商业道德。

晋商和衷共济的精神，还体现在同行之间的公平竞争与相互扶持，以及对于突发危难的爱心救助。过去，商家流行一句俗语，叫作“同行是冤家”，但在票号业发达的晋中一带却并非完全如此。祁县的乔家、渠家和太谷的曹家都是巨商富贾，在清代中后期都办起了票号，全国各主要商埠都有分号。票号当时普遍发行一种纸币，俗称钱帖子，可以到票号兑付现金。光绪年间，在东北地区突然刮起一股挤兑风，传言乔、渠两家发行的钱帖子要贬值，人们纷纷持钱帖子到乔、渠两家的票号兑取现金，乔、渠两家财东一时难以应付。因为东北地区是太谷曹家的发迹之地，商业根基很深，所以当挤兑风袭来时，曹家的钱帖子仍然信誉极高。此时，乔、渠财东只好亲赴太谷曹家求援。此时，曹家完全可以坐视不管，而曹财东却慨然应允了乔、渠两家的请求，立即通知所有曹家各票号、银号均可代乔，渠两家的钱帖子兑付现金。这样，挤兑风潮才逐渐平息下来，乔、渠两家在曹家的帮助下终于渡过了难关。之后，在东北市场，乔、渠两家处处谦让曹家，三家互相联手，商业都得到了长足的发展。

山西票号的赎矿斗争是中国近代史上的一次爱国壮举。山西矿权之所以没有像开滦煤矿和井陉煤矿那样在 19 世纪末期落入英国人之手，山西票号商人功不可没。当时，《大公报》曾发表文章，赞扬晋商顾全大局，大长中国人之志气，谓“晋人如此团结，将来发达岂可限量”。

五、乐善好施，绝不忘本

光绪三年 (1877 年)，山西省全省发生百年不遇的大旱灾。庄稼颗粒无收，百姓生活极为艰辛，由于当时消息的传播非常缓慢，再加上交通不便，当全国各地得知山西境内严重遭灾的消息时，山西各地已是村落荒凉，饥民携子奔走，走到途中，往往全家饿死在道旁。

田野中，草根被挖绝了，树皮被剥光了。甚至有的饥民把石头磨成粉和土掺在一起吃下去充饥。每天每时都有因饥饿死在路边的人，卖儿卖女的悲惨景象随处可见。

曾目睹山西旱灾惨况的外国人在其报告中说：“在这恐怖的峡谷中，夜间更无法通行，沿途到处是人畜尸骨，任何人只要倒下端息或病死，就会很快被狼、狗和狐狸吃尽。”

当时驻天津的万国救济委员会估计，在光绪三年（1877 年）的饥荒中，有 900 万到 1300 万人因饥饿、疾病或暴力而丧生。其中山西占相当大的比例，当地民谣有云：“光绪三年，死人一半。“

后因为灾情极为严重，人口减耗过大，清廷指示全国各省全力支援，调集粮款，运往山西。各省官员接到指示，纷纷筹款、筹粮，设法火速运往山西。

此时，遍及全国各地的山西商人，生意发展兴旺，如日中天，资金也相当雄厚，在商界中首屈一指，家乡所受的灾难，使他们再也无法安心地经营，每时每刻都在惦念着自己的父老乡亲，于是纷纷组织起来为家乡出力，各大票号及股东成为捐输款的骨干。短短几个月时间内，各家商号就捐银 12 万两。蔚字五联号的东家侯荫昌捐出 1 万两，时任山西巡抚的曾国荃曾为此送给他一块“乐善好施”的牌匾，元丰玖票号的东家孙淑伦为了救护乡亲先是出银 1.6 万两，此后又捐米数千担，真可谓雪中送炭。

山西票商在大灾之时博得了良好的声誉。乔致庸一人向家乡捐输 3.6 万两白银，在当地富户中表现很突出。曾国荃大加赏识，亲笔题写“福重琅环”的巨幅匾额相赠。乔家与此同时还开仓赈济当地百姓。

山西商人不仅捐钱捐粮，票商更承担了各省灾款的汇兑重任，如：平遥县令约请了蔚丰厚经理范凝晋协助办理本县救灾事务，范凝晋为平遥本地人，在平遥当地士绅中享有很高的声望，当时，范凝晋受县令之托，主持捐局，号召当地士绅捐款、捐物，挽救危难中的百姓，他在负责筹集线物、粮食的同时，还尽量迅速地把食物分发给那些最难的人家，连续几个月的劳作，范凝晋却从不懈怠。有的同行对他如此热心公务感到费解，甚至以为他有“沽名钓誉”之嫌，对此，范凝晋也顾不得计较。范凝晋以他的实际行动赢得了同乡百姓，尤其是那些得到救济的乡亲们的尊重。

与范凝晋一起协办赈灾事务的还有日升昌票号经理张兴邦，张兴邦也是平遥城内人，他利用自己的社会影响，鼓动亲朋好友多多捐助。在张兴邦、范凝晋等人的积极努力下，平遥县的赈灾工作取得一定成绩，许多灾难中的百姓，因为得到了及时救助而存活下来，张兴邦为此受到地方官府的表彰，被赠予一块“急公好义”的匾额。

光绪三年的大饥荒中，山西票商中最早倡议捐款捐物的是协同庆总号经理刘庆和。刘庆和十分热心公益事业，地方官吏也对他十分器重，诸如修桥补路、组织团练、开设书院等，他都热心支持。在光绪三年和四年大灾荒期间，他首先站出来号召乡绅捐银、捐谷，为当地百姓所称道。

“患难见真情”，不仅在山西本地的票商积极投入救灾行列，而且在全国各地分号的人员也为解救家乡的危难而奔走。时任蔚丰厚票号金陵分庄经理范家俊，接受两江总督的委托全权负责募集赈款之事。范家俊四处游说，劝人捐银捐粮，在很短的时间里就等集到十余万两白银。

与范家俊情况类似的还有温佩琛。温佩琛是平遥阎良庄人，长期在四川分号任职，与当地政界人物保持着良好的关系，光绪三年，山西巡抚曾国荃向各省求助时，四川总督丁宝桢感到十分为难，原因是当时四川地方藩库存储不多，很难提出较多银两支援灾区，同时对募捐工作也没有什么把握，这时手下官吏力荐温佩琛主持协办此事。温佩琛以故里情重责无旁贷，慨然应允先由其票号垫借 10 万两，发往山西以应急。此后，温佩琛积极在四川士绅中筹募银款，陆续收到的赈灾捐款达数十万两。家乡人民的苦难，使有良知的山西商人无法专心经营、他们用自己的行动报答这块养育他们的土地和人民。

在这场罕见的大灾难中，山西票商急公好义、慷慨解囊，既体现了山西人良好的群体意识，又为自己在公众中树立了良好的声誉。

第二节　日本商帮的经营理念

一、“家业”本位思想

宽文八年（1668 年）三月二十日，江户市中心，张贴出一张面向幕府直辖领地的文书：“町人的宴会应该尽量节俭。即使是富有的商人，宴客最高标准是两汤五菜。并且，举办婚宴或家督仪式时，应该向领主报备。”这是关于町人的一家之主称为“家督”的最早的法律记载之一。

町人没有像农民那样拥有自己的土地，也没有像武士那样拥有幕府给予的官职和俸禄，那么町人家庭继承“家督”，要继承什么呢?

古人云：“女有家，男有室……有夫有妇，然后为家。”可见家是以婚姻和血缘关系为纽带的一种社会组织形式，家是社会生活的基础，是社会结构的最基本单位。然而，日本历史发展到近世社会，在家族制度上形成了一种独特的家族体制——家。日本的“家”是一种超血缘的集团，并不仅仅是人们理解的由一个男性家长和他的妻子儿女组成的家庭。日本传统的家族制度中的“家”是以家业为中心、以家产为基础、以家名为象征的家族经济共同体。是“依托于祖先之灵的、纵式的、连续的观念式存在”。这个集团——家，由其成员世代传承，不管家庭发生什么变化，“家”都保持同一性而存在下去。也就是说，即使家族血缘成员在肉体不存在了，也并不意味着“家”的消失。因此，近世时期在谈到商人时，往往使用“商家”的提法，如鸿池家、角仓家、伊藤家等等。这一称呼本身即体现了商家家业的社会性。

家业是家的核心，不同社会阶层的家业有着不同的含义。在武家社会，武士通过“奉公”获得赖以生存的俸禄和荣誉，因而“奉公”即是武士的家业。对于商家来说，其家业不仅包括祖先传承下来的财产，还包括积累这笔财产的商贾买卖及经商的经验和技能，甚至包括屋号等。商家非常珍视自己的家业。出身于大阪富商家庭的作家、俳人井原西鹤(1642–1693)在其作品《日本永代藏》中以幽默的笔调，为商家开了一服名为“致富丸”的处方：“早起五两，家业二十两，夜作八两，俭约十两，健康七两，将此五十两细细研磨，准确计量，仔细配方，早晚服用，定能成为富翁。”在这一“处方”中，家业所占分量最重，意即家业如何(包括经营历史的长短、经验的多少、信誉的好坏)，是经商之家成功与否的关键。因此，商家都将传承和发展家业作为首要任务。他们常常以“父勤俭，子享乐，孙乞食”这种零落破败的事例来警醒后人。长崎町人学者西川如见(1648–1724)也在《町人》中指出：“家财乃子孙永久贮置之物，我身耗费一分于荣华亦大罪人也。保全家业并传之于子孙，系将从祖先托管之物又归还于祖先，此乃孝行第一也。”在这里，如见道出了日本家业观的特点，那就是家业并不是属于家之当主一人的，而是由祖先处继承下来，经过自己之手，尽可能地将其发展、繁荣，并再将其传至子孙后代。因此，商家的历代成员都将保全家业作为商人最大的孝道，可见家业对商家之重要。在商人心目中，家业是第一位的、恒常的，而不断更换的只是不同的“托管”者(即家业的继承者)。在这种观念下，如何维护家业，便成了商家的宗旨。

商家重视家业，有其外在的体现形式，其一便是对家名的珍视。日本的家名相当于中国的姓，但中国的姓表达的是一种血缘关系，而日本的家名代表的却是一种社会关系，同时也是家业的标志、商家信誉的象征。日本人从家名所想到的是自己的社会地位，是祖先遗业的结果。所以，并不是每个商家子弟都能自然而然地继承父姓。如大阪从事药种经营兼营制墨的商人若狭屋太郎兵卫在家训中规定："承继代家长之名的人物"，必须"在一家商谈之基础上，选诚实者而定之"。可见，家名是依附于家而非依附于个人的，因而与之相联系的也并非其家庭成员的生物性延续。当时社会在继承制上实行家督继承制，因而只有家业的继承者才有权使用家名，其他人则往往要更改姓氏。如近江富商三井家家训《宗竺遗训》明确规定："次男以下分家之时，不得使用三井之家名。"此外，如果商家成员经过努力，开创了一份新的家业，新的家名就会随之产生。如大阪豪商鸿池家的祖辈姓山中，最初是战国某大名的家臣，后来从事酿酒业，其中的一支于1619年(元化五年)迁至今大阪附近的鸿池村，旋即从事海运业，遂改家名为鸿池。因此，在日本出现同族而不同姓、血缘相同而姓氏不同的现象毫不奇怪。不仅如此，商家为了显示其家业的繁荣与久远，在命名制上还常采取"袭名制"的形式，即子孙代代使用一个相同的名字。如近江日野商人山中屋的开创者名为兵右卫门，其第二代仍沿用父辈的名字，称作"二世兵右卫门"。又如伊势出身的豪商伊藤家，"自从宽政初年(1790)伊藤家的次男长次郎分家以来，代代以长次郎或长治郎称之"。再如近江日野出身的大商人中井家，代代袭名源左卫门。这种袭名制的形式表明商家在继承父辈家业、财产的同时，也继承了父辈的名字，不仅使后代与先祖之间在心理上有亲近感，在社会生活中具有连带感，而且父辈的名字也成了商家的宝贵精神财富和家业的组成部分。无论是更改姓氏也好，还是采取袭名制的形式也罢，都从不同的侧面说明了商家对家名的极度珍视，同时也反映了日本的家名继承传统。

商家注重家业其外在的表现形式之二便是他们非常看重屋号和"暖帘"的作用。屋号即商家的商号，具有代行家名的作用。商家的屋号或以贩卖物相称，如"酒屋""米屋"等，或以祖上的出身地相称，如"大和屋""河内屋"等。商家常将屋号印于"暖帘"之上，悬挂于店铺门口，作为商家更直观的标志。

暖帘既是商家的招牌，也是商家的家世、实力以及对顾客信誉的象征。因此印有商家屋号的暖帘，其价值如同武士之军旗，被商家视同生命，被称作是商家的脸面，商家精神的根本。如吉田家家训规定："在闭店之时，要郑重地收起暖帘并整齐叠好。如有风雨，不能让暖帘彻夜暴露于风雨之中。"据说，在店铺失火的时候，商人们首先抢救的不是钱财，而是祖先的牌位和作为商家标志的暖帘。我们可以想象，通过日复一日地早晨挂起暖帘，晚上将其取下，商人们已经把对自己家业的荣誉和对家业繁昌的希望融入这种简单而机械的"行事"之中了。

商家对家名的注重，充分体现了商家的家业观。正是商家一切以家业为核心的思想意识以及这种思想意识在商家的贯彻，才使得商家的家业具有了稳定性和延续性。

二、诚信正直以义取利

日本江户时代中期，商业发达，商人的社会作用愈来愈大，在长期的经营实践中，日本的商家认识到：作为商人也应该重视学问，树立正确的人生观念，按照商人之道获取财富。"不知商人道者，贪欲可使其家破业亡。知商人道者，可使其弃欲心怀仁心，顺道而行，发家置业。"商人去掉贪欲，常怀仁义之心经营商业，才能成为一个合格的商人。

商人道首先表现在"诚实取利"方面。

对于商家来说，能否做到正直不欺与注重信誉，无疑是家业繁盛与衰败的关键所在。因此许多家训中都强调商家之商业经营应以正直为本、以诚信为本。

武家社会的信誉，只体现于个人间的相互信赖，而商家的信誉则明显具有广泛的社会性特点。并且，商家为信誉所做的不断努力，是与"家业繁昌"这一目标直接相联系的。这种具有强烈功利主义色彩的经营理念贯穿于商家经营的始终，且在家训中多有体现。比如在宇佐美松鹤堂的家训中列举了几项经商中必备的条件，"正直五两，思量三两，忍耐四两，判断二两，取舍一两"，其中正直处于最高位，所占份额也最大，意在提醒人们在经营中不要因利贪财而损毁了商家的信誉。"商内，勿取高利，正直售货，方可繁昌"，相传这是白木屋吴服店的始祖、初代大村彦太郎可全所作的教训歌，以此训诫后代，只有以正直之心进行经营，才能真正实现家业的繁昌。许多家训还告诫子孙，应明确以利为义、贪图不义之财的危害，要树立正确的义利观。如“贪图金钱，是愚弄子孙、灭亡祖先遗业的事，即便一钱，也不应贪图不义之财”。《矢谷家家训》写道：“无理贪财，实为失财招祸之本也。”《伊藤家家训》也强调“不义之富贵，犹如浮云”，是不会长久的。如何维护信誉，做到正直不欺呢？在家训中也有具体规定，如《山中家家慎》中规定，在选购商品时，要“确实购进优良的商品来贩卖，切勿购入不良的、粗劣的商品，也不要希望获取暴利”，《若狭屋掟书》规定：“金银、米谷、药种，甚至其他物品，绝不进行不正当的交易。”《佐野屋菊池家初代•长四郎训戒》认为：“人无不希望富贵，然求富贵有邪正两途。以正道则如探囊中之物而必得，以邪路求之，似水中捞月而溺水，无果且反祸其身。”对于从事商业经营的商人来说，若不能正直、诚信经商，则无法在商界博得良好的信誉。

在商家家训中，往往将诚信视为为人处世之基本品德，视为行商之根本，而谋求利润则在其次。例如：

应明财为末、信为本之道理。（《滨口家家宪》）

德义为本，财为末，勿忘本末。（《茂木家家宪》）

处世须以正德为本，用心做事，祈望健康。若因不德、不义而多财，反增过错，招致祸灾。（《佐野屋菊池家初代·长四郎训戒》）

商人之使命，乃通万物之有无，以便万人之用。若徒纵私欲，则误其本义，与神之心愿相违，以致破败其身。（《世俗便利抄》）

近世商人不仅将诚信正直经商作为一种理念加以提倡，还强调要将其运用到实际的经商活动中去，例如强调对待客要热情、周到，不可怠慢顾客。《山本家丁目》规定：“若顾客来店，即便有何要事，也要暂时搁置并应对顾客，纵然有事而无暇抽身，也要立刻吩咐他人应对，万不可疏忽、怠慢顾客。”

商家家训中体现的以诚为本、以财为末以及平等待客的观点，不仅充分体现了近世商人良好的经营道德和商业伦理，而且表明近世商人已经认识到树立商业信誉与经营效益实际上是互为因果的，认识到商业信誉是一种无形资产，正是这种良好的职业道德成就了许多商家持续百年甚至几百年经久不衰的辉煌业绩。对于现今商业界、企业界中以次充好、欺蒙顾客等不良的商业道德，本人认为，只为谋求利润，也许会得逞于一时，但绝不会长久，这正是近世商人伦理给予我们的深刻启示。

值得一提的是石田梅岩(1865–1744)的“商人道”思想对近世中后期商家家训的影响。石田梅岩是近世庶民哲学家，他的“商人道”思想主张在四民平等的前提下，肯定商人的劳动成果，肯定商人的社会地位。同时，石田也非常注重商业道德。针对当时出现的一些不道德、不守法而企图一夜暴富的商业活动，石田规劝道:“贪欲可使其家破业亡”，只有“知商人道者”，才可使其“去欲心而怀仁心，顺道而行，发家置业”。石田还认为，商人道首先表现于“诚实取利”，商人之经营应“立于诚实取利之上”。石田的“商人道”思想以及要求商人正直取利、本分守纪、注重信誉的观点，多被商人采纳并写入家训之中。

注重信誉是商家诚信观的一个方面，而另一个重要方面就是商家的义利观。日本近世商家在重视信誉的同时，也试图谋求“义”与“利”的调和。

谋利乃是经商之根本，然如何谋利，则途径不一。在商言商，唯利是图者有之，以义求利，以义制利者有之。“义”属于儒家道德价值体系的范畴，“义与利不一定是相克的，不过也不会总是相辅相成”。不少正直的近世商人并没有将二者对立起来，而是力求做到义利交融，以义求利，以义制利，这在商家家训中也多有体现。例如：

原本贸易之事业，乃互通有无，利人利己也，而非损人而益己。……故曰利与义一体也。(《舟中规约》)

一日偏离仁义则非人道，然若胸无精算之念，慈悲过分则又为愚痴，守仁义，如惠军师之士卒，商可得利也。(《町人考见录》)。

所谓商家，乃以财而互通有无之天职，以其余者得以相续。(《中井源左卫门家初代训戒》)。

通过上述家训内容，不难看出，日本近世商家力图将商人的获利行为与儒家以“仁义”为人道的思想相调和，表现出商人在义与利相冲突、相对立时，尽量寻求道德与义利两全的希望和努力。比如，在近江五个庄有一位叫五郎右卫门的大商人，主要与金泽藩进行商业来往，虽然借给了金泽一带的人们不少钱，但当他们的情况越来越困难时，他却撕掉了所有借条。他在撕掉借条时曾说："虽然我们收不到欠款，但将来他们会报答我们的。"在其他商人都选择离开的时候，五郎右卫门却给金泽带来了大量的商品和物资，受到了极大的欢迎。果不其然，之后在五郎右卫门碰到无法解决的困难时，金泽藩的人们帮了很大的忙，让他有了重新振作的机会。

三、勤勉俭约

近世商人深知创业难而守成更难的道理。每一部商人的发展史，都是在其第一代或第二代在创业之初，历尽了千辛万苦，事业从无到有，经营规模由小到大，经营范围由当地直至全国。他们深知勤俭持家、骄奢败家的道理，因此商人的先祖在制定家训时，都非常强调勤俭节约，告子孙后辈家业来之不易，叮嘱他们一定不要浪费钱财而致家道中落。

近世中后期以后，随着商人经济实力的增强，有些商人开始主张肯定商业及商人的社会作用，追求人性的解放和自我价值的实现。在这观念支配下，以豪商、富农为主体，社会上出现了奢侈浪费之风气。有的营造豪华住宅，有的逾越身份的限制，穿着不合身份的服饰，出入于花街柳巷。比较警醒的商人针对这一不良现象，在制定家训时，对奢侈浪费的社会风气及行为进行了严厉的抵制，要求家族成员厉行俭约，保持传统的美德。

（1）将勤俭视为商人家庭道德教育的重要内容。深受儒家思想影响的日本近世商人，也将俭约置于非常重要的地位，以此来教化和约束家人并警戒后人。如钱屋五兵卫在其家宪中称："无禄之町人，虽当时取相当之利润，然无时不虑有损失之时……致力于俭约乃为第一要义。"此外，商人还将恣意浪费祖先、双亲所遗留下来的财物视为对祖先的不孝："己身能自由支配之金钱，乃先祖、父母之遗产暂留存于己处，且须传之于子孙者也。自己若肆意浪费，乃大不孝之罪也。"与此同时，商人不但要求家人节俭，也要求家长以身作则，率先垂范，以教育后人："主人乃一家之模范，我勤众何怠，我俭众何奢。"通过如此之教育，勤俭持家的观念，必定会深入人心，对商人家族伦理和道德教育产生深远的影响。

(2) 将勤俭与家业联系在一起。日本近世商人所强调的勤俭，不仅是个人人格品德的问题，更是与商人所从事的职业息息相关的。“武士嗜武艺而勤于公役，农人勤耕作而上纳年贡，工匠精于家业而不失祖传之技，商人以商贾为本而以实意勤之。此乃士农工商四民终生所守之道，曰本分是也。”商人们懂得，勤俭而不骄奢，不仅能够使家族繁荣发展，更是子孙百代长久之基础，“勤俭以富家，骄奢以灭身，勤此慎彼，是为同族繁荣与子孙长久之基也。”可见，讲求勤俭，对于资本积累，对于奠定商人经营活动的最初物质基础，起着重要的作用。不但如此，商人还将勤俭持家视为发展、繁荣家业之正途。在这里，作为儒家伦理基本要求的“勤俭”，在商人的家庭教育中，又将其引申为商业道德教育，这种由儒家道德向商贾道德的扩展，有力地推动了日本近世经济社会商业道德和商人家经济生活规范的确立。

(3) 将勤俭之规定细化至生活的各个方面。日本近世商人在家训中对于俭约有种种规定，其涉及之范围与细化之程度，令人惊叹也引人深思，予人以启迪。下面试举几例：

关于日常之购买：

小到薪炭，二、三分长的小杂鱼，大到去街上河边购物、买木材，也要主人亲自前往，尽量划价再买，并将物价牢记在心。（《岛井宗室遗书》）

日常生活中最重要的是柴、炭、油，尤以柴为要。用量依烧柴方法不同而大有差异。一天中烧饭用多少，做汤用多少，主人要大体知其量，并按其量交与女佣，于是一个月能用多少就知其大概了。（《岛井宗室遗书》）

薪柴之类，生木与朽木都不好用，要买干柴。与劈柴相比，树枝和木块好用，茅草比树枝更好用。（《岛井宗室遗书》）

蔬菜的购买即便少量，也应在货比三家后再买，夏时只买当日之份，秋冬降价时，多购为佳。即便每日仅多支付一文，一年三百六十文，是为棉布一反之损也。（《家内用心集》）

关于饮食：

朝夕饭米每人一年定为一石八斗，如杂以蔬菜与大麦食之，则一石三斗、四斗足矣。（《岛井宗室遗书》）

要做糠味噌、五斗味噌食之，每天将味噌研碎，让其充分出汁，其糟粕中

入盐，用萝卜、黄瓜、茄子、冬瓜、大葱等蔬菜的皮屑腌制咸菜，给佣人们早晚下饭。（《岛井宗室遗书》）

米价腾贵时，要吃菜粥。若喝菜粥，首先主人也要吃。如果一点也不吃，就要想想下人的感受。万事都要如此留心，我们的父母过去就是这样做的，我们在年轻的时候也与佣人吃同样的饭菜。（《岛井宗室遗书》）。

店内生活万事宜行简素，朝夕食事一菜一汤，不许喝酒。(《住友长崎店家法书》)

关于衣着：

平素在店内不着棉布以外之衣服，腰带也勿着绢物。(《伊藤吴服店家训录》)

裁缝事宜一切于家中解决，不可委托他人。（《滨口家家宪》）

关于婚丧嫁娶：

不得与富贵者结亲，要与简朴家庭之子女结婚（《本间家家训》）

婚丧嫁娶等，须按礼仪进行。席间所用菜肴，应与身份相当，万事严守俭约之道，不可有无谓之浪费。（《鸿池家家训•幸元子孙制词条目》）

关于住宅：

饮食、衣物与住宅，人生不可或缺。无此三者度一日亦难。然耗无用之费，极尽奢侈华丽者，亦在此三者。是故此三者能俭，则所有事物悉能俭。（《佐野屋菊池家初代·长四郎训藏之二：训戒——富贵自在》）

此外，不少家训中还有诸如外出时的穿着用度、闲暇时的游玩等方面关于禁止浪费的规定，将勤俭观念贯彻至细微的生活的各个方面，足见商人之良苦用心，也足见商人对于勤俭之重视程度。

能否做到节俭，一家之长的表率作用是关键。故近代家训中不乏对家长行为的规定。例如：

主人乃一家之模范，我勤众何怠，我俭众何奢，我公众何私，我诚人何伪？（《安田家宪》）

家庭的风波多生于主人的淫邪，不溺酒色则身家共全，故宜尊奉五戒。(《爱知县伊藤家家宪》）

继承家业之人，即使是总领，若不热心商卖，对父母不尽孝行，品性放纵，

则在家中协商基础上，令其改名隐居。（《大阪药材商兼墨商若狭屋家宪》）

以发明清酒而闻名的关西富豪鸿池家就有严格限制家长奢侈浪费的实例。有一天，第十代家长鸿池善右卫门独自一人驾着马车到了大阪繁华商业区心斋桥。平素不大出门的他被路旁店头摆设的商品所吸引，于是走进一家商店，买了很多自己喜欢的东西。一结账，共计350元，可当时他口袋里只有区区30余元。按家族规定，家族成员每月只有为数不多的零花钱，即使是家长也不例外。于是商定让店家事后到鸿池府上去取。

鸿池善右卫门回家后不久，店家用车载着所购商品送到鸿池府邸，并请求付款。没想到遭到账房管家的拒绝："鸿池家从祖上就制定了极其严格的家法，即使是家长买了用于游玩的商品，如果超过规定的额度，也决不能付款。"任凭鸿池善右卫门怎样哀求，管家就是不答应，只好眼睁睁看着商人把送到家的东西又装上车拉了回去。这位家长后来仍然不思进取，整日沉湎于俳句与风流之中，不仅影响了家业经营，也损害了自身的健康。鸿池家经过集体决定，不得不让其隐居，并在稍后制定的《鸿池家宪法》中写进了"如果蔑视家名或损害了家产，可依据誓约书之明文，废除家长之名义，并使其退身"的条文。

在日本近世商人家训中，频频使用"俭约"一词。在一般人看来，"俭约"无外乎就是勤俭节约之意，然而近世商人对此有着自己的理解。日本近世后期关西著名的豪商伊藤家第二代主人伊藤长次郎认为："俭约即道也，'俭'乃是对事物的'观察与选择'，即何为浪费，何为吝啬，何为应努力之事；'约'乃为不违反约定之美德。"伊藤长次郎对于"俭约"的理解，至少包括了以下两个层面的含义：一是要对事物进行判断和选择，明确"浪费""吝啬"与"节俭"之区别，要求商人"节俭"，杜绝"浪费"，但又不能"吝啬"。二是要求商人应具有诚恳、朴实的美德。

勤俭节约虽是一种美德，但却有一个度的问题，过分之节俭，也是不可取的。《鸿池家家训·幸元子孙制词条目》中指出："住房及家具、衣服、饮食，皆不许嗜好奢华而恣意浪费金钱，应守俭约之道。然将俭约常露于表面，故作穷苦状则招致众人非议。当今世界，要按身份而行，万事不可哗众取宠。"这就提出了一个问题，何为节俭，何为吝啬，对此，虽然伊藤长次郎认识到了俭约与吝啬是有区别的，但并未解释区别究竟在何处。近江八幡商人、著名国学者伴蒿蹊在其所作伴家家训《主从心得草》中对此做了进一步阐述，他指出："俭约乃谦虚、朴实之意，与吝啬不同，若主人及妻之穿着，无绢则绸也可，无绸则布也可。然用人穿着之质地，宜择耐用而质优者用之，此即易区别俭约与吝啬之例也。"在鸿池家和伴蒿蹊看来，节俭是有限度的，也就是既不能"故作穷苦状"，也不能因强调节俭而为佣人选择不实用的衣物，一语概之，即不能因节俭而影响正常的生活和经营，反之则为吝啬。节俭与勤勉似乎是一对孪生兄弟，强调节俭的同时，也必然强调勤勉。活跃于明治时期的安田家创始人安田善次郎对此也有着自己的看法："提到勤俭储蓄，有人认为仅是节约蓄钱，实则不然。所谓勤俭，乃勤勉节约之意，换言之，乃'勤勉于业务，节省冗费'之谓也。勤为积极之语，意味着进取，俭乃为消极之语，意味着保守，故二者相辅则其效显著。余教诸子曰：勤则生俭，俭则生勤。"商家在提倡"俭约"的同时，还提出了"始末第一"的思想。"始末"即"始"与"末"，即开始与终了之意，是在经济活动中一以贯之的一种计划性，亦即预算和决算要平衡，无端的耗费是不应该的，这才是真正的"始末"。商家甚至将"始末"视为与"商卖"同等重要的大事："夫磨炼于商道，存储金银之商人，应置商卖于右，始末于左，譬如鸟之羽翼，车之双轮。"这种认识在今天看来仍是非常可取的。

四、顾客至上，回馈社会

顾客至上，这是商家经营的根本原则之一。不论什么时代，什么领域，如果不尊重顾客，经营就不可能持续下去。

顾客至上的经营，起源于伊势商家，三井财阀创始人三井高利的母亲——三井殊法。殊法要求：店员为顾客服务时，不论顾客的身份如何，都要拿出茶点、香烟等物品，主动、热情地款待顾客，赶上饭点的时候，还要请顾客一起吃饭。多年的经商经验让她懂得，让顾客高兴和满意是一件非常重要的事情。殊法甚至把顾客名录放在祖宗牌位的位置，每天早晚叩拜，感谢祖先和顾客在过去给予的恩泽，祈祷未来生意兴隆、全家平安。三井家怀着这种对顾客，对社会的感恩之心，一直发展到现在。

1673 年，殊法的儿子三井高利到东京，开了一家叫"越后屋"的布匹店，可是很长时间生意没有起色。正当他想关起店门回到故乡的时候，一天，在洗澡堂里听到几个手艺人在高谈阔论，准备穿一条新的丁字裤（兜裆布）去参加庙会，可是却凑不起人数合伙去买布，为此烦恼不已。当时的日本，商家卖布料，是以"反"（一反是做一件和服的布料）为单位卖的。所以，如果不是做和服，只是做包袱皮、襦裤之类的，就需要几个有需求的伙伴凑集起来，一起买。显而易见，这种买卖布匹的方式，是不符合顾客需求的。于是，第二天，三井高利便在店门口贴了一张告示：顾客不论买多少布料，都可以当场剪下来出售 。而且，有急需的客人，可以为其现量尺寸，现做衣服。

布店主要的顾客是女性，女性买东西买得最多的时候，是为女儿置办嫁妆的时候。为了免得顾客到处奔波，三井高利建立了日本第一家百货商店——三越，在三井的百货店里，顾客可以一次性购齐所需要的衣服、箱子、包、绸缎以及梳子、篦子、鞋箱、餐具等等。而且，不会因此而抬高商品的售价。

三井高利很快依靠特有的"越后屋商法"——低价甩卖、小量商品销售、明码标价等在当时颇为创新的做法，吸引了大批的顾客，营业额逐年提高。到1688年，三井家已经在江户、京都、大阪这三个大城市，拥有了11家店铺。称为"横跨三都"的富商。

百货公司松坂屋于1611年作为服装和小百货的批发商开始创业。创始人伊藤家族制定的店则有：

客人来店立即打招呼；不论对方身份如何，都要认真对待。

无论客人买多买少，都要尊重顾客。

不要销售对顾客不利的商品。

高岛屋百货店，现在是日本最大的百货商场之一，他们的经营理念如下：

好东西要在不亏本的情况下贱卖，这对顾客和我们都有好处。

将商品的客观信息明确地告诉顾客，不许有任何虚假和夸大的介绍。

如果商品有疵，一定要在顾客发现之前如实告知，绝对不能隐瞒。

顾客没有贫富贵贱之分。

下面是创于16世纪，日本最古老的糖果企业——虎屋的店规，这个店规最初是中兴之祖黑川圆仲在日本天正年间（1573–1592）制定的，之后虎屋的第九代掌门人黑川光利做了修改。虎屋的店则如下：

接待任何顾客切不可有不予理睬等无礼之事，须处处用心。亦不可有议论顾客的风言风语。

对顾客，不能做出不满的表情或动作，就算是休息日在路上遇到顾客，也要恭敬行礼。

主营布匹生意的矢代家族的家训：

老顾客自不必说，就算是买一寸布料的顾客，也是我们的恩人，只要买我们的布匹，不管是谁，都是我们的衣食父母。

从以上各商家的家训中，我们不难看出日本各个商家对于顾客的重视程度，他们不会去痴心做一夜暴富的美梦，而是通过正规合理的交易与顾客形成双赢，寻求长期发展的机会。

近世商人极其强调勤俭对于家业发展的重要性，并且努力将其运用于日常生活和商业经营的实践中。但与此同时，商家也在家训中指出了勤俭与吝啬的区别，其表现之一就是商人自身虽极力提倡俭约，但仍不忘拿出部分所得，救济和体恤他人，关心社会公益事业。

许多商家家训中都强调商人要以经商之所得尽力救恤他人，怜贫扶弱。如《伊藤家家宪》指出："己身之事应严守俭约之道，对他人则常持恩惠、救助之心。"商家怜贫济弱并不止于对亲属、友人的救助方面，近世时期的大多数商人都是从行商开始其创业生涯的，他们肩挑货物，披星戴月，跋山涉水，行走于四处。"行商于他国，不可仅思吾事，应以他国之所有人为念，切勿贪图私利。"这种怜贫济弱的思想显然已突破了地域的限制，在客观上体现了商人对社会的贡献。商家除以财力所许怜贫济弱外，还比较关注公益事业。如《本间家家训》第三条即是"尽全力于公共事业，为公益而勿吝其财"。《佐羽家家训》提出："以身份之许可，接济贫苦之人，此乃善行也。"在人们对社会发展规律还缺乏科学认识的时代，商人们关注公益事业，怜贫济弱的思想背后，反映了民间朴素的"善恶"观，如"积阴德"就是商人家训中常有的内容。关于"阴德"，近江八幡商人伴蒿蹊在《主从心得草》中讲道："所谓阴德，乃于人不察觉时尽力为他人做善行，表面上虽未显露，然实质上有益于他人，他人虽当时未觉，然日后必感激之。”在伴蒿蹊看来，关注公益事业，怜贫济弱，乃是一种平时不为人觉察，于默默无闻中进行的善行，并相信这种善行会得到好报，所以商人们多注重通过善行施以阴德。例如佐野屋菊池家初代池长四郎也在家训中教诲家人，在商业活动中“售者勿贪高利，年年若有蓄金，其半散施于阴德教济”，而施阴德的目的，最终是为了保护自己。这种朴素的善恶观念，体现了道德作为一种精神的实践性、民众的广泛认同性和可操作性。京都有一种叫“大原女”的著名小吃。“大原女”是用糯米和黑豆做成的一种类似年糕的日式点心。虽然其貌不扬，却深得京都人民的喜爱。“大原女”顾名思义，就是“大原的女人”的意思。在京都还是首都的时候，附近有一个叫大原的小村庄。大原是一个贫穷的村庄，长年饱受饥荒。为了生存，大原的女人们会上山砍柴，然后步行至京都去卖。从大原到京都，大概有 1 个小时左右的车程。但是如果背柴步行的话就需要三四个小时，大原的女人们每天天不亮就会上山砍柴，然后喝上一碗勉强算得上是粥的早餐，再步行至京都贩卖柴火。她们卖出去的柴火钱顶多是当时普通人的一顿饭钱，可为了维持生计，她们不得不每天坚持。当时，她们卖出去的柴火钱大约能买到一小碗大麦。大原女的孩子们每天都会盼着母亲早点儿回家，因为若是没有这一小碗大麦，他们会挨饿到第二天晚上。但是，单靠一碗勉强算得上是粥的早餐，是不可能再步行从京都回到大原的。大原女卖完柴火之后，每天都会从京都的出町柳出城。虽然她们卖完柴火后首先想到的就是自己的孩子，可是已经筋疲力尽、极度饥饿的她们，如果不吃点儿东西的话，或许可能会饿晕在路上。出町柳上有一个日式点心店。每天，她们会在这里买一小块点心解决饥饿后再赶路。一开始，有着极高自尊心的京都商人拒绝把点心卖给破衣烂衫、浑身脏兮兮的大原女。但在得知了她们的辛苦生活之后，点心店的店主深受感动，并且对她们吃苦耐劳的精神异常钦佩。之后，每当大原女来买点心时，店主会免费多给她们一点儿，让她们有力气赶路。虽然大原女很穷，但京都商人们同样会为她们诚心诚意地服务，这就是京都商人们的商德和职业精神。

怜贫济弱的思想并不是单单反映在某一商家的家训之中，尤其是在江户时代中后期，更具有一定的普遍性。这与战国末期乃至近世初期某些冒险商人贪图巨利，垄断经营，危害社会的行为已大不相同。商人们已经意识到了真正的、具有合理性的“商人道”。但需要注意的是商人归根结底还是为了通过这些善行为自身树立良好的社会声誉，为家业的发展寻求护佑。

第三节　晋商和日本商帮经营理念比较

处在封建社会后期的中日两国商人，都是在封建国家“重农抑商”的政策下艰难发展起来的社会阶层，受轻视、被压制使他们具有了相似的经历。那么，通过自己的努力，确立商人自己的社会地位，并达到经商盈利的目的，也是晋商和日本商帮所共同追求的。

“诚者，天之道也；诚之者，人之道也”，“民无信不立”，“人而无信，不知其可也”。“诚”与“信”不仅是儒家重要的道德规范和社会交往的基本准则，而且也是为商者所共同尊奉的信条。无论是晋商还是日本的商帮，都是如此。首先，两者都强调，经商者必须要为人正直；其次，在商业经营活动中要讲求诚信、不欺瞒顾客。前面已经谈及日本近世商家在家训中多主张只有正直商卖，才能使家业繁昌，告诫子弟不要牟取暴利，要以诚实为本。

商人常将“勤”视为创业之本，将“俭”视为守业之本，“勤俭”成为古代商业伦理中一贯倡导的德目，中国和日本均是如此，这是由商人创业的特点所决定的。因为商人深知创业不易，并且要将家业继续发展下去，在竞争日益激烈的商潮中立于不败之地，自身的勤俭节约无疑是一个关键。如山西榆次商人常万达在蒙一带经商时，“居艰辛弗避，历数十年如一日，居恒薄于自奉，无事不戒其奢华”。晋商大德通票号在号规中规定：“不论何人，吃食鸦片，均干号禁。……各分号难免有赌钱之风，今后不管平时过节，铺里铺外，老少人等，一概不准，犯者出号。游猖戏局者，虽是偶蹈覆辙，亦须及早结出，刻不容缓，严行禁之。”同样，日本商家家训中也非常强调勤俭，并将之视为商卖成败的关键所在，这在上文已有分析，此处不再赘述。

“义利之辨”是儒家思想中的一个重要命题。在商言商，谋利乃是经商之根本，唯利是图者有之，以义求利、以义制利者有之。但中日两国正直的商人并没有将二者对立起来，而是力图做到义利交融，以义求利，以义制利。中国明代著名晋商王文显以自己的经商经验教诲其子孙道："善商者，处财货之场，而修高明之行，是故虽利而不污……故利以义制。"日本商家在义与利发生冲突时，也试图将义利得以相融而做到以义制利。"原本贸易之事业，乃互通有无，利人利己也，而非损人而益己。……故曰利与义一体也。""一日偏离仁义则非人道，然若胸无精算之念，慈悲过分则又为愚痴，守仁义，如惠军帅之士卒，商可得利也。"通过上述内容，不难看出，中日两国商人都力图将商人的获利行为与儒家以"仁义"为人道的思想相调和，表现出商人在义与利相冲突、相对立时，尽量寻求道德与利两全的希望和努力。

在中国，没有固定的商人阶层，也没有专门为商人制定的商业伦理，所以，晋商的经商理念都是来源于儒家伦理文化。日本商帮有井原西鹤、伊藤仁斋、石田梅岩等制定的专门的商业伦理，但是日本的商业伦理也是脱胎于儒家文化，所以，在很多方面，比如要诚信经营，不欺瞒顾客，以义制利、勤俭节约等方面是一样的。但是，日本毕竟不是中国，日本人所理解的儒学和中国人所理解的儒学并不是完全一样的。所以虽然晋商和日本的商帮都在强调以上的内容，但在细微之处，还是有区别的。

一、对职业和家业的不同认知

受传统儒家文化的影响，中国人历来都有重农抑商的传统观念，认为只有耕田和求取功名才是正道。中国人认为"士、农、工、商各居一艺，士为贵，农次之，工商又次之"。其结果是商品经济已有一定发展的商人自身，也多认为立家应以"耕读"为本，是否科举高中，更是真正关乎家族声誉与盛衰的大事，而自己所从事的商业则相对是次要的。因此，商人常将经商的终极目的归于"耕读持家"，归于仕途。"耕"主要指商人事业有成后便在家乡置田买地。"读"则是指商人发迹后或者捐钱买官，从此不再经商，或者加大对教育的投资，希望后辈将来能够步入仕途。从资料来看，很多的晋商兴办宗族学校，一般多设在祠堂内，称为义学、义塾或家塾等。商人范氏在家规中规定："凡族姓子弟年十三岁以上，诵完经书故事，有志上进者，许本生亲属呈明主奉，率领到书院候验试，果堪造就者，后主奉批准。”至于教育子女的目的，不是让他们继续经营商卖，而是希望他们“将来出为名臣，处为名儒，大为深山邃谷生色”，这是中国大多数商人的一大特点。让子弟接受教育并希望他们能步入仕途，这无疑是件好事，但对于商人来说，这显然不利于商贾买卖的继承和延续。综观晋商商业史，众多的实业家，其前身很少是明清辉煌一时之商人的后代，这虽与中国连年战乱、社会动荡有关，但中国商人不注重家业的延续性与恒常性也是其重要原因之一。而在日本近世的商家家训中，往往规定让自己的子弟同佣人一样接受同样的商务教育与管理。如三井家规定：“一族之小儿，于一定年限内，要与其他店员享受同等待遇，使之在番头、手代之下劳动，决不可以主人待之。”有的商家为了让孩子受到适当的经商教育和磨炼，甚至让孩子去别的商家去做学徒。中国商人重教育是为了让子女将来能科举高中，做官从政，而日本近世商家是专门让子弟学习经商的知识和技能，使自己的家业能够后继有人。上述两种教育观，无法评定孰是孰非，但有一点是可以肯定的，那就是中国商人的上述教育观，对商人自身经营来说，显然是不利的。

而日本的商家对于自身的职业有深刻的认同感。认为“松为绿，花为红，士为士，农为农，商为商，若于职分之外怀非分之望，则为以有心违无心之田也。违天即违天命也。吾人若能从天命，尽职分，即可达心不为动之境界”。就是说，日本的商人认为身份决定职分，一个人如果被确定为某种身份，则同时亦被决定了某种职分。这和家畜各司其职，植物各显其性是一个道理。农民就要安心务农，商人则要用心经商。人们应该各依自己之身份而守自己之职分，不可超越，不得奢望，忠于职守，在本职岗位上勤勉工作，由此来见证自己的本心。另外，商人非常推崇和尊重自己的职业。日本商家认为“若无买卖，买者不能买，卖者无法卖。如此下去，商人无以为生，乃会成为农民及工匠。若商人皆成为农民、工匠，便无人流通财宝，会造成万民之苦”。“士农工商皆有助于治理国家。若缺四民，则无助也。治四民乃君之职，助君则为四民之责。士自古为有位之臣。农人为草莽之臣，商工则为市井之臣，为臣助君乃臣之道。商人买卖乃助天下。”

另外，日本的“士农工商”，无论哪一个阶层，都有“传承家业”的观念。商家，顾名思义为经商之家，它得以存在的根本不是血缘关系，而是商家成员赖以为生的家业。家业不仅指钱财，更主要的是积累钱财的商贾买卖及经商技能，甚至包括商家的信誉以及象征商家家业的“暖帘”。商家代代成员无不把延续家业作为首要任务。商家继承人的选择、商家经营组织的确立、商家经营理念的实施，无不体现着家业第一的原则。

正因如此，近世日本商家的家业才得以具有恒常性和延续性的特点。这是近世商人在严格的身份制度下能够立身并发展的原因所在，同时也为明治维新后近代的日本企业发展奠定了经济基础与组织基础。而中国近世商人之所以没有充分发展起来，是由于重农抑商思想、“学而优则仕”的思想以及宗法思想的影响。

1.“利以义制”和“义利并举”

关于“义”和“利”的问题，晋商主张“利以义制”，即义大于利。日本的商人主张“义利并举”“义利合一”。

“义”和“利”的问题，关乎两个方面，一是如何看待“金钱”，或者说“利”，二是如何处理好“利”与“义”的关系。

晋商受儒家文化影响，自古以来关于“利”，有两种看法。一种是清高派，主张“君子不言利”，鄙视一切和“金钱”相关的人和事，崇尚“耕读”。所以，在晋商有了一定的经济基础之后，就会转行做官买地。还有以一种是认可“利”的作用，但认为要取之有道，“以义制利”。这里的“利”，一般指“私利”和“公利”两方面：为了个人欲望而贪图的利，被认为是“私利”，是“不义”；为了国家和百姓而谋求的利，被认为是“公利”，是“义”。

而日本的商人主张“金钱至上”，认为“人生最大之事，存身立命之业，无论士农工商，抑或此外出家、神职之人，均应奉俭约为大明神之托，积蓄金钱。此乃双亲以外生命之父母也。……暗自思之，世上所有愿望，用金钱难偿者天下只有五，此外皆可以得偿也。世上还有胜过于此宝物的吗？”甚至在江户晚期，把金钱推崇到道德层面，如町人学者山片蟠桃认为：“若有金银，遂致家富，愚者可变智，不肖亦成贤，恶人也变善。若无金银，智者变愚，贤者亦成不肖之徒，善者也会变成恶人。终于，诸事兴废继绝，生灭盛衰，皆以有无金银为凭，上自公侯，下至士农工商，皆以金银为保身命之第一宝物也。”在“义”

和“利”的关系上，主张“町人取利”的正当性。“得买卖之利为商人之道也。未闻以进价出售之道也。如言卖利为欲而不合道，则孔子何以收子贡为弟子。子贡以孔子之道用于买卖，无买卖之利，子贡亦难为富也。商人之买卖之利如同士之俸禄，无买卖之利则如同士之无俸禄。”因此，商人所得的利润如同农民种田所得庄稼，工人做工所得薪金，或如同武士所得的俸禄一样，是劳动的正当所得。另外町人还主张“义即利”“共利”。这里的“利”指“上下共利”，只有“上下共利”才是“义”。认为单单为幕府的利，是“私利”，单为个人的利也是“私利”。主张不应为了政府的利益而损伤商家自己的利益。商家的利益也是“公利”的一部分。

2. 关于俭约

勤俭节约是人类共同的美德，我国早在先秦的儒家经典中，就对节俭予以了强调。如《尚书·大禹谟》有“克俭于家”一词，《左传·庄公二十四年》也有“俭，德之共也；奢，恶之大也”等句。日本近世商人在教育子弟以及从事商业经营的过程中，也极力奉行勤俭持家的信条。

日本商帮对于“俭约”的看法，可以从下面的故事中得到体现：青砥是日本镰仓中期的武士，曾仕北条时赖。青砥为人廉洁，性情耿直。有次，他不慎将10文钱落于镰仓滑川河中，觉得丧失了天下的财钱甚为可惜，便出了50文钱使人下河中将10文钱找出，此事在日本历史上传为佳话。还有一次，青砥牵马过河时，马在河中撒尿。青砥大怒说，我们每个人应该以当今天下执权者之忧为忧。现在天下大旱，万民遭难，你这匹马有尿为什么不上岸尿在草原上滋润草木生长，反而尿在河里流走呢。真是个什么都不懂的畜生。日本町人学者石田梅岩盛赞青砥的品行，借此论述町人对待财务应该抱有的正确的观念。梅岩指出：“子贡曰，夫子温良恭俭让。由此，俭约与惜物乃圣人五德之一。然，为私我之吝啬乃欲也，非俭约也。俭约乃为天下之行也。青砥失十钱于川水，出五十钱求淘之，实乃深会俭约之行也。”可见，日本町人奉行俭约的目的是节约天下的财富，而不仅仅是个人的。

另外商人还主张“节用财宝，根据身份，无过不及，无所浪费，合时适法(顺其自然)使用财富。”所谓“根据身分，无过不及，无所浪费，合时适法”的俭约，是指，士农工商各个阶层，应该根据自己的身份地位，来决定日常的生活起居、吃穿用度。勤俭节约虽是一种美德，但却有一个度的问题，过分之节俭，也是不可取的。

第五章
晋商和日本商帮经营模式比较

第一节 晋商的经营模式

晋商的足迹遍布全国，他们的成功为世人所敬仰。晋商的成功不仅与他们吃苦耐劳、艰苦奋斗、勤俭节约、深谋远虑、诚信经营等优秀品质相关，更重要的是晋商有着领先于当时所处时代的产权制度。

晋商历史悠久，早在两汉时期就有所记载。然而，晋商真正地步入兴盛、举世闻名则始于明代，盛于清代，在这五百多年的时间中，晋商由最初的独资企业发展到了较为完备的具有股份制特色的企业，其间也形成了一整套较为完整的资本组成方式——由自本自营，到合伙制，直至股份制。

一、自东自掌模式

“王文显者蒲商也，名现，字文显，号噫庵子。初，文显为士不成，乃为出商。尝西至洮陇，逾张掖、敦煌，穷玉塞，历金城，已转而入巴蜀，沿长江，下吴越，又涉汾晋，践泾原，迈九河，翱翔长芦之城，竟客死郑家口。先是王教谕有五男，而文显长。父官既卑贫，又四弟望我立，以是文显乃弃土而就商。商四十余年，百货心历，足迹且半天下，然卒老于盐场。”

“公讳江，字东潮，姓沈氏，故为河中永乐人。”“公天性夷旷，虽牵车服贾，不切切然赢缩，当年盛志锐，携巨资，游关陇、杨越间，往往谋大利，辄散去，不复訾言。末年，生理渐耗，或终岁屡空，晏然居之。”

“李明性，字复本，别号沃阳，世为曲沃南关厢人。”“挟资贾秦陇间，至徒步数千里不携一童。”

从以上三段文字可以发现，在处于封建社会末期发展阶段的明、清两代，尤其是明代，商人大多属于“封建商人”。所谓封建商人，有以下三个特点：第一，自带资本，自我经营；第二，很少雇工，甚至一童不带；第三，从事贩运贸易，周游许多地方，营业场所不固定。

在中国古代，商人分为坐商与行商，行商曰商，坐商曰贾，合称“商贾”。上面文字中提及的三位晋商都属于行商，行商也是早期晋商最主要的组成部分。由于当时中国的交通闭塞，全国各地的市场基本以本地商品为主，精明的晋商便适时地捕捉商机，利用商品的地区差价、季节差价等赚取小额利润。

但是早期的晋商，无论行商还是坐商几乎全部都是自本自营的。马克思主义政治经济学认为，资本积累和资本积聚是资本扩张的基本方式。由于资本不多，并且缺乏资本积聚的条件，早期晋商采取了自本自营、独资经营的方式，这种类似于自耕自织的资本组成方式决定了晋商获取的利益完全取决于地区间商品的买卖差价，资本积累较为缓慢。在交换过程中，山西商人凭借着敏锐的商业头脑和艰苦朴素、勤俭持家的品德积累了较多的利润，资本规模逐渐扩大，逐渐从游商小贩发展成为拥有中等规模资本或大规模资本的商人。随着资本的增多，晋商逐渐开始了行商与坐商相结合的经营方式，开设了大量的商号进行商业买卖。与行商相比，坐商具有稳定、灵活的特点。商号的设立扩大了经营的规模，增加了商品的种类，对顾客更具有吸引力。同时，随着资本实力的增加，晋商的行商足迹越来越远，坐商的规模也越来越大，晋商一贯坚持的自本自营开始力不从心了，合伙制走上了晋商的历史舞台。

二、合伙自营模式

合伙自营，顾名思义就是两个或两个以上的人共同拥有资本，独立经营的组织形式。《中华人民共和国合伙企业法》中规定的合伙企业，是指依照本法在中国境内设立的由各合伙人订立合伙协议，共同出资、合伙经营、共享收益、共担风险，并对合伙企业债务承担无限连带责任的营利性组织。明清时期，聪明睿智的晋商为了更好更快地扩张资本和规模，针对自本自营的独资模式的缺点，结合当时的实际情况，分别采取了人人联合、资资联合和人资联合三种合伙制经营方式。

（一）人人联合

晋商在发展的过程中，面对行商和小规模坐商所面对的种种难题，为了加强自身力量、减少风险和损失，继而在激烈的竞争中获胜，采取了一种新的资本组成方式：人人联合。

据《长芦盐法志》卷2《沿革》记载："明初，分商之纲领者五：曰浙直之纲，曰宣大之纲，曰泽潞之纲，曰平阳之纲，曰蒲州之纲。"这一记载中所谓"纲"者，是长芦盐商中以籍贯区分形成的一种早期行帮形式，纲的组成以行业或商人的籍贯来区别。长芦盐商五纲中，包括宣（宣化）大（大同）在内，山西占了四纲，可见晋商在全国的地位，同时也反映出当时人人联合的资本组成在晋商中普遍存在。

行帮是一种不完全的合伙方式，行帮内部的每个成员是独立的经营实体，每个成员分别管理属于自己的资本。这种自主经营、自负盈亏的方式与现代社会中的某些自愿连锁企业类似。人人联合订有规程章则，有"业规""帮规""会章""公议条规"等不同名称，一般规定同业关系、销售限制、经营管理办法等。但是人人联合时整体的凝聚程度和竞争力取决于内部各成员的利益一致程度，如果成员利益一致，那么各成员就会各尽所能、尽职守则、获得较大的系统合力；如果内部成员的利益不一致，甚至矛盾，人人联合的成员将相互对立、彼此争斗，甚至于势同水火，导致联合的失败。

清道光九年(1829年)，归化城鲁班社在《新立规碑记》中记载："兹因世道不古，有亏于圣事者多矣。我鲁班社由来已久，是属祖师圣会，而布施隐藏遗漏，以至会首屡屡赔苦，若不整齐，社事将衰矣。"行帮的各自为政，也不利于整合资源。平遥县有经营颜料、桐油的商号；临汾县有经营纸张、颜料、的商号，本可以联合为一体，却分别建立了平遥颜料行和临汾乡祠两个会馆，造成了资源的浪费，增大了经商成本。

晋商的人人联合尽管具有很多不完备的地方，但是它具备了合伙共同出资、合伙经营、共享收益、共担风险的特征，为晋商资本联合开创了先例，为晋商的资本扩大、实力增强做出了贡献。

（二）资资联合

聪明睿智的晋商发现了人人联合约束力不强且容易造成资源浪费、制度漏洞较多等问题，于是逐步采用了资资联合的合伙制资本组成方式。资资联合中合伙人可以用货币、实物、土地使用权或者其他财产出资，对货币以外的出资需要评估作价的，可以由全体合伙人协商确定；合伙人按照资本的多少分红获利。

乾隆十二年(1747年)，右玉县贾又库与本县人王厚、郭尧三人共出本银，在归化城开设“三义号”绸缎杂货铺。“三义号”就是三人合资并负责经营的店铺，其资本运营形式就是一种典型的资资联合。

乾隆四十一年(1776年)，山西朔平府右玉县“三义号”绸缎杂货铺伙计张鸾辞职回家，与临汾人卫金义、汾阳人冯致安及张鸾的亲家任孝哉合伙在苏州做绸缎生意。张鸾出本银6000两，卫金义出本银6000两，任孝哉出本银1000两，而冯致安没有出本钱，只能凭借付出的劳力获取报酬，并不属于真正的合伙人。

乾隆四十三年(1778年)7月左右，“李步安、傅德共出银六千五百两，山西代州人董禹出银四千两，现信肃州三义店之陕西人徐子健出银二千两”，“共合银一万四千两，于五月去阿克苏买玉石一千斤，闰六月内傅德同董禹将玉石运往苏州售卖”。

“嘉庆元年时有黄仁等三人合伙设立的煤铺，其合同曰：立合同人黄仁，阜成门外北驴市口路东原有煤铺一座，家伙俱全，门面三间。因无力承办，情愿与张异恩、林维乔三人合伙”，“黄仁三成，林维乔三成，张异恩四成分余，铺价租钱陆吊本钱，谁有钱谁吃利半分”。合同的最后还规定了企业最终控制权的归属：“以后自许张、林不作，不许黄仁要回。”

清咸丰年间，山西汾阳人王吉成，主业是贩卖珠宝玉器，后来王吉成结识了一位专门给皇帝梳辫子的“梳刘”。“梳刘”吃俸禄发了财，想以此为资本做买卖，两人就合伙创办了同成信绸布庄。

以上文字均可证明晋商在坐商发展的过程中广泛采用过资资联合的方式。晋商资资联合的资本构成方式，将货币、土地及其他实物都列入了联合的范围，使得经营方式和经营手段愈加灵活，并且体现出早期资本积聚的基本特点。

（三）人资联合

在资资联合的合伙制资本组成方式中，合伙人将资本投入的范围扩大到了土地和其他实物，但是仍然保持着自东自掌的经营特征。如上文提到的“三义号”绸缎杂货铺，就是三人合资并且自己负责店铺的经营。然而，当商人资本积累增多或开设大量店铺的情况下，仅凭东家或者为数不多的几个合伙人的能力，已经不足以维持正常的经营运作，为了商业的发展，晋商选择了委托或聘用经理（掌柜）负责经营的道路，进而发展形成了著名的人资联合的资本组成方式。

当时，有些晋商将资本所有权与经营权分离，即东家与经理（掌柜）的合作，或者称为资本与人力资本的合作。这种合作方式始于明末，《明经世文编》中记载了这样一段文字：“间有山西远商前来镇城，将巨资交与土商，朋合营利，各立私立契券，捐资本者计利若干，躬输纳者分息若干，有无相资，劳逸共济，宜其不相负也。乃有侵匿费用，讦告纷然，粮草不入仓场，身家尽为煨烬，其不可叹恨者几希矣。”这里将山西商人将资本交给当地“土商”共享利息的行为称做“朋合营利”，并且规定出资者不出力、出力者不出资，这种劳资合作的方式实际就是人资联合。

乾隆十八年(1753年)，“三义号”绸缎杂货铺开张6年后在新疆阿克苏、乌鲁木齐等处分别设立了4家分店，雇用伙计管理，由资资联合发展为了人资联合。

人资联合的合伙制资本组成只是简单地将人与资的分红比例做出规定，如人资比4∶6或3∶7等，存在着种种掌柜（经理）或损公肥私或分利不均的问题。乾隆三十八年(1773年)，前面提及的“三义号”的张鸾“将铺内一万多两本银的货物，兑换玉石往苏州发卖”，可是到了乾隆四十年(1775年)，“花了万数本银……只寄回货银九千余两……下余银两算他自己赚了”，当时张鸾所在店铺的“见他存心不好，不愿要他，四十年九月内，他就辞出铺去”。

人资联合的资本组成发展到后期，伴随着资本和人员的不断增加，和山西票号的设立与发展所带来的巨额资本需求，人资联合的资本组成逐渐发展成为早期的以东伙合作制为主的股份制。

三、东伙合作制

最初晋商的企业是自本自营、自东自掌的，随着晋商的资本积累到一定程度，完全依靠自我经营已无法实现企业发展时，晋商就将资本交给他人经营，被称为东家；而接受别人资本进行企业经营的，称为伙计(或合伙人)。晋商历史上最为重要的东伙合作制便由此产生了。也就是商号所有者不直参与管理，而是委托掌柜具体管理，并授以资金运用权、伙计调配权、业务经营权，从而充分发挥其才干。简而言之，就是财东出资，聘用有能力的职业经理人对自己的商号进行管理，这是一种所有权和经营权相分离的经营管理模式。

晋商东伙合作制萌芽于明代，形成于清朝乾隆、嘉庆年间，在道光初年发展成熟。

（一）主事财东

在晋商企业的发展历史上，企业中最重要的制度就是东掌合伙制和总经理负责制，这是晋商企业为中国企业两权分离所做的有益尝试，也是晋商崛起和兴盛的重要原因。但是，晋商企业的所有权拥有者——东家并不是一个人，而是一个东家群体。在这个群体中，由于银股数量的多少不同，东家内部也是有地位、身份之分的。处于东家群体最顶峰的人，也往往是晋商企业的实际掌门人，我们称他为主事财东。

主事财东一般由东家群体中出资额最大的，家族中的最具影响力的人担任，他能够代表整个家族的利益，因而能直接控制企业的走向。晋商企业中的商号、票号都是如此，如祁县乔家在嘉庆、道光、成丰、同治和光绪五朝时期的主事财东是乔致庸，日升昌票号的主事财东是平遥李氏的李大全等。

主事财东一般都是家族内的实际掌权者，他掌控着晋商企业的实际权力和发展动向。主事财东的能力和水平，对于企业的发展至关重要，有时甚至可以决定企业的成败衰亡。如在包头高粱霸盘的较量中，乔致广中计身死，乔家几近破灭，乔致庸经过斗智斗勇赢得了胜利，但在就搞垮“达盛昌”“报私仇”还是和解联手重建商界秩序、诚信经营“挣大钱”的问题抉择时，乔致庸困惑了。

从亲情的角度看，报仇势在必行，可是潜在问题是：这种斤斤计较、不择手段的经营方式会不会导致商界竞争的白热化？从“挣大钱”的角度看，应该和解，重建诚信第一的经营秩序，这样有利于乔家今后的发展。乔家的伙计们分为了两派，争执不下。权衡利弊之后，乔致庸选择了和解。结果是什么呢？他赢得了同行的尊重，赢得了公平、诚信的竞争环境，赢得了发展的空间。“报私仇”还是“挣大线”的抉择，其实反映的是经营者两种不同的战略观念和战略取向，乔家后来的成功证明了当初选择的正确性——也就是最初战略的正确性。如果乔致庸选择了报仇，对于乔家结果如何，我们不好妄加猜测，但是竞争环境的恶化会带来的不良后果是可以预见的——市场无序竞争、企业不良发展。乔致庸的一念之差，引来的将是两种截然不同的结果。

东家虽然不参加企业的具体经营，平时也不干预掌柜的自主经营，但企业的大政方针、职工管理、工资福利、经营方向等政策性的问题，则是由东家和掌柜一同制定的。这说明当时大部分晋商的两权分离并没有达到彻底分离的程度。

（二）经理负责制

东伙合作制中，实行总经理负责制。东家聘用大掌柜后，一切经营活动并不干预，日常盈亏平时也不过问，让其大胆放手经营，静候年终决算报告。若遇年终结算时亏赔，只要不是人为失职或能力欠缺造成，财东不仅不责怪经理失职，反而多加慰勉，立即补足资金，令其重整旗鼓，以期来年扭亏转盈。正由于财东充分信任经理，故而经理经营业务也十分卖力。经理有无上之权力，不论是用人还是业务管理，均由经理通盘定夺。但他人有建议权，大伙对小事可便宜行事。逢到账期(三五年不等)，经理向财东报告商号盈亏。经理在任期内，如能尽力尽职，业务大有起色，财东则给予加股(人身股)、加薪奖励。如不能称职，则减股减薪，甚至辞退不用。例如介休富商侯氏，道光年间，侯财东见日升昌由颜料行改为票号后生意兴隆，认识到开办票号有利可图，只苦于无熟练人手帮其打理票号业务。适时恰逢日升昌副经理毛鸿翙与经理雷履泰不和，受到排挤，侯财东慧眼识珠，乘机把毛鸿翙拉过来担任总经理。毛总经理果然不负侯东家众望，使蔚泰厚票号的业务日益兴旺。同年，在毛鸿翙建议下，侯财东把蔚丰厚、新泰厚、蔚盛长、天成亨商号全部改为票号，称为“蔚”字五联号。经过道光、咸丰、同治三朝三十多年的发展，侯家票号声势日增，大有后来居上之势。当时蔚字号在上海、苏州、杭州、宁波、厦门、福州、南昌长沙、常德、汉口、沙市、济南、北京、天津、沈阳、哈尔滨、成都、重庆、兰州、肃州、西安、三原、迪化、广州、桂州、梧州、凉州、开封、昆明、太原、运城、曲沃等地均设有分庄。

所有权和经常权的分离，极大调动了各号掌柜经营的自主性、积极性、创造性，同时也使他们摆脱了后顾之忧，能够放手大胆地按照自己的经营方针、经营目标和经营战略开展业务，进而为推动商号的发展而创造了好的环境。

由于实施总经理负责制，总经理大权在握，肩负着企业发展壮大的重任，晋商对总经理的选择极为重视。为了避免信息不对称对人才选拔的潜在影响，晋商制定了严格的总经理选拔程序：

首先，必须有人担保。这样不仅保证了候选人的质量，又可以避免雇用陌生人存在的风险。这样做的好处是，一旦总经理经营不当被解雇，消息马上就会传回故乡，也就再不会有人雇佣他了，因此他们即使为了获取好的口碑也必须勤恳经营。实际上就是通过口碑和信誉形成了经理人市场的一大限制条件。

其次，必须通过考查。虽然不像现在人员录用那样，有面试、笔试、领导小组讨论等种种成型的考查方式，但是晋商也会设下种种情形，以观察和考验其品行是否过硬，行为是否得当，经验是否成熟等。

最后，必须与企业发展志向相同。东家会亲自与参选总经理面谈，以确定其志向、报复、处事原则等。只有在财东满意且候选人的志向与企业发展目标相符时，才会被起用。“确认其人有所作为，能守能攻，多谋善变，德才兼备，可以担当经理之重任，便以重礼招聘，委以全权，并始终恪守用人不疑、疑人不用之道。”

譬如，平遥蔚字号号规是这样规定的：“各号经理、协理人员的升迁调用，必须征得东家同意，或由东家指派。”祁县乔家复字号号规也明确了担任大掌柜的条件以及用人的具体要求：“当家掌柜的必须由顶身股一份者担任之，处决重大事件，并不亲自执管号事，执事掌柜限顶身股五厘以上者担之，遴选之后，并必须有当家掌柜带至祁县引见乔财东，才能执掌号事。但东家一旦授权大掌柜(总经理)，就不能再插手了。不准东家举荐人位，如实在有情难推者，准其往别号转荐。”从这些号规中可以看出，总号的大掌柜由东家来选聘，而派往各分号的掌柜以及总号的主要管理人员都要由大掌柜和东家共同决定，东家的用人权也受到了一定的限制。这种限制，从表面上看，似乎东家失去了用人权，但它保证了商号能够切实做到任人唯贤，杜绝任人唯亲，只有这样，商号才能真正有所发展。

（三）联号制

为了避免各个商号之间因为两权分离而造成的相互脱节，山西商人采用了“联号制”，具体而言，由一个财东出资对所经营的各地不同行业的商号以子母形式进行管理，也即采用大号管理小号、总号管理支号的办法，层层节制，使得整个管理系统有条不紊。

如太谷曹氏所经营的行业包括钱庄、当铺、粮店、酒和杂货等。以“砺金德”“用通五”和“三晋川”三个账庄为统辖各号的枢纽，而三号中又以“砺金德”权力最大，地位在所有商号之上，统一协调各个支号、分号之间的业务关系。“砺金德”管辖曹氏旗下规模最大的绸庄——彩霞蔚，彩霞蔚又直接管辖曹氏位于张家口的锦泰亨、黎城的瑞霞当、榆次的广生店、太谷的锦生蔚等商号。这些商号的经营和盈亏，财东曹氏不直接过问，而是由彩霞蔚负责，彩霞蔚则向砺金德负责。如果彩霞蔚下属商号经理想面见财东，须由彩霞蔚经理引见给砺金德经理，再由砺金德经理引见给财东。曹氏的各个商号虽然是独立核算，但各商号在上一级商号的领导下，无论在信息交换、物资采办、市场销售上均相互支持。如其当铺收利投放钱庄，充实钱庄资金；钱庄放贷所获巨利投放粮店以积居奇，从而转手得利；粮店再将其所得投入酿酒、杂货等业，以谋取利润。通过各个商号之间以及商号与钱庄、钱庄与钱庄之间的相互“拆借”，使之相得益彰，共同发展。这样，曹氏商业建立起了一个密切合作、相互支援的经营机制，有效地防止了各商号的脱节，从而使财富不断扩充。

四、官商联合

在商者、顾客以及相关社会成员之间建立起良好的信用关系，约束彼此的过分的追求利益最大化行为，仅靠商人自身的力量是不够的，还得依靠商人集体的力量，来约束同行，抵御外部势力的压迫，这就是会馆。然而，仅仅依靠会馆的力量也是不够的，有的问题可通过市场的力量、民间的协商来解决，但一旦遇到了民间协商不成，短时间内又必须解决的问题，就必须借助官府的力量，利用政府的暴力短时间内强行维持社会秩序的稳定。这样，才能增强商人的力量，提高其长期地满足顾客需求的能力，巩固其商业信用。

和民间组织相比，政府是一个社会唯一的合法的暴力组织，专门做民间干不了、干不成、干不好的事情，因此，欲在广阔的地域范围内完成交换的商业组织就不能不和政府打交道。而政府也需要借助民间的力量，尤其是民间商人的力量实现自己的目标追求，这一目标追求从小的方面讲是税收和就业，从大的方面讲是政权安定，国家主权完整。这就是所谓的官商结合。在传统社会向现代社会转变的过程中，商人的作用越来越为社会所认识，但由于符合市场经济规范的法律法规和意识形态没有完全确立，要推动跨地域交易的商业的顺利开展，更必须有个能够替代符合市场经济规范的法规法律和意识形态的力量，这就是超越任何民间组织之上、具有合法暴力特征的政府，这意味着在传统社会向现代社会的转折时期，官商结合尤为必要。

提起官商结合，社会舆论往往嗤之以鼻。其实，官商结合没有什么不好的，只有政府和民间相结合，将一切有利于商业发展的力量调动起来，才能推进社会的进步。问题不在于结合，而在于怎样结合，结合的方式应该如何等，当这个结合在社会的道德和法律能够容许的限度内时，就是正确的结合。

从人类历史上看，国家管理工商业经历了三个阶段的变化。第一阶段是国家直接经营主要的工商业时期，中国唐以前的“官山海”即属此类，它适合于生产力水平不高，民间经济力量不足，不得不由政府直接经营的时期，其弱点是便民性不够，服务质量和态度差。第二阶段是国家间接经营工商业时期，即政府要工商业的所有权，但经营权向民间开放，明清时期的中国就属于这一历史阶段。它适合于生产力有了一定发展，民间经济力量强大，有能力从事更大项目的时期，其缺点是易形成官商勾结，出现官场的集体性腐败。第三阶段是国家逐渐退出经济主战场，放手向民间开放，民间既拥有主要工商业的经营权，也拥有所有权，政府则变成“守夜人”，亚当·斯密的经济自由主义思想就大力鼓吹这一主张。这适合于生产力有了更大发展，民间经济力量更强的时期。其弱点是容易形成垄断，压抑竞争，因此国家要通过《反垄断法》，开始反垄断活动，使社会经济活动良性开展。

明清时期，随着商品经济的发展，作为流通经济支配者的商人的角色已为社会所必需。政府为了维护自身的统治，需要商人予以配合。商人为了抓住商品经济民营化的机会，也必须获取一定的政治权利来进行垄断经营。在这种情况下官商结合的条件成熟了。山西商人是通过如下方式和官府结合的。

第一，通过“官商”“皇商”的形态实现官商的一体化。

作为官商，不仅可以经营国家所控制的特殊产品，而且可以惠及宗族、亲戚，从商业活动中获取高额利润。封建国家和政府则通过这种“官商”“皇商”方式，将部分既有能力、财力，又对政府忠心的人直接纳入官僚体系，可以更好地实现政策目标。许多晋商因受封为皇商、官商而财源广进，甚至获取功名，出任中央或地方官吏。他们上通朝廷、下连市集，成为半官半商的豪门商人。明代蒲州人展玉泉经商山东，因多次捐输百金，而出任归德府商丘驿丞。代州人杨继美也因经营两淮盐业而出任祭酒（从四品）之职。最为典型的是清代介休范氏家族。范氏先祖范永斗是明末贸易于张家口的八大商人之一。清军入关后，顺治帝“知永斗名，即召见，将授以官，以未谙民社，力辞，诏赐张家口房地，隶内府籍，仍互市塞上”。其孙范毓馪兄弟五人始终同清廷保持密切联系，在清王朝边疆用兵中，因承运粮饷而立下功绩，受封为“皇商”。范家在康雍乾三朝曾有 20 多人出任政府官员。范永斗、范永斗子范三拔等也被追赠为骠骑将军、资政大夫等官衔，其妻均受封为“夫人”“宜人”，范家不仅政治上风光，经济上也取得了大的利益。

早在范永斗时，不但为皇家采办货物，还凭借皇家权势，广开财路，除经营河东、长芦盐业外，还垄断了东北乌苏里、绥芬等地人参等贵重药材的市场，由此又被民间称为“参商”。范氏皇商虽于乾隆四十八年(1783 年)破产而被查封，但其家族历经顺康雍乾四朝，兴盛一百多年，其实力更是其他商人家族无法抗衡的。据统计，范氏一度持长芦盐引 10718 道，“所有盐业查明后估银百余万两”。在破产以前，范氏除原籍介休的财产之外，在直隶、河南二十州县部设有盐库。在天津、沧州有囤积盐的仓库，在苏州有管理赴日船艘的船局，在北京有商店 3 座，在张家口有商店 6 座，在河南彰德府水治镇有当铺 6 座，在张家口置地 106 顷，分布各地的房间近 1000 间。

第二，帮助穷儒寒士入都应试，直到走马上任，或通过家族内部分工，支持其子弟跻身仕途。

山西票号产生之后，“各省士子入都应试，沿途川资，概由票庄汇兑。川资不足，可向票号借款，对于有衔无职的官员，如果有相当希望，靠得住的人，票号也喜欢垫款，替他运动差事。寒儒穷士感激票庄济急，一旦发达，则公私款项必皆存于票庄”。

晋商不仅通过为寒儒穷士垫付银两获取功名，还常常在家族内部进行官商分工。如，明代大同府天城卫薛家，三兄弟分别务农、做官和经商，各尽其业。其中薛纶为隆庆二年(1568 年)进士，任陕西按察司副使。盐商王文显之父在其子王珂中举时高兴地说:“兄商而利，弟士而名，乃吾今何憾矣。”明代蒲州张、王两家族中均有商有官。张四维曾官至吏部尚书，其弟张四教等人为大商人，王崇古官至兵部尚书兼总督，其兄王崇义、父王瑶、伯父王现等均为大盐商。张、王之间不仅具有亲戚关系，还同当时的大商人家族范氏(范世逵后代)、沈氏(沈延珍后代)联姻，进一步加强了官商之间的联系。

第三，通过捐纳、报效购得虚衔。

早在明代，许多富商大贾就通过捐输银两而获取职衔。蒲州大盐商张四教和其叔父张遐令就通过捐纳而获得了龙虎卫佥事和太医院吏目，时至清代中后期，由于对外战争失败和对内镇压太平天国运动的需要，清政府为筹集经费，大开捐纳，虚实官衔按等级定价，输银加封，即所谓“文官可至道台，武职可待为游击、京堂二品，鬻实官并卖虚衔，加花翎而宽封典”。山西票号的财东和主要掌柜都捐纳银两，买有各级职衔，可谓人人风光，个个堂皇。例如，日升昌财东李箴视不仅自己捐得个官职，还为故去的父亲、祖父、曾祖父，现在的兄弟 7 人及家族同辈男子 12 人均捐得了文武头衔，而李家的女性也都请封“宜人”“夫人”头衔，合族为官，合族为商，亦官亦商，气派非凡。三晋源、长盛川、百川通的票号财东祁县渠家，渠同海捐武德骑尉守备衔，守御千总；渠应濆受封朝议大夫、盐运使运同。渠同海的妻孟氏、罗氏、集氏、马氏俱得“恭人”之封。各取所需，合家欢乐。大德通、大德恒票号的财东祁县乔家，家族中也不乏捐官之人，捐官的同时，乔家还大兴土木，扩建了家园。光绪年间乔致庸的几个儿子也都捐了官职，乔景信授花翎员外郎，乔景侃授花翎四品附贡生，乔景僖授花翎二品衔补用道员，兄弟10人均花翎顶戴。

按照马斯洛的需求理论，人们在满足物质生活后，必然要追求精神生活的提高。富商在物质上满足了之后，自然要求在社会地位、精神生活上的提高，因而有追求荣誉、权力的动力。清政府就是利用人性的这一追求，而实行捐输政策，达到既让富人高兴，又让政府得到银两的目的。作为山西商人来说，在国家有难之时，积极捐纳，既达到了为国解难，使天下早日太平的政治目的，又实现了光宗耀祖、风光门庭的个人追求，并赢得了皇帝和官员们的嘉许和认同。如任晚清福建巡抚兼闽浙总督的徐继畬，咸丰初年时奉命在籍组建团练，防堵太平军的北进。在此期间，他应邀为晋中八大商之一的介休冀氏马太夫人作七十寿文，其中提到咸丰初年太平军突进湖南，马太夫人嘱咐儿子们说“此吾家报国之时，时势如此，守钱何欲为？即寄信各伙，令竭力捐输助饷。而晋商捐输之议亦起，接连六七，计前后捐输几数十万金。是时，全楚被兵，商号之遭兵燹十余家，家资去大半。近两年，海淀字号被焚掠者四，山左直隶诸字号资本尤多，亦大半被焚抢，较之从前，家资不及十之二三。太夫人坦然无忧曰：享国家二百年太平之福，世世温饱，以至今日，今逢厄运，圣主宵旰忧劳，大江南北，城池尚多未收复，我家之毁，又何足言？所恨资财将竭，不能如前报效耳！”仅冀氏一家，捐银数十万金，晋商捐资报效的情形，大体可见一斑。

第四，通过各种方式“行媚权贵”，加强与达官贵人的私人交谊。

明代蒲州出身的许多商人如王海峰、徐昂等都同张四维等官僚保持密切联系。清末山西票号同官僚们的私交甚笃：大德通票号与曾任山西、四川巡抚的赵尔丰，九门提督马玉琨，山西巡抚岑春煊、丁宝铨等人往来密切，蔚泰厚票号与江苏地方官吏王锡九等人“交结甚厚”；合盛元票号汉口经理史锦刚是两湖总督瑞徵的干儿子；百川通、协同庆同张之洞关系较为密切；蔚盛长交好庆亲王；三晋源交好岑春煊；日升昌则结交历任粤海关监督、庆亲王、伦贝子、振贝子和赵舒翘等达官贵人；等等。“票庄与官僚私下的交结，更多趣闻……在京的几个大的票庄，拉拢王公大臣，在外省的码头，不啻为督抚的司库。”“票庄经理有时与督抚往来甚密，得其信任，亦步亦趋，虽调任亦与之同行。如大德通的高经(即高钰)追随赵尔巽，赵往东省，高则往东省，赵来北京，高则同来，赵放四川，高就到四川，大德通简直就是赵尔巽的库房。”

山西票号之所以能与清政府官员形成如此密切的关系，是因为各有所求，并互相能给予满足。对官员来讲，一方面上缴中央的各种款项需要经票号汇兑，非如此不能保住其官位。另一方面个人的存款或者赃款也愿意存储在信用好的票号或由票号汇兑。曾有一位安徽芜湖道童瑶圃，卸任还乡时将搜刮来的十万两赃款交蔚丰厚票号汇回重庆，每年支取一万两，十年取完不计利息，表面看来童瑶圃放弃利息损失不小，其实他要从数千里外盘回重庆三千公斤以上的现银，不独运费浩大，还要担心路上可能发生的风险。如果这十万两赃款被人发觉，或被告发，或被御史提出弹劾，不仅银子保不住，说不定还会身陷囹圄，甚至招来杀身之祸。

封建官僚将巨额资金存储票号，票号自然报之以李，在其支出短绌时鼎力相动，慷慨解囊，借贷甚至赠送。如，张麟阁放川北道，出京时向蔚丰厚票号挪借银两，其借券只写库平归还，未写利。苏州提学使毛实君在苏向票庄借款未还，后来升做甘肃藩台、西行时候又向票庄借巨款。

第五，通过满足官府的需求来赢得其信赖。

鉴于官办工业的低效率，明清政府常常需要引入民间商人来完成某些项目。而商人为了获得垄断特权，也常常钻营于政府政策。例如，清王朝对边境用兵在粮草“多不能继，公私苦之”的情况下，皇商范氏“不劳官吏，不扰闾邻，克期必至，省国费亿万计，将帅上其功”。再如，左宗棠西征，在清政府无款无饷的困境下，得到山西票商的大力资助，筹到了战备物资与军饷，从而取得了西征大捷。当然，晋商因此也换取了许多利益保障，“数年以来，归化城商人糊口裕如，家赀殷富，全赖军营贸易生活”。每逢战时，“米价加昂，各物亦贵，凡有田地及贸易之人获利甚厚”。晋商还常常利用同官府的密切关系，代理政府购买物资。如，皇商范氏获得专利采办洋铜期间，将中国丝绸、瓷器、药材、书等贩往日本，购回洋铜，既解决了政府铜源告匮之急，又使自己获得丰厚利润。

第六，通过为朝廷代办捐纳、印结，获得官僚政治势力的庇护。

19 世纪 40 年代以来，清政府内忧外患并举，财政状况空前恶化，需要不断开设救急的捐纳之途，筹措饷银，以维持风雨飘摇的封建政权。顺应时局的变化，当时山西各大票号几乎都在北京设立了分号，居京各号乘机揽办捐务，成为代办个人捐纳的常设机构。山西票号的发展极盛，很大程度上得益于捐纳的开设。

捐得虚衔者，为了尽快取得实缺，还常常委托票号打探消息，疏通关卡，遇缺外放，及时补官。已放实职者，联系票号为其谋取更高一级的官职。求官谋缺者之所以要请票号代办，有一个重要原因，那就是如果自己直接向户部交款纳捐，库内必会有诸多挑剔，层层关卡，层层剥皮。而票号常年代办捐纳，上结尚书、郎中，下交门房、库兵，渠道畅通，省却阻拦。事实上，票号在多年的汇兑业务中，也确实建立了一套适应当时社会的约定俗成的交往方式，对于捐纳相关的政府部门，票号通常要从府兵至郎中，分等级进行必不可少的联系，逢年过节时，票号对个别关键人物必赠一份厚礼。据当年在票号做过伙计的人回忆，每年腊月二十到除夕的十多天里，拉包送礼成为各号的头等大事，每号每日出动两三辆车子，有关的官员家里从管事到老妈子也都各有一份礼物。对大权在握的王公大臣们，票号更是殷勤备至，周到服务，以便日后能关照生意，求取更多的钱财回报。报捐者一旦得到一官半职，对票号也心存感激之情，于是将个人的积蓄、索要的外财，统统存放票号，一旦遇有查处抄家的不测，票号绝不泄密，家眷仍可享受这份财产，由此深得京城和各省大小官员的青睐。

俗话说，做一件好事并不难，难的是长期做好事，在这里我们也可以说，一段时间赢得政府的信任并不难，难的是长久，持续赢得政府的信任，晋商是如何长期赢得官府的信赖的呢？

晋商最初获得政府信任是因为能够很好地为政府的边疆政策服务，可谓是政府实行边疆政策的得心应手的工具。比如，明初的“开中令”圆满地解决了边防军人所需粮草问题，给明王朝解决了一大财政负担。入清之后，晋商在清王朝开明的边疆政策指导下，在广阔的北部边疆地区开展贸易，有利于改善边疆游牧民的生活，有利于边疆的开发，对清王朝彻底解决侵扰中原长达两千多年的北部边疆问题做出了很大贡献。

晋商后来获得政府信任是因为能够解决政府的财政困难，19 世纪 50 年代发生的太平天国农民革命运动，虽在局部上使山西票号受到一些挫折，但在整体上却有了很大发展。这是因为清政府为筹措军政费用所推行的捐输、捐纳方法，给晋商“报效朝廷”提供了机会，并由此使晋商和清政府以及封建官员的关系日益密切。与此同时，太平军起义后，由于道路不靖，各地上缴国库的饷银受阻，而清政府又国库空虚，财政拮据，所以清政府不得不改变祖制，无奈地将上解任务交由票号汇兑。其间，一些省份和海关因税收困难，而上解款项又刻不容缓，于是不得不向票号告借，由票号为其借垫汇兑，从而使票号充当了代理金库。甲午战争后，清政府又把筹措巨额赔款、借款以及发行股票的任务交由票号承办，因此，票号实际上成为清政府的财政金融工具和缓解政府财政金融危机的重要依托。然而，尽管票号得以合法地汇兑，但是由于清政府部分官僚认识不到汇兑对当时商品经济发展带来的好处，而是认为“部库多收一批汇兑，即京城少进一批实银”，造成“银贵钱贱”，所以交通稍有好转，社会秩序稍有稳定，清政府就发布禁止汇兑的命令，这种情况一直到 1900 年庚子事变期间才彻底改变。1900 年 8 月，八国联军攻陷津京，西太后光绪皇帝仓皇逃往西安。由于运现延误时日，各省督抚纷纷通过山西票号汇兑银两，以供西行提用。山西票号的作用在关键时刻充分显示出来，发挥总号与分号之间周转灵便、信用稳妥的特长，承汇了多项饷银，无一疏漏。直到这时，清王朝才真正认识到票号这个金融业务机构存在的作用和价值，从此开始自觉地利用票号，再未发布过禁止汇兑的法令。不仅如此，慈禧太后西安避难一年后回京，回京前还由顺天府都察院咨会山西巡抚，令票号返京复业。此后，清王朝要办大清银行，还三番五次地邀请山西票号参与经营，说明山西票号得到了清王朝多么大的信任，这是山西商人和清政府结合最紧密，关系最融洽的一个时期。

第二节 日本商帮的经营模式

德川时代商人家族大都是本家——分家——别家这样的结构。本家即正支，嫡系家庭，本家的家长即家督继承人。分家系由家督继承人之外的家族成员分家后所立。别家则是由佣人在长期服务于主家之后经主人允许依附于本家所建。这种适应商业经营特点的家族结构，构成了德川时代商家经营的特色-——同族经营。以本家为中心，分家、别家分别经营，相互扶助，共存共荣的集团被称作商家同族集团。因为商人的一切活动都是围绕维护“暖帘”进行的，所以“暖帘”就成了商家同族集团的代名词。同族经营是江户时代商家经营的精髓，这些为后来近代企业的发展提供了现实的基础。

家族企业——表现为由资本所有者家族世袭经营者地位的现象，是世界各国经济发展初期阶段的普遍现象。至今，包括欧美诸国在内的些小零售商和在组织上采取法人形态的小企业中也常常可以看到家族经营的现象。然而，德川时代商家的同族经营与一般的家族经营所不同的是，它不是简单的家族经营的扩大，而是家业经营的发展形态。至德川时代，日本封建社会已进入晚期，“家”是幕藩统治的基础，是社会基本单位。此时，日本人所有的社会生活离开“家”便无从谈起。商人的社会组织与武家社会一样，以“家”为基本构成单位。在严格的封建身份制度下，属于庶民阶层的商人不能像武士那样拥有家名，因而，商人们便把商号、屋号印在挂于店门口本来用以遮光、防尘的“暖帘”上，作为家族与家业的象征。至此，暖帘已从简单的屏障具变为商人家业的象征和广告媒体，进而成为商人的信用、营业权的代名词，成为商家的无形的资产。

一、同族经营

商人的“家”是以家业为中心的经营体。其家业不仅指父祖传下来的财产，还包括积累这份财产的手工业行当、商贾买卖及从事此类经营的技能。因此，繁荣家业，增殖家产，传于子孙，是代代商家成员的责任，并由此构成町人进行资本积累的原动力。

由于近世商家的“家”与“业”合而不分，故这种同族体制既是家族组织，也是经营组织。本家，也称宗家，是商家的主干和代表。商家的家督继承在一定意义上就是指对本家的继承，包括家长权——家长的地位；家业——家产、代代从事的商贾买卖、经商的技能以及祖先传承下来的家的标志——屋号；祭祀祖先的权利——祭具、基地等。本家的兴旺与否是商家成败的标志，故本家是同族的核心，是同族共同维护的对象。一般来讲，商人家族是由长子继承家长权及大部分财产，长子继承的家称“本家”。本家是一族的核心，本家的家长也是一族的族长。与武士家族不同的是，在财产继承方面，商人家族在保持本家利益的前提下，为了家业经营的需要，也分给次子以下的成员少量的家产，他们所建立的家相对于本家而称“分家”。如《鸿池家家训》规定：“善右卫门家业繁盛，生有多子，然从先祖处继承之一切工具、房产皆归嫡子所有，次子等重新购置住宅，予其适量资金许其分家。凡事以本家第一为重，财产十之八九归本家之继承人所有，余者次男以下继承。”需要明确的是，这里的“分家”是名词，毫无分户析产之意，它只是存在于长子以外的、由其他次子建立的家庭。之所以能做到这一点，是因为商人的家产与武士有限而又固定的俸禄不同，只要经营得好，就有增殖的可能，因而有建立分家的基础。此外，商人的经营特点是在经营规模扩大以后，需要增设分支机构，在这种情况下，以分家去经营正适应了家业经营的需要。而当本家事业发展停滞时，则会相应地限制分家的进一步发展和创设。例如鸿池家就是如此，自从鸿池家始祖山中新六幸元的八男鸿池善右卫门正成继承大阪店后，正成的兄弟善兵卫家（次子）又右卫门家（三子）、新右卫门家（七子）纷纷独立建立分家。到第三代宗利时，已建有八家分家。但此后分家的建立数逐渐在减少，至鸿池家第六代时，分家创立的情况就几乎看不到了。

随着商人资本的增殖，经营规模的扩大，仅仅依靠家族成员自身来经营是不够的。商人家族多根据其经营规模，雇佣一些“住入奉公人”参与经营。住入奉公人，顾名思义即住进主家、为主家服务的佣人。有人称他们是“商战的常备军”。一般来讲，这些佣人从十岁左右起，经别人推荐，保人做保等手续后进入商人家庭中开始“奉公”（即学徒）生涯。从此，衣食住行、受教育、学手艺都在主人家。这些佣人大都是为生活所迫而出外谋生的农家子弟，自进入主家起，便按照模拟血缘关系与主人结成亲子关系，在“把主人看作真正的父母”的教育下，成为主人家的一员，他们的日常生活及医疗等费用均由主人负担。主人要从家业的长远计议，教他们读书、写字、打算盘，进行经商的训练。一般来讲，从进入商人家庭起到“奉公”期满，需要二十多年的时间，经过做“丁稚”(学徒)、“手代”(店员)的阶段，到升为“番头”(意为管家)时，即“奉公”已经期满，主家就会从中选择事主忠诚、业务出色者，允许其建立一个分支机构，由主家给予其资本和作为商家标志的暖帘，作为主家的一个别家进行单独经营。建立别家是一个奉公人立身出世的最高阶段，也是他们数十年苦苦奋斗的最终目标。在奉公人当中，许多人往往是代代侍奉同一主家，故称之为“谱代奉公人”。

别家制度是在模拟血缘关系的基础上，按照主从关系原则建立的。别家是由长期服务于主家的佣人经主人允许后依附于本家建立的商家经营的分支机构。如前所述，商家的“子饲奉公人”(意为从小培养的佣人)在经过“丁稚”“手代”的阶梯达到“番头”后，商家主人便从中选择事主忠诚、业务出色者，给其提供资金，让其使用本商家的商号(暖帘)，甚至转让一部分顾客允许其开分号单独经营。被允许建立别家的“番头”，经过长期的修行般的“奉公”生涯，既掌握了丰富的经商经验，又铸就了对主人的耿耿忠心。他们像封建主的家臣一样，小心谨慎地侍奉着自己的主人。这些奉公人作为别家与其说是独立经营，莫如说是与主家结成了终身的主从关系，他们要严守主从秩序，按时到主家问候，不忘季节礼仪，主家所有的婚丧嫁娶等活动都要前往出席并服务。要把本家的祖先作为自己的祖先进行祭祀，因为祖先是维系同族存在的根本。如有忘掉本家恩义的不轨行为，“暖帘”将被没收，实际上就是剥夺其作为别家的资格和经营权。

别家与分家一起被称作本家的“藩屏”，是商人家业经营中必不可少的一部分。一般来讲，在商人的观念中，别家的多少是家业兴旺与否的标志(当然也有些商人家族仅以本家与分家经营，不建立别家)，有的商人家族甚至把多建立别家视作对祖先的孝行。别家是商人同族集团的重要成员，在家业经营上具有举足轻重的作用。因此，往往有些家训、店则等对别家的权限专门做出具体规定。只有在家业经营重于血缘关系的前提下，才能将非血缘关系的成员以模拟的血缘关系定位在别家位置上，这是同族结合的本质所在。具有经营才能的非血缘成员以家族成员的身份进入商人家族，参与经营，是商人家族充满活力的源泉，在关键的阶段往往对于家业的发展具有决定性的作用。随着商人家族经营规模的扩大，家不得不与店分离，虽然资本作为家产仍归本家所有，但事实上的经营与管理却不得不越来越依赖分家、别家来实施。在这一变化中，已经孕育出近代企业的萌芽。因此可以说，德川时代商人的同族经营不仅是近代企业的起源，也是日本企业经营者产生的起点。

近世以后，和平的社会环境，兵农分离政策的实施以及武士的城居，带来城市的繁荣和商品经济的发展，商人成为新兴的社会力量。在严格的身份制度束缚下，他们对来之不易的家业与家产格外珍重，延续家业的愿望之强烈丝毫不亚于武士。

在本家——分家——别家的同族体制中，虽然也存在着血缘关系，但是比较淡漠，它主要是基于经济要素(即家业)而形成的群体。分家、别家的建立很大程度上都依托本家的经营状况，而且要在共同的暖帘下参与本家的经营。

商家三井家族即是同族经营的典型。在1722年的家训《宗竺遗训》中，就确定了三井家族由总领家(相当于本家)一家(八郎右卫门)，本家(相当于分家)五家(元之助、三郎助、治郎右卫门、八郎次郎、宗八)，连家(相当于别家)三家(则右卫门、吉郎右卫门、小野田八助)构成的同族体制。在资本方面各家按不同比例共同出资，由“大元方”进行管理和运营，并按比例分配利润，分配比例为：总领家28%，本家各为10%左右，连家各为3%左右，余下的部分“作为储金，用于各家次子以下成员的分家费用”。这种同族体制一直为三井家族严格遵守，直到战败后财阀解散为止(近代以后修订家宪时又增加了两连家)。

二、主从关系

本家——分家——别家制度构成了日本商家独具特色的家族结构和经营体制，这种体制不仅有效地维护了家业的完整，而且对扩大家业和经营规模也颇为有益。但是，独立后的分家或别家与本家的主从关系依然存在并延续着。他们要服从本家家长的统治，与本家保持共同的信仰，在本家进行婚丧嫁娶以及其他各种仪式活动时要前往参加，尽心服务。如《佐羽家家训》规定，在每年的“正月元日、盂兰盆会之十五日、五节句及晋升之时，分家需至本宅表示祝贺”。由于分家仅靠分得的财产难以自立，所以分家独立后仍与本家之间存在着经济上的依赖关系，在很大程度上要接受本家的庇护。如鸿池家曾在 1733 年 (享保十八年) 专门制定有一则《关于分家之规定》，内称 :“对于经营困难而诚实之分家，调查其详情后可适当融通资金，该资金无利息，并可分年偿还，以维持其经营。”但这种帮助并不是无限制的，“求助于本家者仅一人可也，然若申请之分家渐次增多，即会妨碍本家之事业”。也就是说，不能因为帮助分家而影响本家的家业经营。本家对于与别家之间的主从关系要求则更为严格，别家建立后其经营情况的好坏，将直接影响到主家甚至同族集团的整体经营利益。在确定建立别家的人选后，有的商家要求别家须向主家“交一份别家证明书，对不许违背本家的主张，或重视与本家之主从关系等内容立誓约”，别家对于主家，除了服从上述义务并与本家保持一致外，还有重要的一条，那就是“本家经营不佳时，别家须全力援助”。从上述内容不难看出，别家并未从主家完全独立出来，二者之间仍是一种从属关系，相对于本家与各分家之间构成的亲子关系，与商家主人并无血缘关系、由有能力的奉公人建立的别家，与主家之间构成的则是一种基于主从关系的模拟的亲子关系。由本家——分家——别家共同构成的这种同族经营体制，是日本商家独具特色的家族结构的体现。在这一体制中，本家处于同族的顶端，分家和别家以“对于本家的从属性”而成为商家经营的重要组成部分，充分发挥了家族主义的统合功能，维护了家业的完整性，同时又可吸收有能力者参与家业经营，对扩大家业和经营的规模颇为有益，体现了商家对家业的实用主义态度。

同族经营是依据纵式的主从关系建立的经营体制，家业是维系其存在的纽带。从同族经营体制中，已见日本近代企业经营的萌芽，明治维新后许多新兴资本主义的经营体制，多模仿近世商家的同族经营方式。所以说，同族经营堪称近世商家经营的精髓，也是日本近代企业的起源。

三、合议制度

商家的家督继承制和同族经营体制，既保证了商家家业的完整性，同时又扩大了商家的经营规模。在上述两种体制下，都要求家族成员或是佣人必须服从于家长，分家或别家也须忠于本家，这在家训中已多有规定。但这并不意味着主人可以独断专行，当遇有重大事件发生时，并不是由主人一个人做出决断，而是需要由一定的成员共同商讨后再行决定，这就是商家的合议制度。

商家合议制度的确立，目的在于共同处理家族事务，制约家长的独断专行，使家业经营始终处于良好的、积极的状态。各商家的合议制度，其形式不尽相同。大多数家训也并未对合议制度的具体形式做出详细的规定，一般都是采取重大事情由同族集体商议决定的形式。商家家训有关同族合议的内容，在此仅举几例说明：

凡婚姻、借债或债务等事宜，必经同族之协议而后行之。（《宗竺遗训》）

同族宜相互戒饬，避免失误。若有敢行不义者，经同族协议后速速处分之。（《宗竺遗训》）

进行铜之交易，要慎重考虑买卖之价格，在与同僚仔细商谈后再行交易。（《住友长崎店家法书》）

不能万事由一人决定，应在商量之后再进行处理。（《矢野家家训》）

(继承人)如果出了行为不轨、品行不端者，允许其存在则家业繁荣难成，是故虽不体面，然要毫不犹豫在一族商议之后令其隐居，而改让其他人继承。（《鸿池家家训》）

选购商品时，应与店内同仁仔细协商，选择购进正品、良品。(《市田家家训》)

比如，三井家族在 18 世纪初期就遇到了实际问题：家族成员分别在京都、江户、大阪等地开店，经营情况好坏不一，大家痛感建立一个共同的管理机构的必要性。于是，1710 年(宝永七年)，为了加强家业管理，保护家族财产，成立了三井家族管理机构——大元方，其成员有各家家长以及管家。大元方成立后，便成为三井家族的最高事业本部。1893 年，在大元方的基础上，三井成立了“三井同族会”，以适应日益扩大的家业经营。同族会以同族十一家的户主为正式成员，以总本家的户主为议长，后来又在《三井家家宪》中对必须经同族会决议的事项进行了规定：

同族各家的继承、婚姻、养子收养、离婚、隐居、禁治产、准禁治产等有关身份方面的事宜；

各营业店的利润、公积金的分配、岁费金额的确定及其支出等事宜；

一旦出现营业店解散的情况，处理其财产；

各营业店定款的变更、事业的伸缩兴废、营业准备公积金的监督、共同财产的增减处分、同族各家家计的预算及决算。

安田财阀的保善社也是这样的同族协议管理机构。如同该家宪所说："安田一族是由现有十三家构成的财团，保善社主旨是基于至爱之情，不把一家之财富视为己有，而将其作为一家一族共同繁荣之物。进而同族共同努力，深谋远虑于把安田氏多年勤勉节俭而积累的财富永世相传。"《涩泽家家宪》也规定："同族会决定的事情，即使是琐事，同族成员也不得违背。不管涉及同族与个人，凡有重大事情，必须经同族会议决议后方可实行。"同族协议机关的首脑就是本家的家长，其成员从同族中选任，虽也吸收一些族外人参加，但只是列席而无投票权。

商家在推行合议制度的同时，还鼓励商家成员勇于发表自己的见解，下属成员可根据自己承担的业务，自行做出判断，商家认为只有这样，才能了解这个人是否有真正的能力。住友家家训规定"各自担任的工作，首先要让担当者自我判断，若可行，则依其意见处理。若有不妥时，再申明自己之意见。若不让担当者明意见，就无法知其能力"。即便见解中偶有错误，主人也是采取让其自觉更正的方式，使其终身受益。采用这种方式，在培养其独立判断能力的同时，也收到了勤务评定的效果。

上述合议制度体现了"集体的目标是最高的"。商家所有成员都要全心全意致力于家业。尽管商家被置于严格的身份制度统治下，但商家合议制度毋宁说是一种积极的、具有民主色彩的管理体制，对近代以后的企业管理也产生了较大的影响。

四、官商结合

中世向近世转型期间，织田信长等战国的大名强行的"兵农分离"，以及其后丰臣秀吉实行的“身份统治”，最终完成了町人与武士和农民的分离。这种分离，又是在“城下町”的建设和发展的过程中实现的。

战国大名为了增强自己的军事和经济力量，纷纷在自己的“城下”建造作为其政治和经济的据点“城下町”。大名为了建设和繁荣“城下町”，把直属武士团以及原本在农村拥有土地等生产资料和经济实力的“地侍”集中到城下町。大名为了解决武士与地侍的各方面的需求，利用“乐市”“乐座”政策，免除市场税、商业税等，吸引越来越多的工商业者集中于城下町。战国末年，“士农工商”身份确立，禁止武士和农民从事工商业，实际上等于给了町人专事工商业的特权和经济上自由发展的空间。它虽然在政治领域赋予武士阶级以专门的特权，但是武士聚集于城下町，脱离农民、脱离农业生产和土地成为单纯的消费者，无形中使他们在经济和社会生活中不得不依赖于町人。这种四民分治的统治机制下，不少藩主为了增强自己的财政实力与满足武士在城下町的生活需求，不但给予町人垄断经营某种商品的特权，有的藩甚至在经济领域与町人合作，让有实力的町人参与本藩的财政，于是，这种町人就成为领主的“御用商人”。政商联合是战国末年大名的政治手段，也是豪商发迹的基本策略。为了在变幻莫测的战国时代生存发展下去，豪商们通常具有敏锐的政治洞察力，并与具有发展前景的大名联合。战国时代各大名为了巩固政权，都竞相进行新田开发、水运航路扩建、城池改建、武备扩充等基础类投资。商人们一旦获得这类投资许可，将获得巨额利润。此外，海外贸易的特许权也要从领主那里获得，海运路途中货物的安全确保等都需要领主的支持。诸多因素都使得豪商们为了发展必须接近他们认为具有潜力的领主。 例如，淀屋常安为了亲近秀吉，以低价帮助丰臣秀吉漂亮地完成了备受关注的伏见城的修筑工程，解决了每年淀川洪水泛滥的问题。他还是德川家康的支持者，在决定谁主天下的关原之战中，淀屋暗中支持家康的阵营，为正在犯愁的家康提供了大量军帐和粮草。为此，在此后大阪的两次战役中，他从家康那里获得了处理战场上武器的特权，此外还有干鱼、米的价格决定权，可谓是巨大的利益。此外博多的豪商岛井宗室，其灵活的政治应变能力更是出色。本能寺之变时，他正和信长亲善。事变一发生，他立刻转向原信长旧部，准备代替信长完成统一天下的丰臣秀吉，并与之深交，在秀吉准备攻打朝鲜这件事上，为秀吉提供了大量的朝鲜方面的情报、物资以及船只。之后在秀吉对朝鲜外交一事上，获得一个重要职位。在出兵朝鲜之后，岛井宗室因战争导致对朝贸易额锐减，与秀吉争执乃至绝交。在与秀吉交往的同时，结交大友宗麟，帮助大友宗麟获得筑前博多领主的宝座。当时的大友家所支配的领地除了博多以外，还包括筑后、丰前、丰后、肥前、肥后等国的全部或部分。大友宗麟赐予岛井宗室两项特权，第一项是宗室在上述这六个国家的港口之间可以自由往来，第二项是免除博多港的所有义务（包括各类劳役和税金）。这些优待条件对于希望商圈安定、扩大投资、节约支出的宗室来说真是再好不过的礼物了。到了家康的江户时代，他又接近黑田长政，帮他出资修筑城池。 事实上，资本与权力在这一时期进行了完美的结合。豪商与当权者之间的关系并非商人一厢情愿，而是互利互惠的利益攸关双方。

进入 17 世纪，德川幕府建立。由于国家刚刚经历了百年的混战，实现统一，整个日本处于百废待兴状态，国家的建设需要经济的支持，所以富商成为幕府最先拉拢的对象。战国以来活跃的富豪阶层们的商业已经扩展到很多领域，如土木建筑、矿山开发、酒的制造贩卖、异地运输、金融信贷、批发贩卖等。幕府给予富商们政策上的优惠和专买专卖权，鼓励富商参与国家经济建设，让富商辅助政府铸造钱币、开发地区建设、扩展海外贸易等等。例如，协助德川家康建立货币政策，后被家康赐职“金座御所”(幕府官营金货铸造所)总管长官的后藤庄三郎，在担当公职铸造金币金箔的同时，每制造千两黄金，公开私存黄金十两，其富有被当时人称为“江户豪商第一号”，其家名被人们称为“金后藤”，可谓政商地位盛极一时。又如，委任角仓了以之子角仓素庵出任幕府土木工程顾问负责人，承接江户城改造工程。委任京都豪商茶屋四郎次郎家二代家督清忠，作为京都町方总町头役(町众总管)，参与到京都町改造计划中。商人经济实力的扩展本身依赖着政治权力的给予，同时他们也肩负了新国家建立初期稳固新政权根基的使命。

德川幕府经过初期建设的阶段，政权逐步稳定后，实行一种军事独裁的政权形式，幕府将军掌握全国的军政大权，拥有强大的军事实力和全国三分之一以上的土地，还控制江户、大阪、京都等重要的城市，和主要的山林、矿产资源。

具有制定法律，没收、转封、减封诸藩领地和监督各藩施政的权力。作为强化集权的重要措施，幕府实行了著名的“参勤交代”制度，这一制度迫使大名以及家臣都要花费巨额的费用用来支付“参勤”途中的旅费，维持他们在江户的生活以及自己藩内机构的费用。为此，他们不得不将领地内农民缴纳的年贡米，通过商人换钱使用，以致发展到不依赖町人就难以维持生活的程度。

同时，幕府颁布贡米制度。各地大名的主要收入来自农民的年贡——米。因此，每年大名需要把除自己以及所属家臣的消费之外的大米等物资销售出去，再用所换得的钱币购买衣物等日常生活用品，和铁炮等军事物资。幕府为了控制大名的财政收入，禁止各地大名之间相互直接交易，规定大名必须把从领地内农民手中征收的年贡米、蔬菜、海鲜等物资，运送到幕府控制下的大阪城进行交易。所以，各地大名和武士只能将自己赖以生存的年贡米交给町人经营。这些替领主贩卖年贡米的町人，其身份一开始就是代表各个领主的特权商人。

町人们利用自己专事工商业的特权，适应领主出卖年贡物资以及武士都市生活的需要，在大阪等城市经办起来专营各藩年贡物资的“挂屋”“藏元”，利用各藩领主赋予的垄断大米等物资的主要来源的有利条件，谋取厚利。17世纪中叶以后，豪商辈出，握有的财力不仅超过农民，而且超过了领取俸禄的武士和大名。武士和大名因为货币经济的冲击越来越贫困化，商人利用这一点，开始从事专门贷款给大名的“大名贷”业务，并通过贷款从领主那里获得各种商业经营特权，甚至控制了大名领地内经济建设。

江户时期的商品流通几乎都被株仲间所控制。株仲间成立于17世纪70年代，并被幕府认可其合法性。从事某一商品交易的町人，组成商会，成立“株仲间”，商会内的町人相互联络，独占商品的买卖，左右商品的价格和供求，获得巨额的利润。在这些株仲间垄断的商品经营中最主要的一个是与棉花和纺织品相关的业务。1736年，从各地运送到大阪的棉纺织品的总价值大约是白银两万多贯，是同时期运入大阪的大米的交易额的三倍。由此可见，株仲间势力的强大和实力的雄厚。有名的株仲间有江户的“十组问屋”和大阪的“二十四组问屋”。

由于每年参勤交代所需高昂费用的支出，以及一些大名的不思进取和奢靡挥霍，使得仅仅依靠年贡已经不能维持生活以及藩内各项支出的大名，一步步走上向商人借款度日的道路。这些借给大名高利贷的商人称为“两替商”。当领主的借款无力返还时，两替商则代领主行使领主作为抵押授予的其领内的年贡征收权。

综上所述，德川时代，这些特权商人与各地领主以及江户幕府有着极为密切的关系。他们主要分为三类：一是作为大名商务代理的“藏元”，同大名有直接的经济联系，为大名出售贡米以及其他的年贡物资、领地内专卖物资等，这类商人是完全依附于领主的御用商人：二是组成垄断组织“株仲间”的大商人，以向幕府缴纳“冥加金”为代价，享有某些商品的专卖权，他们从幕府取得某些垄断特权，并以统治阶级为自己主要的雇主；三是被称为“两替商”和“札差”的大高利贷者，他们经营高利贷贷款给那些大肆挥霍的封建大名。

战前旧住友财阀的历史可以追溯到 16 世纪中叶，住友家族的创始人住友政友在京都开设了一家药铺，后来又开设了出版印刷所。在日本资本主义迅速膨胀的时代里，住友财阀以四国为大本营，先是开采铜矿，后来又开采煤矿。矿山、机械、金属、化学等现代工业是集团的主力产业。

旧住友财阀 400 年的发家史中，有 300 年是在明治维新以前，即日本封建社会之中进行的。主营炼铜业的住友家族，从掌握铜的冶炼技术，开设冶炼作坊，到开采铜矿，成为日本封建时代原始资本主义产生和发展的代表。住友之所以发展历史特别长，是因为住友家族不仅掌握了从铜矿开采到冶炼铜，铸造铜制品乃至销售的垄断权，形成铜的工业生产体系，而且还受到当时的统治阶级的支持。

首先，住友家接受了德川幕府承兑货币的任务。

住友家与幕府之间形成了一种奇特的关系。一方面，住友家的一切经营行为必须得到幕府的首肯，每年上交大量的金钱。比如住友家开发吉冈铜矿，每年的开采量大致为 250 万公斤，其中 35 万公斤的铜是必须交给幕府的税收。另一方面，德川幕府也不能小觑住友家的力量，一旦双方发生矛盾，住友家就可以不再开采铜矿来要挟幕府。

三井家的历史悠久绵长，是日本传统商人的典范。往上追溯的话，三井家族发端于日本平安时代（794 年 –1192 年）。这个时代最突出的特色就是天皇权力的没落与藤原家的崛起。而三井家的历史就可以追溯到藤原道长。在那个遥远的时代，藤原道长的第四个儿子的第五代孙子藤原右马之助信离开朝廷，跑到近江国三井村定居，开始凭借自己显赫的家世做起生意。传了十几代后，家族大权落到三井高久手中。高久被称为是三井家的“高祖”。之后，因为种种原因，三井家迁移到伊势，在此安定下来。1602年，三井高久的儿子三井高俊开始经营利润丰厚的酿酒业，1673年开设“越后屋”，1683年涉足与金融相关的当铺业，开设银两兑换所，负责京都和江户等大城市之间的汇票交易。三井至此成为日本最早的、有组织的金融从业者。幕府看到其中的便利，于是先把承兑大阪与江户之间银两往来的政府业务交给三井家，之后，又把幕府与外国做生意时的外汇业务也交给三井家。总之三井家就是德川幕府御用的金融机构，负责托管政府钱财的业务。

三井家为幕府提供了金融便利，幕府也成为三井家最坚实的后盾。

倒幕运动的时候，三井家看到幕府的衰败已经成为事实，暗中联系上了明治政府总理大臣伊藤博文和负责税收的涩泽荣一，大量购买新政府发行的“太政官札”，帮助新政府解决财政危机。而明治政府对于三井家的回报是交给它新政府的货币发行权。到了1870年的时候，三井家在上面两位新政府官员的支持下，成立邮政蒸汽公司，垄断了日本全国的海运行业。

第三节　晋商和日本商帮经营模式比较

晋商的经营模式主要是“东伙合作制”。“东伙合作制”的实质，是它提供了一种制度保证，使得商家的资金始终是由有能力、有经验的掌柜所掌控，财东只负责资本投入，而把票号的一切经营权、决策权全部都让给了掌柜；同时，“顶身股制度”又让掌柜实现了“管理层持股”，可以享有企业很高比例的分红，这就把掌柜的个人利益与票号的集体利益紧密地结合在一起。

资本所有权与经营权分离现今已不是什么新鲜的事，但财东与掌柜等一批职业经理人如何和谐相处，如何将一个商业机构经营好，发展好，使之盈利有前途，就不那么简单。这一点上，山西商人的“东伙合作制”可给我们有益的借鉴。

“东伙合作制”的核心是资本与人力的合作。山西商人的聪明之处就在于规定了经理人的“双重身份”，即经理人既是投资者又是伙计，享有“身股”的身份，在利益方面与不参与经营的东家是一致的。从太谷县志诚信的多份合约、平遥县蔚泰厚的历次合约里都可见端倪。晋商之所以成为中国历史上的有名商帮，历时数百年，纵横千万里而不倒，与推行“东伙合作制”这种商业制度有很大关系。“东伙合作”设计了掌柜的“双重身份”，使得企业发展盈利，一盈皆盈，利益均沾，掌柜岂能有不尽心经营、勤勉办事的道理？晋商允许掌柜参股和给予掌柜人身股这两项红利，即以经济利益为诱饵，使得经理人终生为其效力，让商铺越做越大，越做越久，财富越来越旺。

晋商各家财东所聘用的“掌柜”们，也个个都是极其优秀的人才，他们为自己掌管的商号贡献出一种稀缺资源——经商才能。如日升昌的大掌柜雷履泰（山西“票号”的首创者，“顶身股制度”的创立人），就是一个具有无比智慧和才能的金融天才，日升昌之所以能发展成为晋商中的翘楚，便得益于雷履泰执掌大局。

“东伙合作制”赋予经营者代表——掌柜很大的权力，除拥有业务经营、人事聘用、财务管理和分庄设置等权力外，还特别赋予他们投资创办其他商铺的自主权，因而晋商中出现了不少大商家，发展规模越来越大。祁县、太谷的两位大掌柜，合资在归化开设大盛魁字号，从事对蒙古和俄国的茶货贸易，兴盛时有职工数千，自养运货骆驼 1.6 万只，并在科布多、乌里雅苏台设有分庄，最后演化成一个庞大的企业集团。太谷县北洸曹家更是放权让利。老板只管两个大的字号——金德账庄和彩霞蔚绸缎杂货行，其余一个个小字号全让经理打理。曹家的生意是大字号下设小字号，小字号又设分庄和小小字号，一环套一环，店铺广布，几乎全国各地都有曹家的生意，这是总经理（掌柜）的职权和聪明才智发挥到极致的生动体现。与当时传统封建治下的家庭作坊管理方式相比，曹家、雷履泰的这种管理制度模式不啻一场生产关系的革命。它变革了一般作坊式经营中常见的所有权与经营权不分的疾患，把商家的全部经营决策权和部分的所有权让给了有真才实干的掌柜，使股东与掌柜之间形成了一种不同以往的新型生产关系，即从传统的资本雇佣劳动关系走向了劳资间的合伙经营关系，从而极大发挥出掌柜的才能，并减小了劳资矛盾，提高了员工的积极性。

日本商帮的“家族式经营”，最大的特点就是模拟血缘关系，构成的主从关系式经营模式。“家族式经营”有利于维护本家的家业的完整性，以及存续性。

首先，日本的家已经不再单单是一个血缘共同体，更多的是作为一个生活共同体和经济共同体而存在。在家的组成上，除了具有血缘关系的家族成员，还有其他的不具有血缘关系，但却由于生产目的而生活在一起的成员。家由这些具有血缘关系和不具有血缘关系的成员组成，仆人、管家、雇工等人员也属于这个团体的一部分，他们可以与家族成员一起祭祀祖先，死后入葬主家的墓地。因此，分家和本家，尤其是别家与本家的关系早已超出了单纯的契约关系或雇佣关系，向着血缘关系靠近。这种向血缘关系的无限靠近，有利于培养员工的凝聚力和对本家的奉献精神。

其次，日本的商家认为“家业”的延续是对祖先最大的孝。所以在财产分割上，不会出现平均分给每个子女的现象，而是尽可能地保证本家的绝对优势。在继承人的选择上，也会注重能力的考察，多于注重血缘的传承。

另外，家族式经营是以家长的绝对权威和家族成员的绝对服从为基础而成立的。商家家长的经营理念，在此情况下，比较容易得到贯彻和实行。而合议制度的存在，可以为本家提供较为正确的经营方针，尤其是对家督的监督和任免的权力，可以保证商家家业的长久存续和兴盛不衰。

晋商和日本的商帮都实行官商结合的模式。只是晋商在和政府的关系中，始终处于下位，政府是上位。日本的商帮与政府的关系，是一种胶着的关系。政府可以从制度上给予商帮经营的特权，同时也可以通过发布各种法令管控商帮；日本商帮需要政府在经济政策上的支持，依附于幕府或各藩领主，但也可以利用手中的经济实力，要挟上层统治者。

江户时代商品经济的发展，经过两个阶段：第一个阶段是在16世纪末至18世纪前期，是建立在领主征收的贡物流通的基础之上，围绕领主需求和维持幕藩体制进行的“领主型商品经济”；第二个阶段是在18世纪中后期至19世纪，是建立在农民手中剩余产品日益充裕的基础上，围绕个地方民众需求展开的“农民型商品经济”。在此过程中，产生了三种商人。

首先产生了豪商。战国末期到江户初期这一阶段，领主商品经济的流通体系尚未建立。国家和地方领主在物资调度和异地贸易方面留有很大的空缺，豪商们借此机会发展壮大。这个阶段的豪商与政府权力之间呈现一种双向选择的关系。豪商们在商品交易时，需要地方政府的保护，另一方面领主和将军也需要豪商为其提供物资和军事信息等。比如堺市第一豪商津田宗及（–1591），在织田信长兵临城下时，率领堺市的商人顽强抵抗。最后，织田信长不得不采取怀柔的态度，请津田宗及赴京都参加茶会，还赠其骏马，并给予津田宗及在堺市垄断日本军需和奢侈品的供给权。再如本阿弥光悦（1558–1637）原是鉴定和研磨刀剑为业的京都上层町人。他主张现世本位主义，反对幕府提倡的僵硬的朱子学和唯理的世界观。本阿弥光悦在幕府重臣松平信纲专程到京都问他对政治的意见时，指出“学文虽是治世之要，然至学文过度，则每事穷究细微之理，又成祸乱之端。……学文于我朝政务未见得有多大益处，其首要不外乎使人遵守权限殿下（将军）御定的法规而已。”如此大胆地直接批评幕府政治，显现出了当时豪商与官府的关系。

伴随着全国领主经济商品流通体系的建立，产生了新兴门阀商人。新兴门阀商人指在武士集团的监管下，被授予“武士名分”待遇的商人——“御用达”。“御用达”指出入幕府和各藩为领主服务的特权商人，也称御用商人、御用闻、御出入商人。典型的御用达是指藏屋敷名代、藏元、挂屋、札差、藏屋敷用达等。也指其他为领主置办日常必需品、奢侈品的特定商人。他们经手幕府和各藩的贡租、专卖品的投标、买卖，充当金融掮客，聚集了庞大财富。幕府为弥补财政亏空，也向他们赋课御用金。“御用达”与上个阶段豪商不同的特点是，他们的经营活动围绕并依赖已经建立的领主贡物流通体制，拥有幕府或地方领主赋予的垄断领地内某种经济物质的收购和营销权。“御用达”借由领主给予的经营的垄断权，积累了大量的财富。但是“御用达”的兴衰予夺都由幕府和领主的态度决定。比如元禄时期的御用达商人——纪伊国屋文左卫门，初时被幕府授予木材御用达，获得政府赏赐黄金五十万两，之后，由于幕府改造货币，推行用含铜量低的“大钱”，纪伊国屋文左卫门的商业资本遭遇毁灭性打击，商业信用受到客户质疑。几年后，纪伊国屋文左卫门从一掷千金的富豪沦落为寒酸棚户的贫民。此后，又出现了一批商人——“两替商”“大名贷”。“两替商”是兑换货币的商人。“大名贷”是专为大名提高贷款的商人。幕府对大名经济的管控，以及大名生活的奢侈无度，造成领地内大名以及武士生活的困顿。所以，大名常常以领内的财政做抵押，向“两替商”和“大名贷”借钱，到期又无法偿还，所以造成“大阪商人一怒，天下大名震惊”的局面。比如广岛的藩主毛利家族，带领 300 名武士，去江户参见将军的途中不幸断粮。这时距离江户还有 600 公里的路程，而且在规定的时间内没有到达的话会受到惩罚，毛利家不得不向鸿池家（豪商）百般请求救济。鸿池家要求毛利为之前的赖账行为向鸿池家道歉，并写下欠条。此后，深知商人影响力的毛利家族，请鸿池市兵卫到长洲藩做官，为百姓造福。武士向商人道歉，这在当时的社会是不可想象的。虽然，此时“大名贷”之类的商人，经济实力雄厚，但是由于其业务都是建立在对大名的高利贷剥削的基础之上，尤其当他们面对掌握司法权和军事权力的武士阶层时，仍是弱者。比如，幕府多次发布“德政令”，取消大名和武士从“两替商”和“大名贷”处的借款，致使很多的大商人就此破产。比如经营茶具的大商人石河自安，由于借钱给肥后藩，最终被拖垮。

18 世纪中后期，出现“农民型商品经济”，由此产生“在乡商人”。其实，在乡商人一直存在，只是 18 世纪末的时候，才被政府认可。他们是底层市场间上路运输的开拓者和商品批发贸易的组织者。在农村商人实力壮大之后，打破了日本各地的商品几乎都必须经由城市问屋之手才能流通到全国各地的状态。老百姓经商，一种是保守经营，只为维持温饱的商人，还有一种是有雄心壮志的商人。第二种商人的发迹有时也要靠与政府官员的联谊。比如纪伊国屋利八这个人，原本是没名没姓的乞丐，1839 年，流浪到江户，被武士小栗家看中，成为一名家丁。后来，纪伊国屋利八利用多年积攒的辛苦钱开办一家钱庄，规模一直不大。之后，在别人的提醒下，纪伊国屋利八开始频繁拜访自己的旧主人——当时已经是财政部长的小栗上野介忠顺。从小栗处不断获取银两、金币之间的价格波动秘密，从而不断获得财富，生意也越做越大。

参考文献

中文部分

[1] 童云扬 . 十五十六世纪日本社会经济史论 [M]. 武汉：武汉大学出版社，2012.

[2] 唐凯麟 . 中国古代经济伦理思想史 [M]. 北京：人民出版社，2004.

[3] 陈伟 . 日本商业四百年：四大财阀发迹与日本崛起 [M]. 北京：京华出版社，2011.

[4] 余英时 . 儒家伦理与商人精神 [M]. 桂林：广西师范大学出版社，2004.

[5] 张正明 . 晋商兴衰史 [M]. 太原：山西古籍出版社，2001.

[6] 古敏 . 中国第一商道 [M]. 北京：金城出版社，2004.

[7] 陈建林 . 左手晋商 右手徽商 [M]. 北京：石油工业出版社，2010.

[8] 木萱子 . 晋商之死 [M]. 北京中国经济出版社 [M].2009.

[9] 周建波 . 成败晋商：从历史看管理 [M]. 北京：机械工业出版社，2007.

[10] 王燕玲 . 商品经济与明清时期思想观念的变迁 [M]. 昆明：云南大学出版社，2007.

[11] 程庶人 . 太谷曹氏家族 [M]. 太原：书海出版社，2003.

[12] 黄鉴晖 . 明清商人研究 [M]. 太原：山西经济出版社，2002.

[13] 黄鉴晖 . 晋商经营之道 [M]. 太原：山西经济出版社，2001.

[14] 吕叔 . 晋商：中国第一商帮的经营之道 [M]. 北京：中国华侨出版社 2006.

[15] 吴廷璆 . 日本史 [M]. 天津：南开大学出版社，1994.

[16] 坂本太郎 . 日本史 [M]. 北京：中国社会科学出版社，2008.

[17] 王家骅 . 儒家思想与日本的现代化 [M]. 杭州：浙江人民出版社，1995.

[18] 韩立红 . 石田梅岩与陆象山思想研究比较 [M]. 天津：天津任命出版社，1999.

[19] 刘金才 . 町人伦理思想研究 [M]. 北京：北京大学出版社，2001.
[20] 李卓 . 日本家训研究 [M]. 天津：天津人民出版社，2006.
[21] 江新兴 . 日本隐居制度研究 [M]. 北京：中国社会科学出版社，2010.
[22] 李卓 . 中日家族制度比较研究 [M]. 北京：人民出版社，2004.
[23] 三宅正彦 . 日本儒学思想史 [M]. 济南：山东大学出版社，1997.
[24] 贝拉 . 德川宗教：现代日本的文化渊源 [M]. 北京：三联书店 2003.

日文部分

[1] 家永三郎ほか編：『日本思想大系』岩波書店 1975 年版 .
[2] 石田梅岩：『石田梅岩全集』清文堂　1961 年版 .
[3] 中村幸彦：『日本古典文学大系』岩波書店 1959 年版 .
[4] 末水國紀：『近代近江商人経営史論』有斐閣 1997 年版 .
[5] 末永國紀:『近江商人学入門 CSR の源流「三方よし」』淡海文庫 2004 年版 .
[6] 小倉栄一郎:『近江商人の理念—近江商人家訓集』サンライズ出版 2003 年版 .
[7] 松元宏：『近江日野商人の研究—山中兵右衛門かの経営と事業』日本経済評論社 2010 年版 .
[8] 上村雅洋：『近江商人の経営史』清文堂 2000 年版 .
[9] 淡海文化を育てる会編：『近江歴史回廊ガイドプック近江商人の道』サンライズ出版 2004 年版 .
[10] サンライズ出版編：『近江商人に学ぶ』サンライズ出版 2003 年版 .
[11] 島田燁子：『日本人の職業論理』有斐閣 1990 年版 .
[12] 野間光辰校注：『日本古典文学大系』48 巻，岩波書店 1958 年 .
[13] 杉原四郎ほか編：『日本経済思想四百年』，日本経済評論社，1990 年版 .
[14] 源了圓：『実学思想の譜系』講談社文庫 1986 年版 .
[15] 福尾猛市郎：『日本家族制度史概説』吉川弘文館 1977 年版 .
[16] 吉田豊：『商家家訓』，徳間書店 1973 年版 .
[17] 組本者：『商売繁盛大鑑』8 巻同朋会 1984 年版 .

[18] 堀江保蔵：『日本経営史における「家」の研究』臨川書店 1984 年版 .

[19] 中井信彦：『日本史』21 巻 小学館 1975 年版 .

[20] 宮本又次：『近世商業経営研究』清文堂 1972 年版 .

[21] 福島正夫：『日本資本主義と「家」制度』東京大学出版社 1967 年版 .

[22] 京都府編：『老舗と家訓』京都府 1970 年版 .

[23] 北原種忠：『家憲正鑑』家憲制定会 1917 年版 .

[24] 第一勧銀経営中心：『家訓』中経出版 1979 年版 .